卢梭《爱弥儿》人性思想研究

敖安娜 著

西北大学出版社
·西安·

图书在版编目（CIP)数据

卢梭《爱弥儿》人性思想研究 / 敖安娜著. -- 西安：西北大学出版社, 2024.9. -- ISBN 978-7-5604-5492-4

I.B565.26

中国国家版本馆CIP数据核字第2024DE3605号

卢梭《爱弥儿》人性思想研究
LUSUO AIMIER RENXING SIXIANG YANJIU

敖安娜　著

出版发行	西北大学出版社
地　　址	西安市太白北路229号
电　　话	029-88302966
邮政编码	710069
印　　刷	陕西汇丰印务有限公司
开　　本	787mm×1092mm　1/16
印　　张	12.5
字　　数	181千
版　　次	2024年12月第1版
印　　次	2024年12月第1次印刷
书　　号	ISBN 978-7-5604-5492-4
定　　价	56.00元

本版图书如有印装质量问题，请拨打电话029-88302966予以调换

献给我的父母、爱人和女儿

前　言

> 如果有人来向我说:"你所说的那种人是不存在的,青年人绝不是那个样子,他们有这样或那样的欲望,他们要做这样或那样的事情。"这种说法,就正如有些人因为见到花园中的梨树都很矮小,便否认梨树可以长成大树。
>
> ——《爱弥儿》①

为何是卢梭?卢梭作为西方思想史上最具争议性的哲学家之一,关于他的思想的研究,并非太少,而是太多。时至今日,卢梭的思想至少有三点仍值得关注:其一,两个多世纪以来,卢梭提出的问题至今并未完全得到解决;其二,卢梭的诸多观点仍具有现实意义;其三,对卢梭的思想我们至今尚未达成一致性的见解。正如著名的新康德主义者卡西勒在《卢梭问题》中所言,卢梭哲学始终是值得探索的思想宝藏②。

为何是卢梭的人性思想?作为西方近代自然理论研究中最具有代表性的思想家之一,卢梭从人的堕落现状出发,展开对人和社会深刻的批判与反思,对人的研究也因此成为理解卢梭思想统一性的一把钥匙。首先,卢梭毕生的思想追求是研究人并探寻人性的真理。为此,他不仅回溯至自然状态这一思想逻辑起点,分析造成今日人性败坏现状的诸原因,还从个体人的教育、理想政体的创制和晚年漫步遐思的自我体悟中探寻人之自然的重现可能。自然概念与卢梭上述恢复并更新人性的诸种努力都密切相关。其次,卢梭具有自然主义倾向的人性理论在西方近代早期自然观念向德国古典哲学时期转换的进程中承担着承上启下的转折性角色。一方面,西方近代早期的自然观念及"自然"一词的用法主要

---

① (法)卢梭著;李平沤译:《爱弥儿》,北京:商务印书馆,2017年,第395页。
② (德)恩斯特·卡西勒;王春华译:《卢梭问题》,南京:译林出版社,2009,第31页。

体现在机械化的自然对象中,到了卢梭这里,自然的内涵发生了内在转向。卢梭不仅着力展现了人的内在自然谱系,还在主体性自然的构建中让人的自由原则得以实现。另一方面,之后的哲学家批判性地承继了卢梭以自由与美为核心的人性学说,这以康德、席勒等为代表。卢梭人性学说对我们更深刻地理解其思想的统一性和对卢梭进行思想史定位都有重要的理论意义。

为何选择卢梭《爱弥儿》中的人性之思作为本书的主题?《爱弥儿》一书的副标题虽然是"论教育",但书中内容几乎涵盖了卢梭思想中的各个方面。在西方近代关于人的人性智慧中,卢梭以其创造性的想象力重新发现乃至塑造自然。他在《爱弥儿》中论述人的教育旨在培育自然而自由的新公民。一方面,人的原初自然倾向成为教育思想的前提与根据;另一方面,循序渐进的人性自然蕴含了朝向自由的教育之目标。以人性思想为切入点,我们能更准确地理解《爱弥儿》背后所蕴含的卢梭意图及其思想各部分之间的内在关联,并更容易从整体上把握卢梭思想的统一性。此外,卢梭在《爱弥儿》中所塑造的这一极具生命力的内在自然概念对当今教育哲学等领域的理论研究仍有重要的理论意义和启发作用。

从学术研究角度来看,虽然国外的卢梭研究已相当丰富且深化,国内的卢梭研究也在不断深入,但关于《爱弥儿》一书中的人性理论研究的深度尚显不足,关于人性生成的谱系梳理及理论内涵也存在一定的争议。卢梭的诸作品中历来最受青睐的是他的政治哲学著作,《爱弥儿》的专门研究相对不足,相关现有研究要么将之局限在教育学领域内理解,要么把它视为卢梭其他思想的附庸,比如政治、道德或宗教思想。卢梭曾称《爱弥儿》并不是真正的论述教育问题的实践性文章,而是一部哲学化的作品。[①] 基于研究现状,《爱弥儿》中的人性思想研究不仅对我们把握这一长篇作品的整体思想至关重要,也对理解卢梭整体思想中的自然观有所裨益。

同时,选择这一研究主题也是出于自身对近现代教育哲学及当代教育发展的关切。一方面,初读卢梭时常受困于他非典型、哲学式的诗意写作风格和不同著作间看似矛盾、隐晦的表述。阅读卢梭的难题有时来自我们无法在风格体裁多样的作品中把握它们在卢梭思想体系中的位置和相互关系,有时源于卢梭看

---

① (英)尼古拉斯·登特著;戴木茅译:《卢梭》,北京:华夏出版社,2019,第84页。

似不一致的前后文表述或不固定意义的同一术语运用等。因此,一本释读《爱弥儿》教育思想的哲学著作对于想要理解其教育理论的读者有一定的必要性。另一方面,面对当下偏重智育、忽略美育的教育现状,卢梭培育感觉力的自然教育理念对构建均衡全面的教育理论体系仍有裨益。加之曾在乡村公益教育机构的工作体会以及对儿童教育发展的持续关注,都激发笔者转向能够助力乡村教育实践发展的理论研究。面对城乡教育落差加剧的现状,仅着力抹平城乡差异并未解决落后地区的教育不足,比如智性教育、艺术教育等方面的硬件设施投入等,而应从培育乡村新一代主人的愿景出发,找到适合乡村各地教育发展的路径。如何利用广大农村的差异化优势,比如丰富多样的自然资源和民俗文化,让我们看到美育理论及实践探索在突破代际贫困和实现教育公平问题上有着积极的意义。卢梭《爱弥儿》中的人性教育思想不仅有深厚的哲学理论基础,还具备塑造人格与培育情感的美育意蕴。

卢梭这位生于三百多年前的哲人不会也不可能为我们当下的诘问提供任何答案,但他以何种方式理解人并树立生活中的人性典范,以此激励人们向美善而生,均能给以吾辈探索时代精神的信念与启发。人往往以自己的有限和狭隘去评判伟大的事物,认为找不到的便不存在,并以此作为自己不去效仿它们的借口。卢梭让我们懂得,即使在现实中尚未遇到美的心灵,也要确信其存在并竭力使之实现。

引用及缩写说明

本书大部分引文来自中译本,少数调整之处直接译自伽利马出版社"七星文丛"版《卢梭著作全集》评注版五卷本(1959—1995)。此外,本书按照国际卢梭研究的惯例,将这套全集简称为 O.C.,并采用卷数加页码的格式。例如"O. C., IV,10"指的是《卢梭著作全集》第四卷的第 10 页。

《爱弥儿》	(法)卢梭著;李平沤译.爱弥儿(上下)[M].北京:商务印书馆,2017.
《忏悔录》	(法)卢梭著;李平沤译.忏悔录(上下)[M].北京:商务印书馆,2017.
《对话录》	(法)让-雅克·卢梭著;袁树仁译.卢梭评判让-雅克:对话录[M].北京:商务印书馆,2015.
《论不平等》	(法)卢梭著;李平沤译.论人与人之间不平等的起因和基础[M].北京:商务印书馆,2015.
《论科学和文艺(笺注版)》	(法)卢梭著;刘小枫编;刘小枫,甘阳总主编;刘小枫,龙卓婷译.论科学和文艺 笺注本卢梭集[M].上海:华东师范大学出版社,2021.
《论科学与艺术》	(法)卢梭著;李平沤译.论科学与艺术的复兴是否有助于使风俗日趋纯朴[M].北京:商务印书馆,2016.
《论语言的起源》	(法)卢梭著;李平沤译.论语言的起源[M].北京:商务印书馆,2021.
《山中来信》	(法)卢梭著;李平沤译.山中来信[M].北京:商务印书馆,2018.

《遐思录》	(法)卢梭著;李平沤译.卢梭全集 第3卷 一个孤独的散步者的梦及其他[M].北京:商务印书馆.2012.
《于丽》	(法)卢梭著;伊信译.新爱洛漪丝[M].北京:商务印书馆,2012.
《政治经济学》	(法)卢梭著;李平沤译.政治经济学[M].北京:商务印书馆,2016.
《致博蒙书》	(法)卢梭著;吴雅凌译.致博蒙书[M].北京:华夏出版社,2014.
《致马尔泽尔布的四封信》	(法)卢梭著;李平沤译.致马尔泽尔布总监先生的四封信[M]//卢梭全集:第3卷.北京:商务印书馆,2016:219-242.
《卢梭全集》(第8卷)	(法)卢梭著;李平沤译.卢梭全集 第8卷 新爱洛伊丝 上[M].北京:商务印书馆.2012.
《卢梭全集》(第9卷)	(法)卢梭著;李平沤,何三雅译.卢梭全集 第9卷 新爱洛伊丝 下 及其他[M].北京:商务印书馆.2012.
Correspondance	J. J. Rousseau. Correspondance complète de Jean-Jacques Rousseau[M]. 52 vols. éd. R. A. Leigh. Genève: Institut et musée Voltaire, 1965-1998.
Emile	J. J. Rousseau. Emile or on Education[M]. trans. A. Bloom. New York: Basic Books, 1979.
O. C.	J.J. Rousseau. Œuvres Complètes [M]. 5 vols. éds. B. Gagnebin et M. Raymond, Paris: Gallimard, Bibliothèque de la Pléiade, 1959-1995.

目 录

前　言 …………………………………………………………… 1
引用及缩写说明 ………………………………………………… 1

导　论 ………………………………………………………… 1
 一、自然而自由的人 ………………………………………… 2
 二、研究综述 ………………………………………………… 4
  (一) 国外卢梭研究状况 ………………………………… 4
  (二) 国内卢梭研究趋势 ………………………………… 12
 三、本书结构 ………………………………………………… 23

第一章　《爱弥儿》中人性思想的提出及背景 ………… 25
 一、人性思想的历史背景与理论源头 …………………… 25
 二、卢梭人性思想的产生与形成 ………………………… 30
  (一) 创作缘起及写作动力 ……………………………… 30
  (二) 人性思想的形成 …………………………………… 36
 三、《爱弥儿》的人性内涵及意图 ………………………… 41
  (一)《爱弥儿》：一部教育视角下的人性之作 ……… 42
  (二)《爱弥儿》中的人性思想意图 …………………… 45
 四、卢梭建构人性的根据与路径 ………………………… 52

第二章　感觉、感性理解力与知性理性：自然的人 …… 57
 一、卢梭的儿童观及儿童教育理念 ……………………… 57
 二、婴幼儿的感觉 ………………………………………… 67
 三、儿童的感性理解力与知性理性 ……………………… 72

第三章　同情、良心与趣味：道德的人 …… 78
一、以性成熟为起始标志的青春期 …… 79
二、以自私为关键转折的激情谱系 …… 80
三、自爱的延伸：同情 …… 86
四、朝向善的理性、良心与意志 …… 89
  （一）认识善的理性 …… 89
  （二）爱善的良心 …… 91
  （三）择善而行的意志 …… 93
  （四）审美的趣味 …… 98
  （五）"审美力"的标准 …… 103

第四章　性、爱情与爱家国：自由的人 …… 108
一、苏菲的角色内涵及天性 …… 109
二、性的激情与爱的升华 …… 112
  （一）爱的含义 …… 113
  （二）爱情与美德 …… 118
三、准公民的家国之爱 …… 120
四、人性目标的实现 …… 123
  （一）人性教养目标考辨 …… 123
  （二）教育目标中的人性悖论 …… 124
  （三）自由的区分与超越 …… 126

第五章　《爱弥儿》人性思想的理论根据 …… 130
一、卢梭的基本原理：自然善好的人 …… 131
二、人的初定义：自然状态中的野蛮人 …… 136
三、人的再定义：自然的社会人 …… 144
  （一）《于丽》中的人性教养意图 …… 145
  （二）性与想象 …… 147
  （三）爱情中的自然与习俗 …… 151

（四）婚姻家庭中的幸福与自由 …………………… 154
四、以自然为名的人性 ………………………………… 159
　（一）卢梭自然观念的理论背景及转折意义 ……… 159
　（二）卢梭《爱弥儿》中的自然理论内涵 ………… 163
五、小结 ………………………………………………… 168

结　　语 …………………………………………… 170
参考文献 …………………………………………… 171

导　论

无论是从卢梭写作的风格还是他对自己及哲学家的评价来看,他都不像是一位哲学家,而更像一位披着理论外衣的敏感诗人。卢梭曾感叹自己的高度敏感成为被他人误解及责备的根源,而这恰好是其德性的根源。①

从文风上看,卢梭优美的文笔有目共睹,读者常因沉湎于享受卢梭动人的言辞,而忽略了其中深刻的思想。在卢梭的作品中,我们几乎找不到哲学式的概念分析和推理论证,而是那些富含情感和生活体验的言语直击我们的心。在思想方面,他最偏爱的词是"遐想"(rêveries),而不是思考。他不仅调侃《爱弥儿》不过是一部空想的作品,还用该词为自己生前的最后一部作品命名。但是,卢梭的作品仅仅出自作者个人的内在激情和自省沉思吗?即使是在远离城市社交圈的退隐生活中,卢梭依然与友人保持通信,还时不时接待来访的人。虽然他称自己最爱沉浸于大自然的怀抱,但终其一生并未真正远离过人群。我们不能忽略影响卢梭作品内容的因素之一:与同时代思想家们的对话或争辩。

卢梭的思想是如何生发并不断成熟的?他最先被人自我分裂的不自由经验所推动,不论是《论科学与艺术》《论不平等》中不平等的人们处于奴役状态,还是《爱弥儿》里新生婴儿的最初感觉即襁褓束缚带来的痛苦。但当他回眸凝视自身时,却直观地感觉到自身是自由的存在者。与卢梭的自由直观不同的是,康德已将自由预设为理念。我们看到,当卢梭以自然来称呼人性,自然因此变得具有自发的创造性。

---

① 《对话录》,第129页。

一、自然而自由的人

> 在我看来,在人类所有的各种知识中,对我们最有用但是是我们掌握得最少的,是关于人的知识。①

对人的研究与探索贯穿卢梭思想始终,成为他大部分作品的主题。在探究人性真理的路途中,卢梭以反观内省的方式阐发独具个人特色的诗性智慧。如何理解卢梭的人性之思?按照他的思想理路,唯有在符合天性趋向的教育之中,人才有整全发展的可能。

本书缘起于卢梭自己对《爱弥儿》的评价和定位——一部展示个人如何获得完整生命的人性之作。对卢梭来说,教育学和关于人的学说是一个不可分割的整体。这一点尤其集中地体现在以"论教育"为副标题的《爱弥儿》一书中。"这是一部相当哲学化的著作,深化了作者在其他作品中谈及的'人性本善'的原则。为了解决这一原则与其他真理(比如人性本恶)的冲突,它需要展现历史上人类心中所有邪恶的来源……激情之海淹没了我们,若想找到前进之路,我们必须找到开始。"②包括《爱弥儿》在内,卢梭的人性思想整体上具有相当的复杂性,既凸显了他对当时科学成果的吸收,还有与某些传统观点的决裂,又在某些方面依然囿于根深蒂固的思想。本书试图在追溯教育视角下的人性发展进程中,展现卢梭人性之思的多面向及其关联。《爱弥儿》人性观念的理论前提则体现在之前的相关作品中。在令卢梭一举成名的《论科学与艺术》中,他毫不留情地批判了当时的人性堕落现状。稍后的《论不平等》不仅提出了"人的自然善好"这一思想基本原理,还描绘了自然状态中的自然人的生存状况及演变。之后的《于丽》更是一首人性的赞美诗,其中以爱为核心的情感教养历程印证了卢梭对人性的爱与信心。

本书作为卢梭教育思想研究的预备工作之一,以《爱弥儿》为主要研究对

---

① (法)卢梭著:《论人与人之间不平等的起因和基础》,北京:商务印书馆,2015,第35页。
② 《致菲利伯特·克雷默之信》,亨德尔译,1764年10月13日,第296页。转引自(英)尼古拉斯·登特著;戴木茅译:《卢梭》,北京:华夏出版社,2019,第84页。

象,适时考察卢梭其他相关作品,旨在揭示人性之于教育的理论意涵及作用。①人性之自然是教育的尺度,自由的人性却成为教育的旨归。《爱弥儿》中的人性究竟包含哪些内容?人的内在自然如何规约教育?它与卢梭关于人自然善好的思想体系有何关联?作为以教育为根据的人性在卢梭整体思想中的定位及内涵是本书探讨的主题。这不仅是我们理解《爱弥儿》教育思想的必要前提,也是了解卢梭思想内在一致性的关键点。

本书探讨的主题是人性在卢梭《爱弥儿》中的多重内涵以及这一概念何以作为衡量教育的尺度。这将涉及他的人性观和教育思想之间的复杂关系,这种关系围绕着两个对立展开:第一,自然人的天性与社会人的需求之间的对立;第二,教育中的自然尺度与人为之事的对立。就第一种对立而言,生活在社会中的自然人需要恰当的教育来护持人性,才可能满足社会人的自我发展需求。自然状态中的野蛮人不需要额外的教育,凭靠本能便能在自然的自由状态中孤独而自足地生存。但社会中的人仅有自然的善好禀赋是不够的,因为社会环境压根不会给予天性得以发展的机会。如《爱弥儿》开篇第一段所述,人的天性如路边没有得到保护的小树苗一般,很快会被各种外来的撞击所扼杀。由此过渡至第二种对立,教育中的自然尺度与人为之事是否有达成一致的可能性?准确地说,本书更多地是探讨第一个关于人性自身悖论的问题,基于此的第二个问题留待未来解决。

我们应如何理解《爱弥儿》中教育视角下的人性之思?后人很难确定卢梭在《爱弥儿》中的真实教育意图,即他想要培养什么样的人。但更为根本的是,无论卢梭从教育目标维度为爱弥儿预设了何种社会身份,都不应忽略最根本的人性追求。人类追求生活的幸福,无论是个人教育还是政治制度建构都被统摄于这一基本诉求之下。幸福从来不是抽象或空幻的概念,而是人自身所促成的个体的幸福。卢梭对幸福的终极定义是人的自由,因为自由乃是人性的本质。因此,幸福是在自我教养的过程中实现人性,具体表现为觉知到自身自由的道德人格。

---

① 本书是笔者博士论文《自然与自由:卢梭情感教育思想研究》的前期研究,旨在考察作为卢梭教育理论前提的人性思想。

二、研究综述

因主题及篇幅所限,卢梭研究史上早期的种种意涵不过多赘述,仅将目光聚集在 20 世纪以来国内外卢梭思想研究的相关概况。

(一) 国外卢梭研究状况

国外卢梭研究取得的进展首先基于卢梭一手文献编纂、评注和出版上。卢梭全集的编纂日益成熟,目前最权威的法文版卢梭著作集之一当数被纳入"七星文丛"(Bibliothèque reliée de la Pléiade)中的五卷本《卢梭全集》(Jean-Jacques Rousseau, Œuvres complètes)①。"七星文库"最早由雅克·希夫林(Jacques Schiffrin)于 1931 年创建,后于 1933 年被伽利玛出版社(Éditions Gallimard)收购,但希夫林仍是该文库的负责人。"七星文库"以袖珍版的出版形式提供法国及世界经典作家的全集,在保持较高阅读舒适度的同时,更以可靠的文稿基础、杰出的专家编辑团队和序言注释逐渐成为受研究者青睐的参考文集。②

此外,已出版的卢梭著作集还有 2012 年卢梭诞辰三百周年之际由多位专家联合编纂的巴黎冠军——斯拉金妮出版社(Slatkine-Honoré Champion)出版的

---

① "七星文库"系列的《卢梭全集》各卷主要内容及出版时间如下:Rousseau J J. Œuvres complètes, tome I : Les Confessions – Autres textes autobiographiques [J]. Gallimard. coll. «Bibliothèque de la Pléiade». 1959; Rousseau J J. Œuvres complètes. tome II: La Nouvelle Héloïse – Théâtre – Poésies – Essais littéraires[J]. Gallimard. coll.«Bibliothèque de la Pléiade». 1961; Rousseau J J. Œuvres complètes. tome III: Du Contrat social – Écrits politiques [J]. Gallimard. coll.«Bibliothèque de la Pléiade». 1964; Rousseau J J. Œuvres complètes, tome IV: Émile – Éducation – Morale – Botanique[J]. coll. «Bibliothèque de la Pléiade». 1969; Rousseau J J. Œuvres complètes. tome V: Écrits sur la musique, la langue et le théâtre[J]. coll.«Bibliothèque de la Pléiade». 1995.

② 该文库更多资讯可参见伽利玛出版社网站(https://www.gallimard.fr/Catalogue/GALLIMARD/Bibliotheque-de-la-Pleiade)、"七星文库"网站(https://www.la-pleiade.fr/)和"七星文库"维基条目(https://en.wikipedia.org/wiki/Biblioth%C3%A8que_de_la_Pl%C3%A9iade)。

《卢梭全集》。① 这一新版的24卷本卢梭300周年纪念版《卢梭全集》由两位最杰出的卢梭学家雷蒙德·特鲁松(Raymond Trousson)和弗雷德里克-S.艾格丁格(Frédéric S. Eigeldinger)主编,经过现代化改编,更易于阅读。在内容上,不仅根据手稿和原始版本对主要作品进行细致审查,还首次对以往评论家较少关注的次要作品进行评注,包括但不限于卢梭的自然科学文本、植物学著作和《音乐词典》等,由相关权威专家团队撰写了2500多条注释。这一版本全集还包括许多以前未曾公开发表的片段,这些片段来自纳沙泰尔图书馆的藏书或近年发现的《于丽》等著作手稿,还发现了一些新的信件及重新修订了部分书信。相比之前拉尔夫.A.利(Ralph A. Leigh)规模宏大的52卷《卢梭通信全集》,这一版本中的后七卷以更为现代化的易读方式编辑并修订了卢梭的所有书信,保留了2412封卢梭私人信件。

比较为人熟知的版本还有卢梭逝世后最早陆续出版的迪佩罗和穆勒图(Du Pevrous et Moultou)版本的17卷本《卢梭全集》。② 1778年卢梭逝世后的第二天,三位出版商、卢梭手稿的保管人和日内瓦的三位年轻企业家联合成立了以出版《卢梭全集》为唯一使命的日内瓦印刷公司(STG)。这一17卷本的《卢梭全集》采用4开本的形式,于1780年至1789年间在日内瓦出版,被后人称为迪佩罗和穆勒图(Du Pevrous et Moultou)版,以卢梭的两位朋友和监督其出版的手稿保管人的名字命名。2012年瑞士历史科学门户网站infoclio.ch.在纪念卢梭诞辰300周年之际,启动了"卢梭在线项目(rousseauonline)",将这一版本的《卢梭全集》全部电子化,供公众免费参阅。另外,拉尔夫.A.利还编辑出版了52卷本的《卢梭通信全集》。③ 除了上述卢梭作品全集、专题著作集和书信集,关于卢梭手

---

① J. J. Rousseau. Œuvres Complètes [M]. 24 vols. éds. R. Trousson et F. S. Eigeldinger. Genève, Slatkine, 2012.该全集在线电子版网址为:http://rousseau.slatkine.com/,可供付费查阅。更多该版本《卢梭全集》资讯可参见"卢梭作品的前世今生"一文,Natale E. Les œuvres de Rousseau hors du livre entre hier et aujourd'hui [J]. Revue d'anthropologie des connaissances, 2014, 8(8-4)。

② J.J. Rousseau. Collection complète des œuvres [M]. 17 Vols. Genève, 1780—1789 (www.rousseauonline.ch)。

③ J. J. Rousseau. Correspondance complète de Jean-Jacques Rousseau [M]. 52 vols. éd. R. A. Leigh. Genève: Institut et musée Voltaire, 1965-1998.

稿的新发现及修订进展不少被收入自 1905 年起连续出版至今的《卢梭学会年鉴》(Annales de la Société Jean-Jacques Rousseau)中。①《卢梭学会年鉴》旨在发表有关卢梭生平和作品的研究论文。其重点是对卢梭著作的来源进行研究，并从多方面(思想史、美学或伦理学、政治学、经济学、社会学、教育学、音乐学、戏剧学、法学、宗教学、文学流派理论)对卢梭的作品进行解释性评论。

与此同时，在英语世界里还有多种版本的英文卢梭文集问世，如维克多·古热维奇(Victor Gourevitch)编纂的政治著作集两卷本②及罗杰·马斯特(Roger D. Masters)和克里斯托弗·凯利(Christopher Kelly)编著的全集 13 卷本。③进入 20 世纪之后，随着英文版卢梭著作的陆续出版，以欧美为主要学术阵地的西方卢梭研究发展迅速且著述颇丰，大体上呈现出三大趋势：一是从争论不一走向寻求卢梭思想的统一性；二是内容上从政治学相关著作及主题扩展到其他内容的研究；三是研究方法从某一主题的单一学科研究转变为整体性和跨学科的综合性研究。④

虽然在很长一段时间内，卢梭二手研究资料的研究方向主要集中在政治哲学领域，但随着卢梭全集与通信集等材料的丰富和健全，越来越多的研究者开始尝试从一体性的角度研究卢梭思想。早期的卢梭研究者埃米尔·法盖将卢梭视为个人主义者，认为他的一切理论都能在《论不平等》中找到源头。然而，这样一来就只能简单回应试图构建共同体的《社会契约论》一书的思想位置，将之视

---

① 《卢梭学会年鉴》从第 54 卷起由 Georg 出版(https://www.georg.ch/)。前几期可在 Librairie Droz(https://www.droz.org/monde/home)和卢梭学会网站(https://www.sjjr.ch/en)上查阅，后者还可查阅历年年鉴收录的文章目录。

② J. J. Rousseau. The Discourses and other early political writings[M]. edit. V. Gourevitch. China University of Politics and Law Press, 2003.

③ Rousseau Jean-Jacques et al. The Collected Writings of Rousseau. Published for Dartmouth College by University Press of New England 1990—2010.

④ 卢梭研究的二手文献方面涌现出不少经典著述和导论书籍，得到学界认可和关注的不乏少数。经典著述如恩斯特·卡西勒的《卢梭问题》与《卢梭·康德·歌德》、斯塔罗宾斯基的《透明与障碍》、亚瑟·梅尔泽(Arthur Melzer)的《自然善的人：论卢梭思想的系统性》、戴维·高蒂尔的《卢梭：情感的存在》等；导论性书籍如罗伯特·沃克利(Robert Wokler)的牛津通识读本《卢梭简论》、萨莉·肖尔茨(Sally Scholz)的《卢梭》、詹姆斯·德莱尼(James Delaney)的《从卢梭出发》、尼古拉斯·登特(Nicholas Dent)的《卢梭》等。

为卢梭思想中相对孤立的一部分。① 亨利·塞的观点与法盖相似,但他认为《社会契约论》说明卢梭依然是一个个人主义者,因为理想的共同体最终是为了"确保个人充分发展其自由"②。伏汉则从卢梭思想变化的角度来化解卢梭思想中个人主义与集体主义的矛盾。他认为从《论科学与艺术》《论不平等》到《社会契约论》等政治著作体现了卢梭的思想从个人主义向集体主义发展变化的过程。③然而,伏汉仍局限于对卢梭政治著作做出以政治学范畴为中心的阐释。正如彼得·盖伊所言,理解卢梭须超越政治思想范畴,应将其所有著作看成一个整体。④

及至20世纪二三十年代,古斯塔夫·朗松(Gustave Lanson)、E.H.赖特(EH·Wright)和卡西勒(Ernst Cassirer)等研究者将卢梭思想统一性研究的目光投向卢梭更广泛的其他作品。朗松在他的《法国文学史》(1901)中指出,《爱弥儿》的扉页题铭揭示了贯穿卢梭思想始终的大原则。赖特认为自然这一概念是卢梭的最大思想准则,它将卢梭的诸著作串联起来成为一个整体。⑤ 卡西勒在1932年出版的《卢梭问题》中不仅强调对卢梭作品的整体性理解,而且开创了以康德主义思想解读卢梭哲学的先河。他看到了卢梭与康德的心灵相似之处,从理性的维度去理解卢梭所说的自由,即人为自身立法的理性行动。

还有一种解读思路是从卢梭政治理论的统一性出发解读卢梭哲学,这一分支的代表人物是朱迪斯·史柯拉(Judith N. Shklar)、乔纳森·马克斯(Jonathan Marks)、列奥·施特劳斯(Leo Strauss)及其门徒。施特劳斯的卢梭研究影响深远,其弟子布鲁姆(Allan Bloom)翻译的《爱弥儿》英文版如今是英语学界通行译本,再传弟子凯利(Christopher Kelly)是《卢梭著作全集》的合编者,古热维奇(Victor Gourevitch)、巴特沃斯(Charles Butterworth)等卢梭研究者也深受其影

---

① 转引自(德)恩斯特·卡西勒著;王青华译:《卢梭问题》,北京:译林出版社,2009,第5页。
② 转引自(德)恩斯特·卡西勒著;王青华译:《卢梭问题》,第5—6页。
③ 转引自(德)恩斯特·卡西勒著;王青华译:《卢梭问题》,第10页。
④ (德)恩斯特·卡西勒著;王青华译:《卢梭问题》,第11页。
⑤ 转引自(德)恩斯特·卡西勒著;王青华译:《卢梭问题》,第16—17页。

响。① 亚瑟·梅尔泽(Arthur Melzer)认为应该从自然主义的角度去理解卢梭哲学,以"自然"或"自然主义"为卢梭的最大思想准则。他在《人的自然善好》中除了呈现卢梭对此原理的论证,还揭示了没有提及自然善好的《社会契约论》如何与其他作品协调并成为一个有机的整体。库柏(Laurence Cooper)则在《卢梭、自然与好生活》中力证在卢梭那里,良心也是属于自然的范畴。② 乔纳林·马克斯(Johanthan Marks)在《卢梭思想中的完美与不和谐》中则认为,卢梭的思想乃是就一个自然的、不和谐的存在者的自然完善所做的反思。③ 兰姆(Wing Kwan Anselm Lam)在《卢梭〈忏悔录〉中的人之自然良善:对奥古斯丁〈忏悔录〉的回应》中指出,卢梭对人性及恶之来源问题的理解完全不同于基督教观点,且卢梭在《忏悔录》中再次印证了自己"人天然善好"的观点。④

上述对卢梭思想做出整体性阐释的诸研究仍存在如下问题:第一,这些解释相对粗略,未能细致深入地呈现卢梭笔下的诸多重要概念的内涵,如"自私""怜悯"和"公民宗教"等;第二,作为对卢梭思想的整体性研究而言,文本覆盖面明显不足,上述研究多集中于解释卢梭的政治哲学著作,而对其他类型和主题的著作在卢梭思想中的位置较少提及;第三,卢梭的思想为何会在不同文本中呈现出自相矛盾的样貌,相关原因是需要被考察和厘清的。⑤

后来的梅尔泽在《人的自然善好:论卢梭思想的体系》一书立足于卢梭人性本善的基本原理⑥,在一定意义上给出了上述三个问题的解答。他察觉到卢梭具有体系性的思想和不成体系的表达之间的不一致,认为这是造成读者误解卢

---

① 曹聪:《自然教育与人为技艺——卢梭〈爱弥儿〉教育方案的困境》,《全球教育展望》2020,49(09)。

② L.D. Cooper Rousseau, nature, and the problem of the good life[M]. Penn State Press, 1999.

③ J. Marks Perfection and disharmony in the thought of Jean-Jacques Rousseau[M]. Cambridge University Press, 2005.

④ WKA. Lam The natural goodness of man in Rousseau's "Confessions": A reply to Augustine's "Confessions"[D]. Boston College, 2009.

⑤ 方仁杰:《矛盾抑或统一:卢梭的哲学体系与历史身位——评〈人的自然善好:论卢梭思想的体系〉》,《复旦政治哲学评论》2022(00)。

⑥ 梅尔泽认为卢梭的基本思想原理是一种关于人性的理论,即卢梭声称的"人天性善好,但被社会败坏了"。

梭自相矛盾的首要原因。他将卢梭缺乏体系性的表达归咎于其创作时机的偶然性,因此人们难以从单独的或部分作品中看到卢梭思想的全貌。他采取的研读方式是找到作为卢梭思想根据的基本原理,由此出发理解卢梭的整个思想体系。然而,就该书的内容结构而言,梅尔泽着重分析了卢梭思想原理在《社会契约论》中的展开及其结果,对其他著作未做充分的阐释。梅尔泽仅在书中第一部分提及卢梭不同类型或主题的作品都符合其思想的基本原理。此外,梅尔泽并未论及卢梭不同著作之间的联系,而这种联系正是组成具有内在关联的卢梭思想的整体,抑或只是卢梭在不同情境中对自己原理的阐发。① 对此,本书更倾向于卢梭本人对自己著述的整体性解释。

相比著述颇丰的英语学界,卢梭学会定期出版的《卢梭年鉴》及其他出版物向我们呈现了20世纪法语学界的卢梭研究概貌及特点。卢梭思想在德语世界的传播及研究成果我们可以从《卢梭在德国——对卢梭接受研究的新贡献》等著作及贺伯特·博德(Heribert Boeder)《形而上学的拓扑学》等作品中得到对卢梭思想的整体性把握。② 在对卢梭思想统一性的研究不断深入的过程中,不少研究者的兴趣从早期更多关注与政治哲学相关的"公意""平等""社会契约"和"道德"等核心概念,开始转向关于人的人性、能力和倾向等的相关概念研究,如"自尊心""自私""自爱""良心""怜悯"和"可完善性"等概念的阐释和澄清。这一转向以尼古拉斯·登特(Nicholas Dent)、蒂莫西·欧哈根(Timothy O'Hagan)、弗雷德里克·诺伊豪泽尔(Frederick Neuhouser)、尼科·克洛尼德(Niko Kolodny)等为主要代表,他们都同意"amour-propre"(自私)是理解卢梭哲学的关键,力图辨析卢梭关于人性的真实观念。③

---

① 方仁杰:《矛盾抑或统一:卢梭的哲学体系与历史身位——评〈人的自然善好:论卢梭思想的体系〉》,《复旦政治哲学评论》2022(00)。

② H Jaumann ed. Rousseau in Deutschland: neue Beiträge zur Erforschung seiner Rezeption[M]. Berlin: Walter de Gruyter, 1995; H. Boeder, Topologie der Metaphysik[M], Freiburg/München, 1980.

③ Nicholas Dent. Rousseau[M].Routledge.2005; Timothy O'Hagan. Rousseau on amour-propre on six facets of amour-propre[J]. Proceedings of the Aristotelian Society.1999,Vol.99(No. 1); Frederick Neuhouser. Rousseau's theodicy of self-love: evil, rationality, and the drive for recognition[M]. Oxford University Press.2008; Kolodny N. The explanation of amour-propre[J]. Philosophical Review, 2010, 119(2).

聚焦到本书的主要研究文本《爱弥儿》上，它相较卢梭的政治哲学类著作受到的关注要逊色许多。然而，小说却很可能是卢梭表达思想的最佳媒介。面对人的自然天性朝向自由发展的内在张力、人性中的自我意识的教养历程、道德的意志和情感的波动之间的冲突等问题，卢梭以创造性的想象力将这些难以调和的问题放入小说里，这很难或不适合在一篇学术论文中加以阐述。《爱弥儿》正是这样一部可以全面地囊括卢梭的思想和感情的百科全书式的作品。它是一部以教育为名的小说，关于人的教育、为了人的教育、同样也反对一些人的教育。自然、教育、宗教、哲学、伦理、美学、政治等各个领域都被纳入该小说的涉猎范围，想象的学生爱弥儿的成长过程更是为作者自由地表达观点提供了方便的空间。

进入20世纪以来，随着卢梭研究的细化和深入，《爱弥儿》的研究一方面逐步趋向卢梭统一性研究的态势，另一方面也不断呈现出新的阐释维度和主题。不可否认的是，大多数研究者仍将《爱弥儿》局限在教育学范围内理解，仅关注卢梭《爱弥儿》中的自然教育思想及其在教育思想史上的影响，如有白璧德的《卢梭和欧文》《卢梭与浪漫主义》和巴泽多的《德国教育中的卢梭》等。[①] 同样引人注目的是，施特劳斯学派从现代性批判出发，侧重阐释卢梭的教育思想和政治思想的关系，《爱弥儿》中蕴含的教育思想是卢梭政治之思的铺垫和附属品。这一学派的学者们倾向细读文本，解读《爱弥儿》中的微言大义。

《爱弥儿》英译本权威译者布鲁姆在他的导读性文章中指出，《爱弥儿》是"人类种族的历史"和"通过重整人之欲求的出现次序将和谐复归到世界上的实验"[②]，并将"性激情"作为解读《爱弥儿》的关键。库柏延续了布鲁姆的思路，认为爱欲是卢梭教育哲学的中心[③]。他们这一不彻底的人性目的论无法彻底解决人的自爱与社会性之间的矛盾。马斯特（Roger D. Masters）在《卢梭的政治哲

---

① （美）弗罗斯特（Frost,S.E.）著；吴元训等译：《西方教育的历史和哲学基础》，北京：华夏出版社，1987，第11页。

② （美）阿兰·布鲁姆著；张辉等译：《巨人与侏儒》，北京：华夏出版社，2020，第259—260页。

③ Cooper LD. Eros in Plato, Rousseau, and Nietzsche: the politics of infinity[M]. Penn State Press, 2008.

学》中融合了施特劳斯学派和布鲁姆的观点,按照卢梭提供的阅读方式①,以扎实的文本解读细致地剖析了《爱弥儿》的结构。马斯特确证公民社会的坚实基础应是公意中蕴含的"法的逻辑",而非自然人性。人性中所包含的情感和道德只能作为维系社会纽带的法的补充,抑或哲人退出社会的道德证据,这种版本证明在对于《萨瓦牧师的信仰自白》良心自然法的演绎中达到高潮。《爱弥儿》的"附录"部分指向现实生活,关系到《爱弥儿》与《社会契约论》的内在联系,但布鲁姆和马斯特均未对该书的"附录"进行解读,不免有些遗憾。

美国学者凯利(Christopher Kelly)的解读性著作《卢梭的榜样人生——作为政治哲学的〈忏悔录〉》打破了传统上对自传性著作的理解,把卢梭的《忏悔录》看成是串联卢梭思想著述的重要作品。② 在这一著作中,凯利把《忏悔录》与《爱弥儿》进行正反两方面的对比,向我们展示了卢梭试图在文明社会中重建生命自然整全的努力及可能性的探讨。埃利斯(Madeleine B. Ellis)在《卢梭的苏格拉底式神话》中,对《爱弥儿》和《社会契约论》进行文学性对勘,注重《爱弥儿》中的隐喻性内涵。③

此外,特吕勒(Daniel Tröhler)则看到《爱弥儿》中卢梭对激情的一种合乎时代的重视,并将《爱弥儿》视作对激情恐惧的一种应对方式④,这在一定程度上印证了卢梭的著作与时代性的统一性。明茨(Avi I Mintz)关注到了苦难在卢梭教育中的价值,并认为苦难教育的意义在于,使学生成为能够忍受苦难而身具勇敢品格的人,而不是磨炼现代人软弱的意志以使之更好地成为追逐利益的工具。⑤米肖(Olivier Michaud)以现代人的视角详细探讨了权威和民主在卢梭教育中的

---

① (法)马斯特著;胡兴建,黄涛,王玉峰译:《卢梭的政治哲学》,上海:华东师范大学出版社,2013,第8页。

② (美)凯利著;黄群译:《卢梭的榜样人生——作为政治哲学的〈忏悔录〉》,北京:华夏出版社,2009。

③ Ellis M B. Rousseau's Socratic Aemilian Myths[M]. Columus, OH: Ohio State University Press, 1977.

④ Daniel Tröhler. Rousseau's Emile, or the Fear of Passions[J]. Studies in Philosophy & Education. 2012(5).

⑤ Avi I Mintz. The Happy and Suffering Student? Rousseau's Emile and the Path not Taken in Progressive Educational Thought[J]. Educational Theory. 2012(3).

各种问题。① 尼斯(Kristina Nies)则对"食品和风土"在卢梭教育中的作用进行了详细探讨。② 与之类似,于尔根·厄尔克斯(Jürgen Oelkers)描绘了现代教育对卢梭模糊而盲目的崇敬,反对将《爱弥儿》仅仅视为一本纯粹的教育技术学著作的倾向。③

关于《爱弥儿》在法国的研究状况,从"卢梭诞辰300周年国际学术研讨会"的"圆桌笔谈"可见一斑。唐吉·拉米诺的《1950年至今卢梭在法国的接受》④一文提到了法国的卢梭研究近况。20世纪60年代后,与《于丽》有关的研究文章数量突增,相比之下,《爱弥儿》最难理解,研究者也最少。采用何种研究视角或方式能够最大限度地把握卢梭写作《爱弥儿》的本真意图呢?我们应将《爱弥儿》视为卢梭诸作品的一分子,尝试在其主要作品的相互映衬中揭示该著作的内涵。这意味着从卢梭思想的统一性视角出发,基于伦理、情感、道德、宗教和政治等视角的哲学性解读仍有其合理性与必要性。

通过上述研究的简要梳理,可以看到相比前人,20世纪以来国外的研究者们不否认卢梭思想中的"矛盾"之处,但认为这些矛盾并不损害卢梭思想的基本连贯性。⑤ 他们更多地是对既往研究的扬弃和细化,在这些思想辨别的努力中探寻卢梭思想的一致性和整体性。本书立足于卢梭思想的整体视角,试图对《爱弥儿》中的人性思想进行较为全面的考察。

(二)国内卢梭研究趋势

国内的卢梭研究大体上与国外卢梭研究有着类似的转向与研究趋势,同时也具有自己的研究特色。在一定的历史背景下,关于卢梭思想的汉语界研究理

---

① Olivier Michaud. Thinking about the Nature and Role of Authority in Democratic Education with Rousseau's Emile[J]. Educational Theory. 2012(3).

② Kristina Nies. Food and terroir in the education of Rousseau's Émile [J]. Appetite, 2006(3).

③ (德)于尔根·厄尔克斯;徐守磊译:《卢梭与"现代教育"意象》,《北京大学教育评论》2006(01)。

④ 参见乐黛云,(法)李比雄主编;钱林森执行主编:《跨文化对话(第31辑):生态美学与卢梭纪念专号》,北京:生活·读书·新知三联书店,2013,第177页。

⑤ 袁贺:《试论卢梭政治形象的争议及研究新路向》,《历史教学》2004(10)。

路经历了从"以卢梭作为方法"到"以卢梭作为目的"的转向。前一种是以探讨中国现实问题为最终旨意的卢梭研究范式,即"作为方法的卢梭";后一种则是以探究卢梭哲学内涵、呈现卢梭哲学原貌为目的的研究范式,即"作为目的的卢梭"。① 从时间上看,前一种研究方式具有鲜明的时代性和现实性倾向,主要出现在卢梭思想传入我国的较早时期,即辛亥革命前后;而改革开放后的卢梭研究更注重理解和呈现卢梭哲学的原意,以相关的学术探讨为主流。

从卢梭在中国的接受史研究来说,王晓苓的法文专著《卢梭在中国:自 1871 年以来至今》颇具代表性。② 该著作不仅在附录部分提供了从 1899 年至 1911 年间刊出的百余篇涉及卢梭思想的中国各类期刊文章,还仔细对比分析了《社会契约论》最早的两个中译本与原文的偏差。③ 其他学者也陆续以专著或论文的形式对卢梭早期接受史展开论述及批判性反思。④ 就卢梭思想在中国的早期接受情况来看,虽然个别历史学研究关注到早期(1882—1911)介绍卢梭思想的文献不是仅局限于政治思想层面,也包括文学、教育与道德伦理思想等方面,⑤但绝大部分卢梭思想研究都侧重探讨《社会契约论》与中国近代社会的关系。这种情况与该书是 1911 年前唯一一部被译为中文的卢梭著作不无关系。

我国卢梭研究的进展与卢梭原著典籍的译介和整理的状况密切相关。如今,卢梭的相关作品大多数已译介出版,如李平沤翻译的《卢梭全集》、商务印书馆的"汉译世界名著系列丛书"等。其中,卢梭的主要著作更是有多个不同的译

---

① 范昀:《作为方法的卢梭:现代中国百年卢梭学的反思》,《浙江大学学报(人文社会科学版)》2013(2)。

② Wang X, Wang C. Jean-Jacques Rousseau en Chine: de 1871 à nos jours[M]. Société internationale des amis du Musée JJ Rousseau, 2010.

③ 该著作是在作者 1995 年的法文博士论文基础上修改完善而成,着重关注卢梭《社会契约论》早期的翻译及其在中国的早期影响,对 1911 年之后卢梭思想在中国的传播、影响及卢梭其他著作并未涉及。

④ 更多国内早期卢梭著作译介及思想研究状况参见吴雅凌:《卢梭思想东渐要事汇编》,《现代哲学》2005(03);范昀:《作为方法的卢梭:现代中国百年卢梭学的反思》,《浙江大学学报(人文社会科学版)》2013(2)。以及两篇博士论文"文献综述"部分:王瑶:《卢梭与晚清中国思想世界(1882—1911)》,华东师范大学,2014;余金刚:《卢梭的中国面孔》,吉林大学,2013。

⑤ 王瑶:《卢梭与晚清中国思想世界(1882—1911)》,华东师范大学,2014。

本,如《社会契约论》《论不平等》《爱弥儿》《于丽》和《忏悔录》等。此外,近年还出版了《论科学与艺术(笺注本)》这一类研究型译著。

2012年,汉语学界以卢梭诞辰300周年为契机对百年中国卢梭研究进行总结梳理。在上海举办的"纪念卢梭诞辰300周年国际学术研讨会"围绕卢梭的文本方法、政治、教育、浪漫主义、启蒙思想、社会学及其与马克思思想的关系等分议题展开讨论。其中,与本书主题关系紧密且具有启发性的部分观点如下:高宣扬称卢梭提出了一种内外结合的"研究人的新理论典范"①,并以此作为政治哲学的奠基石;查拉克(Andre Charrak)通过考察《论不平等》到《爱弥儿》中的"自爱心"的转变与发展,试图揭示人类道德情感发展的谱系图;米诺特(Tanguy L. Aminot)认为《爱弥儿》的核心并非公民教育,而是一种人之为人的前公民教育。② 同年,在广州举行的"中国人的卢梭与法国人的卢梭"国际学术研讨会主要围绕两个层面展开:一是从理论层面探讨卢梭思想的内在问题及意义;二是从西学东渐的角度探讨国人对卢梭思想的理解。③ 2015年出版的以"卢梭在中国"为主题的论文集收录了近百年中国学者研究卢梭的重要学术成果。④

在二手文献方面,国外具有代表性的卢梭研究著作陆续被引进国内,如卡西勒(Enrst Cassirer)、列奥·施特劳斯(Leo Strauss)和艾伦·布鲁姆(Allan Bloom)等学者的研究成果以及华夏出版社出版的"西方传统经典与解释系列"⑤:《卢梭著疏集》中的系列著作等。近五年内译介的二手研究著作有以下几种:2020年出版的由任崇彬翻译的梅尔泽的《人的自然善好:论卢梭思想的体系》,该书意在阐明卢梭思想的内在一致性,且未回避卢梭思想的复杂性与矛盾性。此外,还

---

① 参见朱杨芳:《理解与批判——"纪念卢梭诞辰300周年国际学术研讨会"综述》,《重庆文理学院学报》2013,32(04)。

② 参见朱杨芳:《理解与批判——"纪念卢梭诞辰300周年国际学术研讨会"综述》,《重庆文理学院学报》2013,32(04)。

③ 马永康:《"中国人的卢梭与法国人的卢梭"国际学术研讨会综述》,《现代哲学》2012(05)。

④ 袁贺,谈火生,应奇等:《百年卢梭——卢梭在中国》,长春:吉林出版集团有限责任公司,2015。

⑤ 已出版的有普拉特纳的《卢梭的自然状态:〈论不平等的起源〉释义》、吉尔丁的《设计论证:卢梭的〈社会契约论〉》、凯利的《卢梭的榜样人生——作为政治哲学的〈忏悔录〉》、迈克尔·戴维斯的《哲学的自传——卢梭的〈孤独漫步者的遐思〉》等。

有罗伯特·沃克勒的《卢梭》、施特劳斯以《爱弥儿》为主要阐释对象的《卢梭导读》和奥迪的《卢梭：一种心灵的哲学》。① 近十年内国内作者出版的部分卢梭研究专著及研究态势有《自然的应许》《卢梭的美学思想》和《卢梭的人性思想》等。②

国内期刊及学位论文方面的卢梭思想研究也在持续增长并呈现一定的趋势。2000 年 1 月至 2023 年 10 月，中国知网平台(后简称 CNKI③)中文总库(含期刊、辑刊、学位论文等)收录的篇名中含有"卢梭"一词的论文共 2430 篇④，其中刊于核心期刊及重要来源期刊的文章有 563 篇。⑤ 本书仅就核心期刊及重要来源期刊所刊的 500 余篇文章进行简要分析。从发表趋势来看，除了 2012 年(卢梭诞辰 300 周年)发文量激增(59 篇)，其余年份发文量大致平稳在 20 篇上下，保持较为持续的研究热度。相关文章主题占比最多的是卢梭与马克思等思想家的比较研究、《社会契约论》等卢梭主要著作释读与自然状态等卢梭核心概念解析等。就文章所属学科分布而言，位居前列的是哲学、政治学、教育学和文学学科，共占据发文量 90% 以上。⑥

2000 年以来，以"卢梭"为题的硕博学位论文共 359 篇，其中包含博士论文

---

① （英）罗伯特·沃克勒著；刘嘉译：《卢梭》，北京：译林出版社，2020；（美）施特劳斯(Leo Strauss)讲疏；马克斯(Jonathan Marks)编订；曹聪译；刘小枫主编：《卢梭导读》，上海：华东师范大学出版社，2022；（法）保罗·奥迪著；马彦卿，吴水燕译：《卢梭：一种心灵的哲学》，上海：华东师范大学出版社，2023。

② 杜雅：《自然的应许 卢梭论存在的觉知》，北京：中国社会科学出版社，2022；张国旺：《人与公民 卢梭社会政治思想研究》，上海：上海三联书店，2021；吴珊珊著；莫伟民主编：《追问幸福 卢梭人性思想研究》，上海：上海人民出版社，2017。

③ CNKI 是英文全称 China National Knowledge Infrastructure 的缩写，即"中国知识基础设施工程"，网址为：www.cnki.net。

④ 该时段内篇名中含有"卢梭"的文章直接检索结果为 2485 篇，去掉与卢梭同名的画家相关研究论文 55 篇，2000 年至今与让·雅克·卢梭的相关文章数量为 2430 篇。下文中主题更加细分的文献数量统计中均已去掉上述同名画家的不相关论文。

⑤ 此处所说的核心期刊及重要来源期刊分别为 CSSCI(Chinese Social Sciences Citation Index，即"中文社会科学引文索引")、北大核心(中文核心期刊要目总览)及 AMI(《中国人文社会科学期刊综合评价指标体系(AMI)》)。

⑥ 本书采用的国内论文类研究成果数据均出自知网检索结果的可视化分析：https://kns-cnki-net-s.vpn.snnu.edu.cn:8081/kns8/Visual/Center。

29 篇及硕士论文 330 篇。① 硕士论文常见于卢梭与马克思等思想家的比较研究、卢梭思想中的重要概念及卢梭某部作品中的个别学术问题上,而博士学位论文的主题及内容更为宏大,大致集中在卢梭的政治、教育、美学等主要思想面向及卢梭所处的主题思想史脉络研究。就博士论文作者所属学科分布而言,出自政治学和哲学(含美学)学科的博士论文数量相当,占据了现有论文总量的 70%以上;从研究主题来看,对卢梭政治思想的研究占了主流,教育思想次之。② 目前,虽已有 5 篇以《爱弥儿》或卢梭教育思想为研究对象的博士论文,但尚无以《爱弥儿》中的人性思想为题的论文。③

国内《爱弥儿》的研究经历了哪些变化呢? 相比《社会契约论》传入国内后得到较高的研究关注度,《爱弥儿》稍显落寞。1762 年出版的《爱弥儿》一百多年后才传入我国。《爱弥儿》在我国 20 世纪的传播及研究大致经历了三个阶段。④ 从侧重介绍分析其中的教育思想,到近年逐渐细化深入,开始出现在卢梭思想整体性中全面地理解《爱弥儿》的思想或是将它放入西方文化背景中去解读的趋势。下面依照时间顺序,从原著译介、研究专著和期刊文献三方面进行国内《爱弥儿》相关的分阶段研究动态梳理与分析。

第一阶段(1903—1948),出现了从英日译本转译而来的最早中译版《爱弥

---

① 在 CNKI 以题名中含有"卢梭"这一关键词进行检索,直接结果为 2000 年后已有 339 篇硕士学位论文,已删除其中以"亨利·卢梭"为题的不相关论文 9 篇。

② 本书中的国内论文类研究成果数据均出自知网检索结果的可视化分析:https://kns-cnki-net-s.vpn.snnu.edu.cn:8081/kns8/Visual/Center。

③ 已有的 5 篇相近主题的博士论文分别为:欧阳文川:《自然天性、教育与"人道道德":〈爱弥儿〉视野下的卢梭政治哲学研究》,中共中央党校,2017;刘通:《〈爱弥儿〉大义:卢梭教育哲学研究》,山东师范大学,2015;唐燕:《从培根到卢梭:西方早期现代性筹划中的道德教育》,南京师范大学,2015;陈华仔:《"好人"与"好公民"的冲突与和解:卢梭自然教育思想研究》,湖南师范大学,2012;曹永国:《自然与自由:卢梭与现代性教育困境》,南京师范大学,2005。

④ 本文拟将《爱弥儿》国内研究综述的重点放在 2000 年之后,因而对于 20 世纪《爱弥儿》在我国的传播概况仅作简单的大致趋势及特点描述。在参照下文中《爱弥儿》在中国传播的五个阶段的划分基础上,根据相关的研究深度和特点,酌情合并调整为三个阶段。相涉的更多研究成果细节参见侯怀银,韩晓飞:《卢梭〈爱弥儿〉在中国的传播及其启示——纪念〈爱弥儿〉问世 225 周年》,《课程教材教法》2017,37(10)。

儿》以及以介绍《爱弥儿》教育思想为主的报刊文章。《爱弥儿》最早的中译文可追溯至罗振宇的节译本《教育小说：爱美耳钞》，从山口小太郎等译的日译本转译而来。1903年，该节译本刊于中国最早的教育刊物《教育世界》杂志的第53—57号（7—8月）上。① 1913年，夏尊所译的《爱弥儿》发表于《（杭州）教育周报》的第1、2、5期（4—5月）上；1915—1916年间，《湖南教育杂志》的第4年第11、12期和第5年第4、5、6期连载了谭觉民重译的《教育臆想（一名爱美儿）》。② 1923年，商务印书馆出版了魏肇基译自英译版的《爱弥儿》完整中译本（共三册）。③ 1949年前的上述中译分别译自日文与英文，且以节译本为主。

国内关于卢梭教育思想的研究专著并不多，值得注意的首先是20世纪初第一批留法博士生张竞生于1919年出刊的法文博士论文《卢梭教育理论之古代源头》。近100年之后，此书又由莫旭强译成中文出版。④ 虽然此书成书时间较早，但于当下仍有借鉴学习的意义，因为张先生无比准确地预言了20世纪和21世纪的政治哲学研究和卢梭研究的路向之一——对古代源头的追溯。关于《爱弥儿》的国外二手研究著作的译介，最早的应是1939年昆明中华书局出版的《卢梭与自然教育》一书，该书的作者和译者分别是贡贝尔（Gabriel Compayre）和梁天咏。⑤

此外，与《爱弥儿》的早期传播相关的报刊文章，最早可追溯至王国维发表于1904年《教育世界》第89号（12月）的《法国教育大家卢骚传》一文，该文从教育家身份角度简要介绍卢梭的生平著述及其教育思想的自然主义特征。⑥ 1916年叔琴的《卢梭之教育说》一文首次以文章的形式向中国读者介绍了《爱弥儿》中的教育理论。⑦ 1926年则有刊于《晨报副镌》（北京）上的梁实秋所著《卢

---

① 吴雅凌：《卢梭思想东渐要事汇编》，《现代哲学》2005（03）。
② 吴雅凌：《卢梭思想东渐要事汇编》，《现代哲学》2005（03）。
③ （法）卢梭著；魏肇基译：《汉译世界名著：爱弥儿》，商务印书馆，1934，第11页。
④ 张竞生著；莫旭强译：《卢梭教育理论之古代源头》，广州：暨南大学出版社，2012。
⑤ 吴雅凌：《卢梭思想东渐要事汇编》，《现代哲学》2005（03）。
⑥ 吴雅凌：《卢梭思想东渐要事汇编》，《现代哲学》2005（03）；原文见姚淦铭，王燕编：《王国维文集（第3卷）》，北京：中国文史出版社，1997，第457—469页。
⑦ 叔琴：《卢梭之教育说》，《民铎杂志》1916,1(2)。

梭论女子教育》①等文。② 结合前述译著的情况来看,在 1949 年前国内传播《爱弥儿》主要是为了教育救国,传播媒介以报刊和译著为主,研究内容聚焦于卢梭的教育思想,相关文献多来自日本及英国学者的译著。

第二阶段(1949—1977),中华人民共和国成立后相当一段时间内,《爱弥儿》相关的译介及研究工作相对停滞。这一时期的研究著作主要以苏联教育史类著作的译介为主。此外,这一时期刊发的期刊文章多集中介绍卢梭的教育思想,并在特定的历史背景下对该著作进行意识形态意义上的批判与反思。③ 其中,比较有代表性的是 1962 年滕大春发表的《卢梭——教学论发展史上的丰碑(纪念〈爱弥儿〉问世二百年)》一文,这在一定意义上弥补了中华人民共和国成立后《爱弥儿》研究的空白。④

第三阶段(1978—1999),第一个标志性事件是,1978 年商务印书馆出版了第一部译自法文原著的《爱弥儿》全译本。这是由李平沤根据国菲尔曼·迪多出版公司 1858 年出版的《爱弥儿》原版全文所译。⑤ 在改革开放的风气影响下,这一时期其他介绍西方教育理论的译著也陆续出版,表明《爱弥儿》的研究逐渐发展,但仍集中在教育思想范畴内。其中,最早对《爱弥儿》做详细的介绍和研究的是滕大春于 1984 年出版的专著《卢梭教育思想述评》⑥。该书用马克思主义和唯物主义的观点来评述卢梭思想,但缺乏对卢梭思想的整体性把握。

进入 21 世纪之后,我国学界对《爱弥儿》的研究步入一个新阶段。国内学界在《爱弥儿》的原著翻译方面日益丰富并深入。从最初其他语种的间接转译

---

① 梁实秋:《卢梭论女子教育》,《晨报副刊》1926-12-15(33—34)。

② 相关诸文详见侯怀银,韩晓飞:《卢梭〈爱弥儿〉在中国的传播及其启示——纪念〈爱弥儿〉问世 225 周年》,《课程教材教法》2017,37(10)。

③ 相关外国教育史译介及期刊文章详情参见侯怀银,韩晓飞:《卢梭〈爱弥儿〉在中国的传播及其启示——纪念〈爱弥儿〉问世 225 周年》,《课程教材教法》2017,37(10)。

④ 滕大春:《卢梭——教学论发展史上的丰碑(纪念〈爱弥儿〉问世二百年)》,《河北大学学报(哲学社会科学版)》1962(02)。

⑤ 李浴洋:《从"教育小说"到"学术名著"——晚清民国时期〈爱弥儿〉中译本研究》,《南京师范大学文学院学报》2018(1)。

⑥ 滕大春:《卢梭教育思想述评》,北京:人民教育出版社,1984。

与节译,到直接译自法文原著的全译本增多①,进至研究式译注阶段。

在研究专著方面,李平沤 2008 年出版的《如歌的教育历程:卢梭〈爱弥儿〉如是说》②一书,更侧重对卢梭教育思想的普及性介绍。其他涉及《爱弥儿》研究的专著中,曾誉铭的《哲学与政治之间:卢梭政治哲学研究》一书中探讨了卢梭的公民德行与古典精神之间的联系。此外,渠敬东在《自由与教育:洛克与卢梭的教育哲学》一书中细致地梳理了《爱弥儿》的教育思想的演进,但相对缺乏与卢梭其他作品的关联,其中部分涉及对于教育的自然基础的探讨(前三卷)。刘铁芳在《古典传统的回归与教养性教育的重建》③中,把卢梭教育思想放在整个西方的大背景中进行考察,揭示卢梭是承载着西方从古典教育向现代教育转变的重要代表人物。在这一意义上,正如刘小枫在《卢梭的苏格拉底主义》中言:"《爱弥儿》是西方文化的一个里程碑。"④

在期刊及学位论文等研究性文章方面,2000 年之后以《爱弥儿》或卢梭教育思想为主题的期刊文章及硕博学位论文均呈上升趋势,热度至今未减。考虑近年《爱弥儿》相关研究虽仍以教育思想为主,但角度逐渐多样化,加之研究卢梭教育思想的必不可能完全不涉《爱弥儿》相关内容,遂以"爱弥儿"或"卢梭+教育"为题名检索词在 CNKI 中进行检索。检索结果显示,2000 年 1 月至 2023 年 10 月之间的相关期刊论文共计 477 篇,⑤其中包含核心期刊及重要来源的期刊论文共 96 篇,以及硕博学位论文共 86 篇,其中博士论文有 6 篇(2005—2017)、

---

① 2000 年后已正式出版的《爱弥儿》中译版(含老版再版,不含编译类)主要有以下版本:文需译《爱弥儿》(中国华侨出版社 2020 年版);叶红婷译《爱弥儿》(海峡文艺出版社 2018 年版);王媛译《爱弥儿》(中国妇女出版社 2018 年版);孟利峰译《爱弥儿》(上海三联书店 2017 年版);李平沤译《爱弥儿:论教育》(商务印书馆 2017 年再版);李兴业,熊剑秋译《爱弥儿》(人民教育出版社 2017 年版);檀传宝等译《爱弥儿》(中国轻工业出版社 2016 年版);彭正梅译《爱弥儿》(上海人民出版社 2016 年版);李平沤译《卢梭全集·第 6、7 卷·爱弥儿(上、下)》(商务印书馆 2012 年版);李士章译《爱弥儿》(内蒙古人民出版社 2002 年版);庄澜译《爱弥儿》(远方出版社 2001 年版)。
② 李平沤:《如歌的教育历程:卢梭〈爱弥儿〉如是说》,北京:商务印书馆,2021。
③ 刘铁芳:《古典传统的回归与教养性教育的重建》,北京:北京师范大学出版社,2010。
④ 刘小枫:《卢梭的苏格拉底主义》,北京:华夏出版社,2005,第 51 页。
⑤ 直接搜索结果为 478 篇,需去掉关键词重合,内容与本文不相关的 1 篇文章,共计 477 篇。

硕士论文有80篇(2004—2022)。通过CNKI的可视化分析结果显示,无论是期刊类文章还是学位论文,研究主题仍以《爱弥儿》中的自然教育观、现代教育意义及各专题教育为主,比如道德教育、儿童教育、家庭教育、公民教育和劳动教育,等等。

就《爱弥儿》相关的哲学研究而言,在400余篇期刊文章中仅占3.03%(15篇)①,其中在近百篇核心期刊及重要来源期刊文献中占4.95%(5篇)②,而在近百篇硕博学位论文中哲学类占9.47%(9篇)③。从中可见,虽然《爱弥儿》的国内研究一直以教育学科为主要阵地,但也不乏哲学角度研究的先例,且论文相对质量较高;就《爱弥儿》的哲学研究而言,较多聚焦于卢梭的自然教育理念、教育与政治的关系、教育中的伦理道德意涵及"自爱"等重要概念的剖析。

我们尝试从近五年(2019—2023)的核心期刊及重要来源期刊的发文情况和学位论文中窥测《爱弥儿》及卢梭教育思想研究的动态与趋势。国内近五年内刊发于上述期刊的25篇文章的主题主要集中在《爱弥儿》的内容阐释、卢梭教育观的当代价值及公民教育等方面。在学位论文方面,相关的硕士论文24篇,研究主题相对细化,多集中于《爱弥儿》中的劳动、道德、思政和挫折等教育主题。④ 从发文量来看,2020年是近五年内期刊及学位论文产出最多的一年,此后呈相对下降的趋势。其中,胡君进从教育与政治的关系入手研究《爱弥儿》。比如,《爱弥儿是谁?——教育学情境中卢梭教育思想研究的理论分歧及其澄清》(2019)⑤指出卢梭意在培养立法者;《从爱弥儿到罗伯斯庇尔》(2019)⑥揭示了爱弥儿教育的政治性倾向及现实影响;《透明与幽暗:爱弥儿与卢梭混合意象的教育学阐释》(2020)⑦认为爱弥儿是卢梭的自画像之一,对《爱弥儿》的研究

---

① 数据来源:https://kns-cnki-net-s.vpn.snnu.edu.cn:8081/kns8/Visual/Center。
② 数据来源:https://kns-cnki-net-s.vpn.snnu.edu.cn:8081/kns8/Visual/Center。
③ 数据来源:https://kns-cnki-net-s.vpn.snnu.edu.cn:8081/kns8/Visual/Center。
④ 数据来源:https://kns-cnki-net-s.vpn.snnu.edu.cn:8081/kns8/Visual/Center。
⑤ 胡君进,檀传宝:《爱弥儿是谁?——教育学情境中卢梭教育思想研究的理论分歧及其澄清》,《现代大学教育》2019(01)。
⑥ 胡君进:《从爱弥儿到罗伯斯庇尔——书斋之外的卢梭思想效应及其反思》,《基础教育》2019,16(03)。
⑦ 胡君进:《透明与幽暗:爱弥儿与卢梭混合意象的教育学阐释》,《教育学报》2020,16(02)。

不能忽视卢梭自身的人格特点和精神品质;《卢梭为何将洛克视为理论对手?》(2020)①则从社会背景角度剖析卢梭写作《爱弥儿》的意图,将其作为培养道德人的人性拯救方案,以应对现代人的布尔乔亚化。张桂的《自然人能成为公民吗?》(2020)②一文以公民培养为导向来考察《爱弥儿》中自然教育的有效性,认为以爱弥儿为范型的自然人最终难以成为具备政治治理德行的公民。曹聪在《自然教育与人为技艺》(2020)③中揭示《爱弥儿》教育方案的诸多矛盾与困境是源自卢梭思想的内在矛盾。

近几年还涌现出关于《爱弥儿》劳动教育的研究。郭志明在《劳动教育:人全面发展的重要场域》(2021)④中指出卢梭的劳动教育思想体现出自然主义教育家对人的发展的思考,是人全面发展理论的渊源之一。唐燕的《现代劳动启蒙教育》(2020)⑤则揭示了《爱弥儿》中劳动教育的本质是正义教育,卢梭旨在为现代政治社会奠定必要的道德基础,同时劳动教育也是培养人独立人格的自由教育。同时,也有学者关注到卢梭自然教育思想的当代价值。杨嵘均在《回归人性:关于教育本质的再认知》(2020)⑥中从人性的角度反思当前中国的教育本质,力图从哲学层面说清楚并更加强调教育人性化的现实性、迫切性及重要性。

另外,近年以《爱弥儿》为主要研究对象的博士论文主要有以下几篇:陈华仔在他的博士论文《好人与好公民的冲突与和解——卢梭自然教育思想研究》中,揭示了人类生活中的"个体性—社会性"这一内在矛盾,认为卢梭的自然教

---

① 胡君进,檀传宝:《卢梭为何将洛克视为理论对手?——重思〈爱弥儿〉写作的社会背景与问题意识》,《现代大学教育》2020(02)。

② 张桂:《自然人能成为公民吗?——卢梭自然教育的政治哲学审视》,《现代大学教育》2020(03)。

③ 曹聪:《自然教育与人为技艺——卢梭〈爱弥儿〉教育方案的困境》,《全球教育展望》2020,49(09)。

④ 郭志明,成建丽:《劳动教育:人全面发展的重要场域——卢梭自然主义劳动教育思想评析》,《天津师范大学学报(社会科学版)》2021(02)。

⑤ 唐燕,高德胜:《现代劳动启蒙教育——卢梭诗学故事"爱弥儿种豆子"探幽》,《现代大学教育》2020,36(06)。

⑥ 杨嵘均:《回归人性:关于教育本质的再认知——兼论卢梭〈爱弥儿〉自然教育思想的当代价值》,《华南师范大学学报(社会科学版)》2020(04)。

育为现代社会重新实现二者的和解开辟了道路,并为现代大学思考自由教育与公民教育提供了深刻的启示和丰富的思想资源。刘通的《〈爱弥儿〉大义——卢梭教育哲学研究》一文从现代性批判的角度解读《爱弥儿》,将《爱弥儿》视为卢梭现代性方案的根本路径。李晓兵的《自然天性、教育与"人道道德"——〈爱弥儿〉视野下的卢梭政治哲学研究》则采用施特劳斯学派的文本分析法探究《爱弥儿》中的政治哲学内涵,认为凭借意志自律形成的人道道德一方面是对政治社会及其相应道德的超越,另一方面也划定了后者存在的限度。

从上述研究《爱弥儿》的专著及论文情况,我们可以看到相关的教育学研究多于哲学视角的研究,因而有必要对《爱弥儿》教育思想的哲学基础进行更为充分深入的文本研究。关于这一角度,李红霞的论文《卢梭教育观中的"自然"解读——以〈爱弥儿〉为例》(2009)①,从教育能否以及如何使人走向自由的角度出发,探讨了教育视域下自由向自然回归的可能性。李志龙在《自然人如何成为社会公民?——以卢梭自然教育思想中的"感受力"问题为中心》②一文中指出,自然人成为公民的关键在于个体感受力的培养,感受力也因之成为卢梭自然教育思想的核心概念。

研究卢梭建立于人性基础上的自然教育思想,意在强调教育不能因为眼前的功利而忽视乃至湮没人性,而是要突出人之为人的人性教育。应以人性自由的教育为核心,改革当前中国教育不合理的做法以及僵化机械的教育体制,让教育自然而然地展开、自足地存在,从而培育受教育者的真善美认知与爱智健能力,使他们具备人之为人的想象力、创造力和生活的意义感,并进而成为热爱自由和崇尚纯真与美德的人。

综上现有的卢梭研究,以"论教育"为副标题的《爱弥尔》被更多地作为卢梭政治哲学思想的附录来解读。施特劳斯学派等对教育问题进行政治维度的考量并不鲜见,而是早有传统。从柏拉图、亚里士多德到霍布斯都曾指出教育与政治

---

① 李红霞:《卢梭教育观中的"自然"解读——以〈爱弥儿〉为例》,《理论月刊》2009(05)。

② 李志龙:《自然人如何成为社会公民?——以卢梭自然教育思想中的"感受力"问题为中心》,《安徽大学学报(哲学社会科学版)》2018,42(04)。

间相互促进及成就的紧密关系。① 反之,卢梭思想统一性视角下的《爱弥儿》研究相对欠缺。要想准确把握《爱弥儿》中的教育论断在卢梭整体思想中的位置,需关照到其教育思想的意图、教育与政治等其他思想主题的关系、教育构想的哲学基础等问题。关于《爱弥儿》中人性思想研究不够深入且存在值得商榷的观点,本书拟着重考察作为卢梭教育思想根据的人性理论,力图在卢梭思想整体视野中解读《爱弥儿》中的人性发展进程,并尝试确认卢梭在西方近代思想史的位置及其影响。

三、本书结构

本书以《爱弥儿》中的人性思想为主要研究对象,在教育的视角下考察并重构了人性的发展进程、目标及其理论根基。

第一章回溯了卢梭人性思想的理论背景及形成过程,并揭示《爱弥儿》一书的人性维度及其重要性。我们不仅考察《爱弥儿》写作的理论背景和来源,还通过概述卢梭作品间的关联,把握《爱弥儿》在其整体思想中的位置。尽管本书的重点是卢梭的思想,但仍将他的人性观置于18世纪更广泛的哲学思想背景中进行考察。虽然卢梭对后来思想家的影响也极其重要,但限于学力与篇幅之故,这并不在本书讨论范围之内。此章最后依据文本分析卢梭写作《爱弥儿》的意图与动机,并阐明该作品的人性主旨。

第二章至第四章为重构人性发展谱系的核心主体部分,大致按照《爱弥儿》一书中的教育历程及阶段性特点分为儿童、青少年和成年三个阶段。第二章的主要内容是《爱弥儿》前三卷中的儿童观及儿童阶段的人性进程。此章围绕儿童的感觉、感觉理性、知性理性、记忆与自我意识等核心概念展开对人性谱系的梳理与辨析。其中,看似被动的感觉是人出生后的禀赋能力序列的开端。第三章着力讨论《爱弥儿》第四卷中以激情为主线的道德情感的生成。从卢梭思想整体的层面展现自由原则在人性教育中的发展。在道德、信仰与审美等主题教育之中,通过自爱与自私的区分,探讨同情、良心和趣味如何成就一个自然的道

---

① 柏拉图认为开展最佳教育的前提是良好的政治制度,亚里士多德认为国家本身是一种教育机构,霍布斯将教育革新看作迈向并实现良好政治秩序的关键步骤。

德主体。第四章从性成熟这一契机出发,勾勒《爱弥儿》最后一卷里成年人的情感教养历程。此章揭示了爱情在卢梭人性思想中的重要地位,并以此为原点推证人的情感如何突破自我,最终达至对家乡和祖国的爱。这其中也包含了卢梭寄予爱弥儿的人性目标是否得以实现。

第五章进一步探究《爱弥儿》人性观点的理论基础,从卢梭关于人性善好的基本原理出发,着重考察《爱弥儿》之前作品中的人性理论。继《论科学与艺术》揭示了人在文明社会中的堕落现状之后,《论不平等》描绘了最初的自然人性,而真正为《爱弥儿》中理想人性目标奠定信心的是塑造了一位自由且自然的女性典范——《于丽》。最后,此章还评析了卢梭在《爱弥儿》中以自然为名的人性的转折性意义及不足。

至此,全书通过重构《爱弥儿》中人性思想的发展谱系,探究其在卢梭思想中的理论根据,并尝试回应学界对卢梭人性教养目标悖论的部分质疑。

第一章 《爱弥儿》中人性思想的提出及背景

卢梭对人性问题的关切缘何而来？本章试图揭示卢梭基于何种历史和思想背景提出他的人性问题，以及《爱弥儿》在其中的位置和任务。

一、人性思想的历史背景与理论源头

人作为哲学研究的对象由来已久。关于古代思想家对卢梭人性理论的影响，张竞生在《卢梭教育理论之古代源头》中基于教育视角做了精彩细致的考证与梳理。该著作将卢梭人性善好的立场及其对自然的偏好主要归于斯多葛学派的影响。[①] 斯多葛学派提出顺应自然的主张，并认为人仅凭力量和理性，就能摆脱罪恶，寻求真理及履行义务。这种乐观的人性思想从中世纪宗教界和文艺复兴时期的类似运动延续到近代哲学中，尤其以霍布斯和莱布尼茨为代表，卢梭的作品也源自这一思想脉络。[②] 这一点我们从卢梭引自斯多葛学派哲人塞涅卡的题铭中可得到确证。卢梭的主要著作扉页大都附有一句引自古典著作的题铭，甚至还有几部著作采用同一句题铭的情况。这些题铭不仅引发读者的兴趣，而且向读者提出了挑战：我们应如何理解题铭的含义及其与正文的关联。

题铭作为卢梭作品开篇点睛之语，它们同样需要解读。包括《爱弥儿》在内的卢梭主要著作的题铭已经引起了学者们的注意，他们联系文本来解读题铭的努力为我们继续深入分析题铭带来了一定的启发和有效途径。在文学作品中使

[①] 张竞生著；莫旭强译；张培忠校；栾栋主编：《卢梭教育理论之古代源头》，广州：暨南大学出版社，2012，第9—10页、第16—17页、第84页。

[②] Marceau W C. La Theorie de la Bonte Naturelle dans L'"Emile" de Jean-Jacques Rousseau[J]. Modern Language Studies，1971：30.

用题铭的传统由来已久,我们也尝试将卢梭放入这一传统中来理解。题铭属于热奈特(Gerard Genette)所说的"副文本"(paratexts),文字及插画等副文本为正文文本提供了一个"更为恰当的解读"。① 置于正文之前的题铭通常表达了作者写作该书的意图。卢梭从古典作家作品中选取某句作为题铭具有一定的寓意。为何是这位作家、这部作品、这一句,而不是其他?《爱弥儿》的题铭是:"那些折磨我们的疾病是可以治愈的;我们生下来本是天真无邪的,只要我们希望好起来,自然本身就会帮助我们。"② 卢梭之所以聚焦于题铭中的"自然"一词,因为《爱弥儿》是他试图以教育恢复人性自然的努力之一。它不仅揭示了《爱弥儿》一书的思想主旨,也是卢梭人性善好原理的再度阐发。

古希腊哲思中的自然是一个包含人与万物在内的有机体概念,自然具有目的性乃至神性。人与自然的关系是人与高于自身的目的的关系,人以自然为目的。从古希腊时期具有规范性特征的自然概念可以推出,彼时的自由指的是按照自然本性去行动。到了希腊思想晚期,斯多葛学派着力于在自然中寻求个人幸福和安身立命之本,并强调善就是以一种顺从自然的方式生活。卢梭以古喻己,明确地表达了他的人性观及对自然的偏爱。与斯多葛学派的观点类似,卢梭也认为人天性善好,人的一切恶与坏都源于后天社会的不良影响,只有通过符合自然理念的教育才能培育身心康健的自然个体。除此之外,他曾在不同著述中引用晚期斯多葛学派代表人物之一塞涅卡的文句,也曾在自传体著作《忏悔录》中提到自己受到斯多葛学派的影响。公民时代的卢梭与古代的斯多葛哲人对"自然"的定义必有不同,因不同历史时代的思想皆有各自的思想使命,且难免被印上所属时代的精神之印。

塞涅卡对自然的理解需追溯至斯多葛学派对柏拉图《蒂迈欧篇》里的有机宇宙观的继承——自然秩序由神意决定并与之一致。柏拉图在《蒂迈欧篇》中就曾言造物主完美无缺,神的作品——自然也是完美的神的摹本。"每个人都

---

① Genette G. Paratexts: Thresholds of interpretation [M]. Cambridge University Press, 1997,第 2 页。转引自(美)约翰 T. 斯科特著;杨光译:《〈爱弥儿〉的五幅版画》,《古典学研究》2022(01)。

② (古罗马)塞涅卡著;(美)约翰·M·库珀,(英)J.F. 普罗科佩编译;袁瑜琤译:《道德和政治论文集》,北京:北京大学出版社,2010,第 88 页。

看得到,他所使用的是永恒的模型,因为这个世界是最完美的,而他则是最完善的。"①张竞生在《卢梭教育理论之古代源头》中指出,卢梭受到了柏拉图《蒂迈欧篇》中自然观的影响。② 此外,我们也可以推断他读过普鲁塔克《道德论集》中的《基于柏拉图〈蒂迈欧篇〉的灵魂创造论》一文。卢梭对柏拉图学说的了解是能够肯定的,这从在《爱弥儿》中多次提及柏拉图可见一斑。③ 即使在没有明确提到柏拉图之处,我们也能看到卢梭对柏拉图的回应。譬如柏拉图的洞穴之喻揭示了人的解放需要在习俗的遮蔽之下重现自然,而卢梭的自然教育正是让学生直接接触自然而不触及意见等人为之物。④ 塞涅卡认为,人的自然禀赋在于拥有自然的理性能力,且能够反躬自省认识到自然秩序并按照自然生活。⑤ 卢梭在《爱弥儿》中同样拒绝将和谐有序的自然现象归于偶然,并从中觉知到创生世界的意志的存在,⑥还几番强调人应该"按照自然而生活""走大自然给我们规划好的路"并"顺从大自然给我们安排好的命运"⑦,这些都与斯多葛学派的自然观近似。回到题铭原出处的忿怒话题,且不细究卢梭与塞涅卡对忿怒这一激情的界定有何差异,可以明确的是,卢梭认为无限可塑的人除了原初的自爱倾向之外并无任何既存的自然天性,忿怒等激情是不自然的。⑧ 不仅仅是忿怒,他认为社会中的文明人早已被诸多不自然的激情所主导,导致自身德行的败坏。当卢梭

① (古希腊)柏拉图著;谢文郁译:《蒂迈欧篇》,上海:东方出版中心有限公司,2021,第15页。
② 张竞生著;莫旭强译;张培忠校;栾栋主编:《卢梭教育理论之古代源头》,广州:暨南大学出版社,2012,第7页。
③ 《爱弥儿》,第13、132、491、557、588、682、759和765页。
④ (美)阿兰·布鲁姆著;张辉等译:《巨人与侏儒(增订版)》,北京:华夏出版社,2020,第193页。
⑤ (古罗马)塞涅卡著;(美)约翰·M·库珀,(英)J F 普罗科佩编译;袁瑜琤译:《道德和政治论文集》,北京:北京大学出版社,2010,"全书导读部分",第13—14页。
⑥ 《爱弥儿》,第433—434页。
⑦ 《爱弥儿》,第77页。
⑧ "卢梭认为忿怒是不自然的,理由是人类没有自然天性——他们是无限可塑的(第五讲)……这个观点来自另一个观点,即人类是自然的、无社会性的——自然人就是一个完全剥离了社会需求的人,包括理智与激情,包括忿怒,也可以由此而来。"施特劳斯(Leo Strauss)讲疏;马克斯(Jonathan Marks)编订;曹聪译;刘小枫主编:《卢梭导读》,第25页,注释①。

为了治愈人而求助于自然时,发现人的内在天性已不复存在,于是去到个体生命的开端借助教育之力重现善好的人性自然。

卢梭的思想生发于18世纪的法国。彼时,法国正经历着政治动荡、经济困境和社会矛盾加剧的局面,但也同样是启蒙思想传播和文化繁荣的时代。贵族和教会享有特权,普通人民的生活却异常艰难。以启蒙运动为主流的思潮为后来法国大革命的爆发提供了坚实的思想基础。以伏尔泰、孟德斯鸠和狄德罗等人为代表的启蒙思想在18世纪的法国蓬勃发展,他们强调理性、科学和进步,提倡人权、平等和自由,并批判封建制度和教会权威,对社会产生了深远影响。卢梭既是启蒙运动之子,又是其敌手。

虽然对人的研究古已有之,但直至启蒙时代对人的研究才真正上升为一门科学。[①] 与卢梭同时代的思想家们在人性方面的哲学著述颇丰,但在近代早期哲学中,对人的哲学思考并未达到自我的意识,哲学的自我意识是卢梭智慧的赠礼。[②] 人的研究不仅为启蒙哲人批判传统宗教提供了坚实的人性基础,还掀起了教育、美学和政治等思想领域的革新浪潮。启蒙时代探究的人性核心问题是:人的真正本性及其在自然界的地位。虽然对人性所持的态度不一,但无论悲观还是乐观地看待人性,启蒙哲人大都认可多样化的人性表现中存在基本的一致性与共通性。其中,最具革新性的是,他们都认定人生而清白无辜,通过否认原罪说与基督教人性思想彻底决裂。虽然基督教内部的人性观各有分野,但都在与上帝的关系中依据神恩来解释人性。启蒙思想家们承袭了文艺复兴哲人对人类自身的价值、尊严和潜力的关注,并基于人性的普遍一致性从哲学上思考和预测人性。

在启蒙思想强调的技术性思维中,人之自然沦为社会生产出来的欲望。启蒙思想虽然针对人的知性,却也只认得人的知性,而达不到人性的完整实现,或者说达不到哲学意义上的理性。在启蒙的技术性之思当中,自然不过是科学研究的对象,而真理局限于正确性。人类本性和完整性逐渐失落,道德伦理沦为虚

[①] (美)彼得·盖伊(Peter Gay)著;刘北成,王皖强译:《启蒙时代:人的觉醒与现代秩序的诞生》,上海:上海人民出版社,2019,第191页。

[②] (德)贺博特·博德著;谢晓川,黄水石译:《哲学自我——意识的赠礼》,《清华西方哲学研究》2017,3(02)。

无，仅仅成为各种见解和意见的争论。幸福被降格为对多样欲望的追求，这些欲望被社会机制人为制造，社会也不断孕育新的欲望。卢梭在探寻人的本性、地位及否认原罪说方面可被视作启蒙运动阵营中的一员，但他对启蒙理性的反叛使之成为启蒙哲人们最有力的对手之一。需要辨别的是，卢梭并不否认理性精神对人的发展的重要性，而是拒斥被视为一切判断之最高标准的启蒙理性。卢梭自诩与启蒙哲人们不同的地方还在于，他不认为人类社会的构建源自人的天性需求，他认为是历史的产物。此外，卢梭认为语言也是人类长期发展的产物。

卢梭介于以笛卡尔为代表的近代早期思想家与新一代的浪漫主义思想家之间。一方面，他摒弃了基督教传统思想中神创造人的观点，而是基于人的自然发展次序来展开他的人性学说。按照自然秩序长大的孩子最先只能感觉到自身的存在，并遵循身体的需要来保存自己的生活。在心智发展成熟之前，孩子既不知道上帝，也不懂得什么是道德。卢梭不仅与狄德罗、孔狄亚克交往甚密，也在作品中多次引用布丰关于人及人性的理论观点，并表达与之相近的人性观点。比如，卢梭在《致博蒙书》和《爱弥儿》中都提到理性的形成是长期且较晚的人性能力之一。另一方面，相较于狄德罗等启蒙哲人反笛卡尔哲学的倾向，卢梭却承认笛卡尔关于人的两个本原的观点。但总的来说，卢梭的人性思想更多地受到霍布斯人性论的影响。卢梭在何种程度上继承了霍布斯的思想，又进一步提出自己的人性学说？霍布斯认为人性的本质是激情，善恶无关他人，仅是个人欲望与善恶的代名词。卢梭至少继承了霍布斯关于自然状态与社会状态的区分，以及赞同认识人的本来面目需回到不带有社会政治性的自然状态中的观点。在这一点上，卢梭自认为自己走得更远，比其他人追溯至更为原初的自然状态。他们二人对自然人的看法截然不同：不同于霍布斯笔下凶猛好斗的自然人，卢梭刻画了温和自足的孤独自然人形象。我们无从判断卢梭结论的真理性，但从彻底摒除自然状态中的社会性因素这一思想方式来说，他对其他哲人的批评及自我肯定无疑是中肯的。虽然卢梭赞同霍布斯所说的自我保全是人的基本诉求的观点，但区别在于，霍布斯认为人最根本的激情是对暴死的恐惧，而卢梭则认为人最初的激情萌芽是自爱。此外，两人都认为人天生不具有社会性和政治性，这也是近代哲学家背离古典人性传统之处。

继回顾了卢梭思想产生的时代背景及理论渊源之后，下面将结合卢梭的相关经历及主要作品分析其人性思想是如何形成的。

二、卢梭人性思想的产生与形成

200多年来,卢梭思想的体系性问题引发诸多争议,迄今没有消弭。他一生从事过家庭教师、外交秘书、作曲家和作家多种职业,并非单一以哲学为志业的哲人。从其涉猎广泛的著述体裁、诗意优美的写作风格和深刻的思想内涵来看,卢梭更像是一位艺术家或诗哲。他的著作题材广泛,涵盖了文学、宗教、教育、政治哲学、自传、音乐和植物学等。由于其作品缺乏传统哲学类著作的清晰和缜密,对卢梭思想的体系性理解变得无比困难。20世纪以来,越来越多的学者倾向于从整体性的角度解读卢梭,并主张他的思想具有内在的一致性。人性问题不仅是卢梭思想的一部分,更是贯穿他诸作品的一条轴线。其中,以教育重塑人性的理念不仅是卢梭多年运思的结果,也深受个人成长经历的影响。

(一) 创作缘起及写作动力

从时间上看,卢梭的正式创作生涯缘起于1749年那个灵感迸发的夏天。卢梭在去万森纳监狱探视好友狄德罗的路上,当看到随身携带的《法兰西信使报》上征文题目[①]的那一刹那,突然袭来的灵感震慑住他的心神。[②] "唉,先生,如果我把我在那棵树下所看到的和感觉到的情形能好好地描述出四分之一的话,我就能多么清楚地向人们展现我们社会制度的种种矛盾,多么有力地揭示我们制度的一切弊端,多么简要地阐明人生来是善良的,他之所以变坏,完全是由社会制度造成的。"[③]随后,这些想法被卢梭写进了令他名震法国文坛的《论科学与艺术的复兴是否有助于使风俗日趋纯朴》(下文简称为《论科学与艺术》)一文中。[④]

继《论科学与艺术》出版之后,卢梭于1753年再次应征创作了《论人与人之

[①] 1749年10月第戎科学院在《法兰西信使报》上的征文原题是:"科学与艺术的复兴是否有助于敦风化俗"。转引自《忏悔录》,第456页。

[②] 参见《卢梭全集》第3卷,《致马尔泽尔布总监先生的四封信》,第227—228页以及《忏悔录》,第456—457页。

[③] 《卢梭全集》第3卷,第228页。

[④] 《论科学与艺术》,第11页。

间不平等的起因和基础》(下文简称为《论不平等》)。① 他回忆自己独自徜徉在圣热尔曼的树林深处并为某种沉思所振奋,竟看到了人类远古时候的情景和人的天性的演变历程。"我每天走进树林深处,我在林中寻找,而且终于找到了远古时候的情景,我奋笔疾书,描述当初真正的史实。我要驳斥人们胡言乱语的谎言,我要如实展现人原本的天性,充分揭露使人的天性大变其样的时代和事物演变的过程。我要把生活在人类社会中的人和生活在大自然环境中的人加以比较,以便使人们看到他们在所谓人的完善化的过程中所遭受的苦难的真正原因。"②前两论在作者脑海中诞生的情形竟颇为相似,都源自某种思绪恣意驰骋的出神状态。③ 他所看到的关于人和社会制度的种种情形,不具备历史考证上的现实性意义,而是个人的想象。那么,卢梭对人和社会制度的看法完全来自上述作品中提及的偶然灵感瞬间吗?这恐怕无法令人信服。我们先尝试从他的成长经历中找寻孕育想象力的源头,再回到卢梭的作品中论证想象力何以作为其思想的真正开端。

卢梭爱幻想的性情和丰富的想象力最早源于童年时的家庭教育和书本的滋养。正如《爱弥儿》中所言,教育给予人后天成长所需的一切。"我们在出生的时候所没有的东西,我们在长大的时候所需要的东西,全都要由教育赐予我们。"④他对教育的界定极为宽泛,人出生后所经历的一切都称得上是教育。最早的教育来自家庭,作为养育者的父母理所应当是孩子的第一任老师。这一观点放回卢梭身上,想必至少不会遭到本人的反对。在卢梭的童年时期,是什么激发了他的想象并为此提供理想的摹本呢?据卢梭回忆,他最初萌发的情感和逐

---

① 此次第戎科学院公布的征文原题是"人与人之间不平等的起因是什么?这一现象是否为自然法所容许?"卢梭为此次征文所作之文后以"论人与人之间不平等的起因和基础"之名出版。《论不平等》,第2—3页。

② 《忏悔录》,第505—506页。

③ 据卢梭在《忏悔录》和《致马尔泽尔布总监先生的四封信》中的回忆,他在树下躺了半小时,心情激动甚至泪满衣襟;而酝酿《论不平等》时,卢梭专程携友去圣热尔曼郊游,并连续八日独自在附近的树林里徘徊沉思,获得了创作的主要灵感。参见《忏悔录》,第505—506页;《卢梭全集》第3卷,第227—228页。

④ 《爱弥儿》,第8页。

渐成型的性格都来自童年时的家庭教育①和幼时所读的那些书②。妈妈和外祖父留下的藏书以及父亲陪伴下的共读时光培育了小卢梭对自由、英雄人物和祖国的爱。③ 他最早生发的想象是把自己当成书中的人物并情不自禁模仿他们的英勇行为。④ 在生活上,卢梭虽出生便丧母,但他幼时得到家人们的悉心照料与疼爱。他不仅爱书中的伟大人物,也很爱身边的人。在父亲因故离开家乡后,卢梭被舅舅送往波塞村,在这里度过了两年欢乐的时光。⑤ 这一时期他从表哥身上感受到真实的友谊,认为自己之前的情感高雅但不够真实。⑥ 正如卢梭后来在《爱弥儿》中所言,如果孩子出生后没有得到养育者的照料与关爱,那么血亲之情在最初的几年里就会消失殆尽,甚至可以说孩子出生时他的心已经死掉了。⑦ 爱的培育从生命的早期便开始了,家庭的温情和阅读获得的体验分别在生活中和精神上给小卢梭注入爱的情感。爱激发了他最初的想象,他最早爱上的人物是身边淳朴善良的亲友⑧和那些古典作家书里的英雄和浪漫人物。⑨

在之后卢梭学习雕刻的几年学徒生涯中,阅读依然是他最主要的消遣活动。虽然卢梭自认在无聊的生活中逐渐染上撒谎、偷盗等恶习,但另一件事可以印证他并未丢掉童年时充满英雄主义色彩的高尚情操。他没有去读任何低级趣味的书籍,卢梭将这一情形归于天生的性格使然。⑩ 从《爱弥儿》中孩童记忆发展的

---

① 《忏悔录》,第13页;《卢梭全集》第3卷,第46页。
② 《忏悔录》,第9—10页。
③ 卢梭从五六岁起便开始对读书产生浓厚的兴趣,从妈妈留下的小说转向外公的藏书,阅读深深地影响了他的童年乃至一生,比如普鲁塔克的书,"它是我童年时候阅读的第一本书,也是我晚年阅读的最后一本书,可以说只有这位作者的书,我没有一次阅读是没有收获的"(《卢梭全集》第3卷,《一个孤独的散步者的梦》,"第四次散步",第62页)。
④ 《忏悔录》,第9—10页。为了模仿西伏拉的事迹,小卢梭竟不顾危险将自己的手放在了火盆上,吓坏了家人。
⑤ 1722—1724年,卢梭十到十二岁之间。参见中文版《卢梭全集九》,"卢梭年谱",第578页。
⑥ 《忏悔录》,第15页。
⑦ 《爱弥儿》,第24页。
⑧ 《忏悔录》,第11页。
⑨ 卢梭指的应是《古希腊罗马名人传》里的人物,参见《遐思录》,第226页。
⑩ 《忏悔录》,第51页。

时序来看,卢梭所说的天性应是记忆中自己童年时的想法与感受。当青春期到来,这个表面孤僻、忧郁但内心充满爱的少年借想象力让自己逃避不感兴趣的现实生活并免受情欲骚动的折磨。① 他对自己丰富的想象力予以肯定,并时常享受想象带来的自由和幸福的感觉。后来,16 岁的卢梭离乡并遇上了决定他性格与命运的华伦夫人。② 再后来,25 岁的卢梭与华伦夫人在尚贝里附近的乡村小屋度过了其一生中最幸福的一段时光。这位兴趣广泛的青年几乎全天沉浸在学习不同学科知识的乐趣中。③ 卢梭日后涉猎甚广的著述风格从他年轻时这段自由研习的经历中已露端倪。

从卢梭晚年的自述回忆中,我们看到读书成为贯穿家庭早期教育和成长经历的最主要影响因素之一。如果说孩童时的想象是被热爱与崇拜所推动,少年的卢梭则更多由于对现实处境缺乏兴趣而寄情于想象的世界,直到青年时期有幸自在畅游于书海……正式成为著述家之前,书籍与身边人的爱培育了卢梭爱幻想的性格和丰富的想象力。由此推断,卢梭看到报上征文题目时的灵光乍现以及酝酿第二篇论文时的林中遐思在他过往的经历中早有冥冥中的铺垫。

此外,还有一个问题引起我们的注意:卢梭起初不愿成为作家,后又因写作生活颠沛困苦,加上常年受病痛困扰,是什么样的写作动力令他一生笔耕不辍?④ 如果说《论科学与艺术》的意外成名招致的激烈论争逼得作者不得不提笔回应⑤,这一略显被动的理由或许算是卢梭持续写作的某一外在契机,但绝不是支撑他长期投入著述的内在动力。卢梭曾多次嘲讽那些仅仅为了写作而写作的作家⑥,结合他的座右铭——"舍身为真理",可以推断他势必认定自己体悟到了某个(或"某些")真理,并不遗余力地为此发声。关于卢梭终生追求并克己奉行

---

① 参见《忏悔录》,第 52—53 页。"我心中充满了向往,但又不知道我具体向往的是什么事物……"这一部分卢梭对自己青春期情欲萌发时的内心描绘与同年龄的爱弥儿类似,可见爱弥儿身上不乏卢梭本人的影子。"还没有感触到什么东西,他就已经有所感觉了;他急躁不安,但又不知道急躁不安的原因。"《爱弥儿》,第 316 页。

② 《忏悔录》,第 61 页。

③ 《忏悔录》,第 309 页。

④ 《致马尔泽尔布的四封信》,第 228 页。

⑤ 在《论科学与艺术》面世后,卢梭曾写下多篇回应文章,其中最为著名的有七篇,详见《论科学与艺术(笺注版)》,第 79—199 页。

⑥ 《致马尔泽尔布的四封信》,第 228 页。

的真理,我们试图在他的作品中寻觅相关的线索。第一篇论文《论科学和艺术》的首段似乎就给出了答案:"本文要讨论的无疑是与人类幸福攸关的诸多真理之一。"①后在《〈纳尔西斯〉序言》②中,他再次提到自己发现了真理:"所有弊病的根源不在于人,而在于人被治理得不好。"③在《论不平等》的"序言"里,首句便是:"在我看来,在人类所有的各种知识中,对我们最有用但是是我们掌握得最少的,是关于人的知识。"④卢梭在《忏悔录》中回忆创作《于丽》的目标是培育风俗和夫妻间的忠诚,甚至达到促进社会的和谐。⑤ 诞生于他"梦幻似的想象"⑥中的于丽生而善良温柔,虽婚前失足,却在婚后成为贤妻,无疑是美的人性的化身。《爱弥儿》则是关于人性的思想原则的展开和深化。晚年卢梭在回忆《社会契约论》的前身《政治制度论》的创作意图时说,好的政府能够培养出最好的人民,相关政治问题的思考"有助于人类的幸福,尤其是有助于我的祖国的幸福的伟大真理"⑦。据上述引证可推断,卢梭的真理关乎人的德性和幸福。人如何获知真理呢?卢梭在另一封信中指出,人想获得并利用真理不需要依赖书本和教育,可凭借自身自然的直接体悟。⑧

从已公开发表的作品来看,卢梭的人性之思肇始于前两论中对人的种族历史变迁的想象。然而,这两部早期作品仅描绘了原始人的天然善好和现代人腐化堕落的因由。当原始的自然状态无可回返,身处的时代现状又如此令人失望,究竟是什么推动卢梭依旧迈向遍布艰难险阻的真理之途?卢梭回忆自己从小就比别人更有兴趣和更细致地研究自己的天性和人生的目的,完全是出于想要认

---

① 《论科学与艺术(笺注版)》,第 13 页。

② 这篇关于 1752 年上映的喜剧《纳尔西斯》的序言,卢梭在《忏悔录》中说是他回应人们对《论科学和艺术》的指摘。他不仅再次阐述了一些过去未曾阐述透彻的理论问题,也以此结束了 1750 年《论科学和艺术》发表之后引发的持续论战。参见《论科学与艺术(笺注版)》,第 43 页脚注部分。

③ 《论科学与艺术(笺注版)》,第 55—56 页。

④ 《论不平等》,第 35 页。

⑤ 《忏悔录》,第 566—567 页。

⑥ 《忏悔录》,第 566 页。

⑦ 《忏悔录》,第 527 页。

⑧ Correspondance, t.III, 269.

识自己并获得幸福。① 我们没有忘记儿时的卢梭把自己当作普鲁塔克笔下的英雄人物,人性的善好与光辉早已在小卢梭心里种下了种子,直到青年时代,卢梭仍有信心在现实中找到与书中人物相似的人。然而现实中的诸多负面经历逐渐让他放弃在社会人中追求幸福和美好心灵的想法。

1762 年 1 月,50 岁的卢梭在给马尔泽尔布的信中坦言自己对人们的爱:"我有一颗异常多情的心,但它本身已足够……我爱所有人,因爱他们而憎恨不公,因爱他们而选择逃离,当我看不到他们时,这样我才不会为他们的恶行而感到痛苦。我对人类的爱足以滋养我的心,我不需要任何特别的朋友,当我拥有他们,就万万不愿失去,因为如果他们离我而去,就会撕碎我的心。"②我们并不怀疑卢梭的爱的真挚,在同一段话中,他两次提到对人的爱让自己感到满足,以及那些貌似拒绝友谊的口吻也饱含了他对朋友的深切渴望和患得患失的酸楚。此时,已至知天命年纪的卢梭正处于思想最为成熟的稳定期。依据在于,他的三部主要作品均已完成,且由于《社会契约论》和《爱弥儿》被查禁而被迫逃亡的日子还没有到来。③ 直至 1776 年秋,卢梭生前的最后一部著作《一个孤独的散步者的梦》的开篇仍说:"尽管他们这样对我,我也还是爱他们的。"④不竭的爱激发了想象,为卢梭的笔插上翅膀。"对美好事物的爱,始终没有离开过我的心,它把我的想象力导向美好的目标,使之能对世道人心有所裨益。"⑤我们就此了解,他蔑视和斥责自己那个时代的人的堕落之余,将满腔赤诚倾注于想象中的人与物。⑥出于对美的心灵的爱,卢梭不仅坚信人性的善好,更致力于找到让人恢复自然本性的方式。《爱弥儿》正是他致力于恢复人性自然的教育解决方案之一。

当我们回溯了作为卢梭创作契机的灵感瞬间及孜孜不倦求索人性真理的动力后,接下来将聚焦卢梭的诸作品,揭示其人性思想形成的进程及要旨。

---

① 《遐思录》,第 46—47 页。

② 《致马尔泽尔布的四封信》,第 239 页。

③ 《于丽》于 1760 年出版后已成为畅销书,而《社会契约论》和《爱弥儿》在给马尔泽布尔写完信不久后的四月和五月分别出版,此二书出版即被查禁,卢梭也因此被迫逃亡达八年之久。参见中文版《卢梭全集》第 9 卷,"卢梭年谱",第 584—586 页。

④ 《遐思录》,第 23 页。

⑤ 《忏悔录》,第 566 页。

⑥ 《遐思录》,第 46 页;《致马尔泽尔布的四封信》,第 226—227 页。

(二) 人性思想的形成

> 在我看来,在人类所有的各种知识中,对我们最有用但是是我们掌握得最少的,是关于人的知识。①

当从人性维度审视卢梭主要作品的意蕴,我们会发现一点:不仅是《爱弥儿》,几乎他所有的作品在某种意义上都可被视作富含教化意味的人性诗篇。从诸作品的关系来看,卢梭自称最早的两篇论文与《爱弥儿》是一个整体②。他在前两部作品中看到文明人已经被社会制度腐坏,并歌颂斯巴达淳朴的公民和自然状态中自然善好的野蛮人。

卢梭在最早公开出版的《论科学与艺术》序言中说此书主旨是"事关人类幸福的真理之一"③。这是什么样的真理呢?在《〈纳尔西斯〉序言》中,卢梭直言他所说的真理是发现"所有弊病的根源不在于人,而在于人被治理得不好"。人天生是善好的,却在社会中被败坏了。他斥责了人类在文明社会中的堕落现状,并将之部分归咎于艺术和科学的过度繁荣。针对当时社会中盛行的奢侈习气,卢梭力倡恢复淳朴的民风。虽然书中关于科学与艺术的发展并未阻止风俗日趋败坏的观点与例证俯拾皆是,但卢梭表明,他写作此书的目的并非在于谴责科学与艺术本身,而是为了捍卫美德。当美德需要捍卫时,说明美德已经被侵蚀或者消失。卢梭从他目睹的不良的社会现状出发,探究背后的原因。由此也引申出他对科学与艺术的态度:科学并非一无是处,但应该仅有少数人从事科学研究。此外,卢梭并非完全否定并取消科学与艺术。虽然它们无法令风俗变得更好,但起码可以靠它们防止风俗变得更坏,并将其视为能治疗疾病的良药。如何捍卫美德?科学与艺术明显并非良方。这就需要挖掘道德的根据是什么。卢梭认为道德并非向外寻求,而是根植于人内心。

在《论科学与艺术》中卢梭是如何论证自己的观点的?即科学与艺术并不能有助于风俗日趋淳朴。需要注意,并不是科学与艺术的发展使风俗日趋败坏,

---

① 《论不平等》,第 35 页。
② 《致马尔泽尔布的四封信》,第 228 页。
③ 《论科学与艺术》,第 5 页。

而是它们的发展对于风俗淳化没有正向的作用。首先是从科学与艺术的起源开始,其产生与发展源于人的坏思想——"荒诞的好奇心";再以古代各国的类似或相反历史为佐证;继而从当下的现状出发,看到风俗的堕落,从而推断背后的原因。风俗包含哪些内容？最主要的是道德。道德败坏的根本原因在于社会中人与人的不平等导致人的自由的丧失。科学与艺术的发展让人的需要变成人的枷锁,使人处在奴隶状态中还乐不自知,丧失了对天然的自由的爱。科学与艺术的发展的具体危害是什么？卢梭认为是时间的浪费、奢侈之风盛行和磨灭勇敢的精神等。

卢梭如何看待"人"？人具有不断自我完善和超越自身局限的能力,凭借理性走出蛮荒时代,让自己的精神抵达天国之境。困难的是人认识自身的天性,即自我意识。卢梭为何认为社会状态中的人没有自由,处在奴隶状态中呢？他说和过去相比,并非人的天性变坏了,而是风俗败坏了人的本性。文明风尚中的人趋向一致的精致,却失落了个人的真实。人的言行举止合乎社会的生活习惯,而非人的天性。这里只说到社会风俗对人的天性的影响。

稍后的《论不平等》可被视为《论科学与艺术》论述的批判思想延续。"我的任务是论证:这一切都不是人类的原始状态,使我们所有的自然倾向发生变化和遭到败坏的,是社会的风气和它所产生的不平等现象。"①卢梭在更为广阔的人类发展视角之下回溯了自然状态中的原始人逐渐丧失原初自由与平等地位的过程及原因。与此同时,《论不平等》也是以人为研究对象的。卢梭在开篇处提出此文探讨的对象是人,探讨的是关于人的知识,此后对于自然状态的种种论述也是为了探讨自然人的面貌。从自然人与动物的区别来看,人最初生发的是情感,即自爱心和怜悯心。卢梭得出结论:自然状态是平和的,自然人孤独而自足,拥有天然的自由。人从自然状态进入社会状态是由于一系列外部偶然事件,而非人类天性的驱动。最关键的是,人的自由的丧失发生在社会状态中,奴役的锁链产生于人对他人的依赖。

按照卢梭对这三部作品的统一性界定,《爱弥儿》当且只应当被理解为前两论中揭示的人天性善好原理的直接后果,即卢梭对恢复人性自然的教育解决方案。从卢梭的整体思想来看,他关于人的发展的研究正式始于《论不平等》。他

---

① 《论不平等》,第 123—124 页。

在《论不平等》中阐释了人类种群的发展及演变过程,后在《爱弥儿》中描绘了个体的人从出生到成年的生长进程。在这两部著作中,卢梭研究人的出发点都是人的自然状态。

如果不限于上述三部著作,卢梭创作的时间和内容两个维度呈现出另一种解读方式。从时间上看,《爱弥儿》与《于丽》《社会契约论》的构思及写作时间有交错重叠。"我写完《于丽》之后,马上就全身心地写《爱弥儿》,现在已经写得差不多了……我怀着满腔的热情继续写这本书①,同时又不间断《爱弥儿》的写作,不到两年,我就把《社会契约论》写好了。"②三部著作中最先完成并出版的是《于丽》,而《爱弥儿》实际完成时间早于《社会契约论》,出版时间却略晚于后者。③卢梭也说过,很多在《爱弥儿》中关于个人信仰的说法,早已在《于丽》中表述过。此外,《爱弥儿》第五卷中游历学习的经历,也看到了《社会契约论》的雏形。就内容来说,早在《论科学与艺术》中,卢梭在对文明社会及当时科教文化的批判中阐发了人天生善好的论断。稍后的《论不平等》则在人类的起源及进化的回溯中揭露社会造成人堕落、邪恶的原因。如果说前两篇论文重在展现人性的开端及其堕落的社会政制原因,那么他对恢复人的天性的信心与解决路径则主要体现在18世纪50年代末创作的三部重要著作中。《于丽》《爱弥儿》和《社会契约论》分别从家庭、个人和社会的角度共塑天性得以整全发展的人及其居住的世界。

其中,长篇书信体小说《于丽》的女主人公于丽是卢梭笔下第一个具有典范性的人物形象,只有在想象不断具体化的过程中人性才具备真正的尺度。《于丽》第二版"序言"中,卢梭在与出版商的对话中称自己只是那些信件的编者,真正的作者是爱。爱即想象,想象力本身是创造者,激发生命的原则并让人性的更新成为可能。④ 正因为我们看到了于丽这样的人性典范,不由自主地爱她并对人性升起信心,《爱弥儿》中的教育才具备人性的根基并以此为教育的尺度。卢

---

① "这本书"指的是在原名为《政治制度论》的未完成长篇著作基础上改写的《社会契约论》一书。《忏悔录》,第672页。
② 《忏悔录》,第672页。
③ "《社会契约论》比《爱弥儿》早一两个月出版。"《忏悔录》(下册),第745页。
④ 参见《于丽》,卷二,"信15";卷五,"信3";卷六,"信8"等;《爱弥儿》,第215—216页,第414页,第751页等。

梭在《爱弥儿》中沿着个体生命发展的历程探究教育给予人性整全发展的可能性及人的最终目标。它既是卢梭人性思想原则的深化与拓展,也是广泛意义上的爱的教育。从维护幼儿的自爱倾向的感官教育开始,爱弥儿学习的重点从来不是具体的智识或技能,而是对真理、德行和美的爱。① 这样的爱的教育对习惯智识教育的我们来说似乎很陌生。这些在《爱弥儿》之前,我们从卢梭娓娓道来的情感故事里已领受颇多。《于丽》中的贵族姑娘于丽并不完美,却成长为美的心灵的象征,让读者像书中的其他人那样,认识并爱上她。在感受于丽的悲喜之间,她那历经了教养的情感也会变成读者自身激情的一部分。正如圣普栾在信中所说:"如果世界上到处都有朱莉那样的人和那样爱她的心,我们大家都可成为多么好的人啊!"② 卢梭在《于丽》中所呈现的对人性的爱与信心,此后成为《爱弥儿》中教育思想的人性尺度。

学界大多关注卢梭以《社会契约论》为代表的政治哲学思想,却相对忽视了能够作为新政体参与者的公民并非随意的人,每个公民都是参与立法的共同立法者。这一自由人的原型更多来自卢梭的另外两部作品——《爱弥儿》和《于丽》。"这两部作品从情感与教养的角度接近最深邃的人性,进而从人性讨论人的自由。"③ 卢梭本人也曾回忆说,他在这两部著作中对人的天性的研究非常详细。④ 理想的人的教育并未在《爱弥儿》中真正完成,没有适于爱弥儿和苏菲这样的自由人安居的社会,他们也免不了在现实中的堕落与离散。在《社会契约论》中,个别人的自由因自愿转化为自由政体中的公意得以实现,卢梭对人性的爱也因升华至爱祖国而完满。过去不少研究者认为《爱弥儿》与《社会契约论》的相关性更高,倾向于从政治哲学角度解释《爱弥儿》⑤。我们确实从《爱弥儿》未完结的附录故事看到,自然的教养不足以让人获得长久的幸福,以爱弥儿为典

---

① "教他爱真理胜于一切",《爱弥儿》,第312页。
② 《卢梭全集》第8卷·新爱洛伊丝(上),第271页。
③ 戴晖:《语言的创造性——纪念卢梭诞辰300周年》,《哲学研究》2012(08)。
④ 《遐思录》,第141—142页。
⑤ 参见施特劳斯学派的相关著述,如(美)施特劳斯讲疏;马克斯编订;曹聪译;刘小枫主编:《卢梭导读》,上海:华东师范大学出版社,2022;(美)马斯特著;胡兴建,黄涛,王玉峰译:《卢梭的政治哲学》,上海:华东师范大学出版社,2013;(美)阿兰·布鲁姆著;张辉选编:《巨人与侏儒(增订版)》,北京:华夏出版社,2020。

型的自由人只有生活在同样自由的共同体中才能如是持之,但《于丽》在卢梭思想中的重要位置却在较长时间内被忽略。此外,也有少数学者看到了这三部著作构成了一个不可分割的整体,共同呈现了卢梭最具创造性的思想贡献。① 而《社会契约论》以及《政治经济学》虽然一般被划归为卢梭探讨如何构建理想共同体的政治哲学类作品,但它们实则从另一个角度对个人自由的限度进行了更为彻底的限制及界定。

在被称为"晚年三部曲"的《忏悔录》《对话录》和《遐思录》中,卢梭以第一人称娓娓道来,坦诚面对自身,为后人留下最后一种自然人形象——离群索居的遐思者。② 这三部自传类作品以第一人称的自我视角呈现了卢梭后期对人性的理解。《忏悔录》一书按时间顺序回顾了卢梭一生中印象深刻的事件,在痛苦的诚实和深刻的洞察力中重构了真实的自我肖像。而在《对话录》中,他针对当代知识分子对其人格的诋毁进行了辩护,同样真诚地直抒自己的思想意图与情感。最后,在其1778年去世前未完成的最后一部自传体作品《遐思录》中,他采用了记录散步的随笔形式将自我遐思倾注于笔尖。他自称成为了"大自然期望的那种人"③。几乎所有对自身存在的觉知和对一般意义上人性的见解都是卢梭在漫步徜徉于大自然时产生的。虽然自认为在退隐庐生活的自己已经很幸福,但他却没有完全感受到自由。他曾自我预言,真正的自由在有生之年难以实现,需在所有著作结集出版并向公众说再见之后才会实现。④

综合卢梭上述作品中人性思想的多面向,我们也看到了借此理解卢梭思想内在一致性的某种可能。卢梭曾自述他的学说始终遵循同一个原理。⑤ "自然

---

① 参见(美)彼得·盖伊著;刘北成,王皖强译,《启蒙时代:人的觉醒与现代秩序的诞生下》,上海:上海人民出版社,2019,第598—599页。

② (法)让-雅克·卢梭著;袁树仁译:《卢梭评判让-雅克:对话录》,北京:商务印书馆,2015;(法)卢梭著.李平沤译:《卢梭全集》第3卷·一个孤独的散步者的梦及其他,北京:商务印书馆,2012。

③ 《遐思录》,第33页。

④ 《遐思录》,第230页。

⑤ 《致博蒙书》,第31页。

造就幸福善好之人，但是社会使他堕落、使他变坏了。"①这一原理包含三层含义：善好的原初人性、堕落败坏的人性现状以及人性能够恢复原善的可能。② 梅尔泽(Arthur M. Melzer)在《人的自然善好：论卢梭思想的体系》一书的前两章叙述了卢梭对人的自然善好这一基本原理的定义及证明。他认为卢梭这一原理包含了"三个基本要素"：自然人的善好、文明人的邪恶以及弥合二者鸿沟的努力。诸作品正是卢梭思想基本原理在不同领域扩展与深化的结果。如果说卢梭提出的人性问题是如何改变人之堕落的现状，那么，以"论教育"为副标题的《爱弥儿》则蕴含了以教育重塑人性的明确意图。

三、《爱弥儿》的人性内涵及意图

卢梭的《爱弥儿》究竟是一本怎样的著作呢？它自诞生起便引发无数争议，该书所涉内容广泛且丰富，几乎涵盖了卢梭思想中的各个方面。它所论述的核心问题是："在文明社会中，如何才能抵抗腐败的社会风气的浸染，保护自己的天性，成为贤明和有道德的人呢？"③我们当如何理解这部作品？或许应先听取作者本人的评价。卢梭一方面已看到这一长篇著述的不足，结构上欠缺秩序且不够连贯，④内容方面亦有重复和离题，文字表达上有时也自相矛盾或模棱两可。⑤ 该书"序言"⑥的第一句话就指出该作品是由作者的一些缺乏秩序且不连

---

① 《对话录》，第256页。此外，卢梭在其他作品中也提及过该思想原理。参见《论道学与艺术(笺注本)》，第83页、第180—206页；《致马尔泽尔布的四封信》，第228页；《致博蒙书》，第42页。

② (美)亚瑟·梅尔泽著；任崇彬译：《人的自然善好：论卢梭思想的体系》，上海：上海人民出版社，2020，第22页。

③ 李平沤著：《如歌的教育历程——卢梭《爱弥儿》如是说》，济南：山东人民出版社，2021，第194页。

④ 《爱弥儿》，第1页。

⑤ 《爱弥儿》，第134页。

⑥ 《爱弥儿》"序言"的立意是为自身辩护，其并不在卢梭最初的手稿中，而是印刷前才添加的。O.C., IV, note1, 1291。

贯的"反思和观察"构成的。① 该著作虽然大致按照爱弥儿成长的时序进行写作,但每一卷篇幅很长且再未进行章节划分或主题提示,读者确实很难确认爱弥儿在每一主题教育中的确切年龄。② 另一方面,他将《爱弥儿》看作自己最好的作品,并以此书"结束自己的体系",之后的著作皆为辩护之辞。③ 在正式开始卢梭人性理论的研究之前,我们将尝试解读《爱弥儿》的人性意图。

(一)《爱弥儿》:一部教育视角下的人性之作

在过去的研究中,我们可以看到关于对此书的不同解读。最为主流的几类看法如下,要么强调《爱弥儿》中的人性思想,要么从政治哲学等视角解释其中的教育意图,要么直接将之看作卢梭的教育思想总结,也有学者从人和教育两个维度解读《爱弥儿》。比如,巴克(Günther Buck)和阿皮亚(Denise Appia)在《〈爱弥尔〉在卢梭作品体系中的位置》一文中将《爱弥儿》定性为一篇人性论论文。④ 康德也认为这是一部"有关人的爱好与义务的著作"⑤,它试图调和历史与自然、人的自私天性与文明社会的要求。布鲁姆认为在《爱弥儿》中,卢梭志在揭示人性的真理:"人将第一次获得关于人性原则的知识。"⑥登特也认为《爱弥儿》展现

---

① 《爱弥儿》,第1页。"réflexions et observations"在中译本原译为"感想和看法",稍显模糊,本文直译为"反思与观察"更契合卢梭内省的运思方式和他的大部分思想素材经由观察得来。比如,他的儿童教育观是建立在对儿童的观察之上的,重在关注儿童当下的真实需要和能力。

② O.C., IV, note2, 1289.

③ 《对话录》,第255页。皮埃尔·布格林(Pierre Burgelin)在他为《卢梭全集》第四卷中的《爱弥儿》写作的"导论部分"也提到了卢梭对自己著作的双重评价,并认为"人如何被造就或败坏"的问题伴随卢梭的全部作品,而《爱弥儿》是他最完整的著作。参见Pierre Burgelin, Émile ou de l'Éducation, O.C., IV, LXXXVIII-LXXXIX。

④ Buck G, Appia D. La Place Systématique de L'Émile dans L'Œuvre de Rousseau[J]. Revue de théologie et de philosophie, 1978, 110(4).

⑤ 转引自布鲁姆"如康德所言,这部书试图调和历史与自然、人的自私天性与文明社会的要求,也因之是有关人的爱好与义务的著作"(《推测人类历史的起源》[Conjectural Beginning of Human History],第60—61页);(美)阿兰·布鲁姆(Allan Bloom)著;张辉等译,《巨人与侏儒》,第186—216页。

⑥ (美)阿兰·布鲁姆(Allan Bloom)著;张辉等译:《巨人与侏儒》,第187页。

了人性得以整全的个人历程。"虽然我会顺便指出书中的某些教育策略,但是我研究这本著作的方法却是他此处指出的'一个人必须先找到路,然后再谈及如何开拓这条路'。因此,解读卢梭的恰当方式是看他在《爱弥儿》中展示个人如何获得完整的生命和灵魂,哪怕我们周围总是存在导致个人堕落和自我背离的巨大压力。"① 从政治哲学角度解读《爱弥儿》的研究颇丰,从卡西尔到施特劳斯学派众学者,大多倾向从政治哲学角度解读卢梭的作品,也包括《爱弥儿》。卡西尔认为只有政治倾向的解读才能使"卢梭著作的内在统一得以保全,才能将《爱弥儿》置于全部作品之整体当中而不产生内在的断裂与矛盾"②。卢梭本人也曾言自己的思想的最终落脚点在政治问题上。③ 另外,侧重从教育思想解读《爱弥儿》的研究亦不在少数。"在西方教育思想史上,柏拉图的《理想国》、卢梭的《爱弥儿》和杜威的《民主主义与教育》堪称三个里程碑。"④ 而施特劳斯学派的马斯特虽然意在阐发卢梭的政治哲学意图,但分别从人性和教育两个维度解读了《爱弥儿》的主旨与结构。"至少从两个层面上讲,《爱弥儿》的写作十分清晰:卢梭在描述适合于'自然人'的教育的同时,也分析了人性。"⑤ "这是一部相当哲学化的著作,深化了作者在其他作品中谈及的'人性本善'的原则。为了解决这一原则与其他真理(比如人性本恶)的冲突,它需要展现历史上人类心中所有邪恶的来源……激情之海淹没了我们,若想找到前进之路,我们必须找到开始。"⑥《爱弥儿》不仅呈现了一个富有创造性的教育计划,而且是一部深化卢梭人性善好原则的哲学著作。

从人性主题解读《爱弥儿》直接承袭了卢梭本人的观点。"出自造物主之手的东西,都是好的,而一到了人的手里,就全变坏了。"⑦《爱弥儿》的开篇名句表

---

① (英)尼古拉斯·登特著;戴木茅译:《卢梭》,北京:华夏出版社,2019,第85页。
② (德)恩斯特·卡西勒著;王春华译:《卢梭问题》,南京:译林出版社,2009,第112页。
③ "所有一切问题的根子都出在政治上。"《忏悔录》,第526页。
④ 吴式颖,李明德著:《外国教育史教程(第3版)》,北京:人民教育出版社,2018,第48页。
⑤ (美)马斯特著;胡兴建,黄涛,王玉峰译:《卢梭的政治哲学》,上海:华东师范大学出版社,2013,第21页。
⑥ 转引自(英)尼古拉斯·登特著;戴木茅译:《卢梭》,第84页。
⑦ 《爱弥儿》,第6页。

明人的天性皆善。只是,这种天然的善好并无道德判断的意味。卢梭曾自述《爱弥儿》的写作意图:一是深化人性天生善好的原理,揭示人性中的恶皆源自人之外的世界。① "将自己最伟大、最优秀的著作用来指出有害的激情是怎样进入我们的心灵之中,指出良好的教育应该纯粹是消极和否定性质的,即它不在于医治人类心中的恶念,虽然人类天生是毫无恶念的,而是阻止这些恶念产生,而且要将恶念进来的大门紧紧关闭。"② 二是期望能培养出符合他想象的人。③ 作为一部以人性为主题的作品,《爱弥儿》则呈现了个体身心发展脉络及规律,前三卷侧重身体感官机能的发展,后两卷专注于心灵的形而上学世界的自我构建。透过书中教育的循序开展,卢梭同时向读者呈现出一幅人性成长发展的谱系图。这样的展示有何用意呢?一是力图重新恢复人的自然。"《爱弥儿》是通过重整人之欲求的出现次序将和谐复归到世界上的试验,其方式是既避免这些欲求所产生的不协调,又使人的潜力得以充分实现。"④ 二是"在与历史生成的社会需要的关系中,重新思考人类本性"⑤。尤尔根·奥尔科斯(Jürgen Oelkers)认为《爱弥儿》的基本问题与以儿童为中心的教育思想相关不大,而是卢梭基于自然宗教信仰试图处理人如何在无罪状态下生活并成为他自己。⑥ 卢梭构撰了一个名叫爱弥儿的学生在自然的教育中成长的经历,以此向我们展示了任一普通孩童如果自出生起开始接受合乎天性的教育,就有可能在诱人堕落的社会中葆有天性地成长,直至成长为具有创制意愿及能力的新公民。

从人性思想角度解读《爱弥儿》,可以看出这是一本探讨自由的本质和可能性以及恢复真正自我问题的作品。在《爱弥儿》的"序言"部分,我们看到卢梭从不确定到决定公开出版这一作品的心理变化,肯定了该书的价值在于提出一个有建设性及可行性的教育方案,其中首要的问题之一便是重新认识作为教育对象的儿童。可见,卢梭教育思想的重点之一是对人之本性的重新认识。人性与

---

① (美)马斯特著;胡兴建,黄涛,王玉峰译,《卢梭的政治哲学》,第23页。
② 《对话录》,第20页。
③ 《爱弥儿》,第5页。
④ (美)阿兰·布鲁姆(Allan Bloom)著;张辉等译:《巨人与侏儒》,第187页。
⑤ (美)阿兰·布鲁姆(Allan Bloom)著;张辉等译:《巨人与侏儒》,第190页。
⑥ (瑞士)尤尔根·奥尔科斯著;邵文实译:《让-雅克·卢梭》,哈尔滨:黑龙江教育出版社,2016,第7页。

教育在《爱弥儿》中互为注解。马斯特曾在其著作中从教育论文和人性哲学分析两个角度分别对《爱弥儿》的梗概大意进行了精彩的总结①,认为此书更侧重阐释卢梭自然教育观之尺度的人性理论,提出这一研究视角维度的灵感也来自卢梭的自我定位。卢梭在叙述爱弥儿遇到苏菲的章节时,指责其他教育论文(les traités d'éducation)的学究式空谈,同时称《爱弥儿》是关注教育中最困难部分的一些随笔(ces essais)。② 他在肯定自己作品教育意义的同时,刻意用不同的修辞将之与通行的教育论文区分开来,这用意为何?卢梭强调说,自己为了更好地展现情感教育的内容而不拘泥于语言的表述形式。他紧接着斥责那些趋于堕落的人将《爱弥儿》仅看作小说(roman),并郑重声明他讲述的是人类的历史。③ 在卢梭口中,无论是浪漫虚构的小说,还是强调真实的历史,《爱弥儿》都是描述人之天性的作品。接下来,我们尝试从多维度探究《爱弥儿》中隐含了卢梭的何种思想意图。

(二)《爱弥儿》中的人性思想意图

《爱弥儿》一书缘何而作?卢梭最初是应友人德·舍农索夫人的请求,打算写一篇如何教育孩子的文章。但当他开始下笔后,不竭的文思最终呈现为《爱弥儿》这50余万字的巨著。他提到自己对《爱弥儿》的酝酿长达20年,加上长达3年的写作时间,最终才形成这一丰富、复杂的长篇著述。从1760年算起的话,20年的沉思可回溯至卢梭在里昂担任家庭教师及写下《关于德·圣玛丽先生的教育的计划》之时。④ 从创作时间上看,《爱弥儿》与《于丽》后半部分的写作时间最为接近,甚至有所重叠。⑤ 他起初对《爱弥儿》的定位并不确定,后来才

---

① (美)马斯特著;胡兴建,黄涛,王玉峰译:《卢梭的政治哲学》,上海:华东师范大学出版社,2013,第8页。
② 《爱弥儿》,第690页。关于卢梭对"les traités d'éducation"(教育论文)与"essais"(随笔)的用词对比,得益于法文全集中该段末尾注释2的提示(O.C.Ⅳ,1665)。中译本中这两处分别译为"论述教育的著作"(les traités d'éducation)和"这一部教育论文"(ces essais),未能准确体现这一对比。
③ 《爱弥儿》,第690页。
④ 《忏悔录》,第502页。
⑤ 《忏悔录》,第672页。

决定公开出版这一著作。在这一心理变化的过程中,他坦言该书的价值在于提出一个有建设性及可行性的教育方案。其中首要的问题之一便是重新认识作为教育对象的儿童,可见该作品从一开始就侧重对人之本性的认识。

卢梭在《爱弥儿》第一卷中即表明了该书的主旨:"我们真正的研究是人的状况。"①这里指的是所有人吗?不,他紧接着表明了与教育相关的意图,自己关注的是接受了最好教育的人。因此,《爱弥儿》不仅是人性善好及恶的根源的深入论证,更意在向读者展现合乎自然理念的教育如何让人的天性发展达至完满。接下来,我们尝试从以下五个方面来忖度卢梭写作《爱弥儿》的意图。

第一,卢梭预设的读者对象是谁?卢梭对此的前后表述不太一致。他先在"序言"中提到,该书最初是为了一位智慧的母亲而作②;后在《山中来信》中表明,该书不是提供给普通父母的育儿实操指南,而是拟定了一个新的教育体系供智者们参考。《爱弥儿》并非个例,卢梭在大多数时候都只向少数人阐发其思。"我经常只向少数读者持续地阐述我的思想。我如此不为自己而是为真理,为了使它更容易传播并更有用。我经常为尝试精简一个句子、一段话、一个仿佛妙手偶得的词语而殚精竭虑,以使它们成为长时间反思的结果。我的大多数读者必定经常发现我的论文结构贫乏而且几乎完全脱节,因为他们看不到我仅向他们指出其枝叶的树干。但这对于能够理解的人已经足够,而且我从未想对其他人说话。"③他在此为自己做出辩护,那些认为他的著作结构松散的人并未读懂他斟词酌句的用心,压根不是他意向的读者群体。这是客观属实的自评,还是仅仅出于作者的自傲呢?在那个书报审查制度相当严格的年代,我们需从卢梭的写作方式和修辞手法中找到理据。

第二,从体裁和修辞手法来看,卢梭以小说的方式写了一个关于理想教育的思想实验。出自想象的教育场景及主要人物形象等都是为了最大限度地自由呈现卢梭的自然教育计划。小说这一文本形式也决定了它并非经验意义上的教育实践,即便里面包含了不少经验类知识的描述,但从根柢上是卢梭富有创造性的

---

① 《爱弥儿》,第15页。

② 《爱弥儿》,第1页。这位母亲指的是德·舍农索夫人(Mme de Chenonceaux)。另参《忏悔录》,第533页。

③ Jean-Jacques Rousseau.The Discourses and other early political writings,Edited by Victor Gourevitch,China University of Politics and Law Press,2003,110.

想象力作品之一。作者曾自述该书最可能招致读者质疑诟病的便是这一教育计划的空想性质。既然作者已预示并自觉到这一点,仍以真诚之笔写下洋洋万言,我们更应追问的是卢梭如何借虚构性质的小说向读者传达他心中的真理？在谈及《爱弥儿》的真实性时,卢梭的回应与《于丽》"序言二"中提到的作品及人物的真实性类似。爱弥儿是卢梭心中人性本然的写照,这般自然的人在充斥着虚荣和意见的现实中无处可觅。"描写人类天性的小说,是一本很有意义的小说。如果说只是在这本著作中才看到过这种小说的话,那能怪我吗？它可以说是我们人类的历史。只有你们这些使人类趋于堕落的人才把我这本书看成小说。"① 关于爱弥儿的真实性,在《爱弥儿》第四卷快结束时也有提及,卢梭称他是自然培养出来的人。

虽然卢梭自述《爱弥儿》是一部揭示人性中邪恶来源的著作,但它从形式到内容表述都更接近一篇教育小说,而不是人性论文。既然我们赞同卢梭本人的论断,那么该如何从人性研究的角度看待《爱弥儿》呢？作者给自己想象了一个学生及相应的教育所需的种种条件。如同卢梭在《论不平等》中回溯的自然状态一样,虽然他用经验的口吻和现象式的描述展开了一个孩子从出生至成年的教育经历,但它们都不具备现实经验意义上的真实性,而是作者想象力的作品。随之而来的问题是,这一想象创作方式的真理性根据何在？但卢梭的独特之处在于,他是通过想象一个教育实验计划来呈现应如其是的人是如何自我成长起来的。

18世纪仍是书刊检查严格的时代,在当时书刊审查制度下,卢梭因熟谙古典"隐微—显白"的写作传统和考虑个人生存处境而选择了隐微的书写方式。"古代政治思想家的修辞技艺,写作内容与修辞方式要针对人类智性差异而有所差异,根据不同的对象书写的内容自然不同。"②在写给埃皮奈夫人的一封信中,卢梭曾经表达过自己遣词用句的困难,并提醒读者注意自己的表达并非是在日常意义上使用一些词。"如果您希望我们能互相理解,我的好朋友,那就要对我的遣词造句更加用心。相信我,我的语词很少是那通常上的意义;与您交谈

---

① 《爱弥儿》,第690页。
② 曾誉铭:《"真理"与"方法"——论卢梭的思想图景与书写方式》,《江海学刊》2012(01)。

的,一直是我的心,有一天您也许会明白,它不像别人那样说话。"①不得不说,卢梭独具个人特色的书写方式为读者带来了不小的理解困难。卢梭书写方式决定了相应的诠释路径,对其书写方式的解释有助于我们贴近并切中卢梭思想的真义。我们需辨清他常用的一些核心概念的含义,还要透过他隐微的书写在文本具体脉络中勾勒思想的整体,以期尽可能准确地贴近他。

第三,卢梭在《爱弥儿》中的教育环境设定和人物形象构思也蕴含了他特定的思想意图。在何地开始教养的过程呢?关于教育的外部环境,卢梭历来赞同在亲近自然的乡村里养育儿童,大自然是呵护孩子天性成长的重要外部环境。"人是最不宜于过群居的生活的"②,城市使人退化,乡村不仅有新鲜的空气,更是能"使人类得到更新"③的地方。人已经离自然如此之远,自然的教育必须在卢梭所描绘的新的伊甸园里重新开始。④ 因此,卢梭假定爱弥儿远离城市,生活在乡间。

作为教育的主要参与者,卢梭对学生爱弥儿和导师让-雅克的身份设定都是基于适合进行教育的考虑。学生是谁?教育应适宜所有人和人生的诸多变化,加之真实生活中的学生各有其特定性及局限性,也为了避免思想的表达流于空洞,卢梭想象出一个抽象的学生爱弥儿。⑤ 为了更好地谈个别人的培养,在公共的和家庭的两种教育制度中,卢梭只在家庭教育的范围内谈论对爱弥儿的教育。⑥ 爱弥儿作为卢梭想象力的产物,自然人区别于泛泛而谈的人,生命纯粹而美好。学生爱弥儿是一个身心健全且出生在城市富裕家庭的孤儿。首先,健康是一个人具备学习能力的首要基础。其次,从培养整全的人的教育目标来看,富人子弟在成长过程中被文明社会败坏天性的可能性更大,因而比乡村环境中的穷孩子更需求自然教育。⑦ 最后也最重要的是,爱弥儿是个没有父母的孤儿,因

---

① (德)恩斯特·卡西勒著;王春华译:《卢梭问题》,南京:译林出版社,2009,第12页。
② 《爱弥儿》,第43页。
③ 《爱弥儿》,第43页。
④ (美)阿兰·布鲁姆著;胡辛凯译:《爱的设计——卢梭与浪漫派》,北京:华夏出版社,2017,第61页。以下简称《爱的设计》。
⑤ 参见《爱弥儿》,第14页。
⑥ 参见《爱弥儿》,第11页。
⑦ 《爱弥儿》,第35—36页。

而完全服从亦师亦父的导师,这样才可能无碍地施行自然的教育计划。

进一步分析,爱弥儿为何被卢梭构想为一名孤儿?表面上是为了让这位学生能够完全听从老师让-雅克的教导,实际上是在消极的教育中接受自身自然的引导。卢梭摒弃了当时培养公民的公共教育,在家庭教育的范围内想象出一个抽象的学生爱弥儿及相应的条件。① 爱弥儿最初是谁?卢梭笔下的爱弥儿从一开始就是以一个普通人的形象出现的。虽然卢梭出于教育实践所需,对他的家庭出身等条件做了一些选择和限定,但爱弥儿没有被设定为普鲁塔克笔下英雄式的人物,只是普通大众中的一员。② 卢梭心目中的英雄可是国家公共教育的典范。据此,我们从爱弥儿初始身份的预设可以推断出卢梭教育的意图并非培养立法者。首先,爱弥儿身心健康,这是进行学习的基础;其次,假定爱弥儿出生在富裕的家庭,因穷人所处的农村环境已经十分接近自然,又没有可能得到其他类型的教育,所以自然的教育主要针对城市生活的富人子弟,以期挽救和培养他们成为真正的"人"③;最后,设定爱弥儿是一个孤儿,因为在卢梭看来孩子的父母是最好的老师,他希望作为老师承担父母的责任和权利。

爱弥儿的导师是怎样的人?卢梭认为最初且最好的老师应该是母亲,等真正开始接受教育时,第一位导师当是孩子的父亲。"既然真正的保姆是母亲,真正的教师则是父亲。"④在《爱弥儿》中,卢梭将寻常父母和老师的角色都融于一位名叫让-雅克的家庭教师身上。"他的导师已经把自己伪装成自然的一部分。"⑤爱弥儿称他为"导师",因为"问题不在于要他拿什么东西去教孩子,而是要他指导孩子怎样做人"⑥。这位被预设已经完成了自我教育的师者是一个拥有高尚品格的人。他了解人的自然,或者自身就是一个自然人,卢梭默认这位家庭教师已完成自身的教养,他才有资格成为爱弥儿的老师。老师并非教育的主

---

① 《爱弥儿》,第14页。

② 爱弥儿从属于软弱大众中的一员,这一点不仅在《爱弥儿》中可以确定,在续篇故事《爱弥儿和苏菲》中更加突显。

③ 《爱弥儿》,第32页。

④ 《爱弥儿》,第26页。

⑤ (美)阿兰·布鲁姆著;胡辛凯译:《爱的设计——卢梭与浪漫派》,北京:华夏出版社,2017,第136页。

⑥ 《爱弥儿》,第31页。

导者,整个教育过程是在"养育者"看护下的学生自我教育的过程。准确地说,自然才是真正的老师。一方面,自然向人提供一切为了自我保存所需要的;另一方面,从自然中人得以学习并理解自己的自由潜能和可完善性。人拥有共同的自然天性,却各有其发展的潜能。正如卢梭在《爱弥儿》中批评哲学家断言人的发展有限,难以超越自身①;也在《于丽》的第二篇"序言"中直言,"有谁敢对自然规定确切的界线并说:'人可以走到这儿,不能再往前去。'"②因此,导师并非教育的主导者,整个教育过程是学生在导师看护下自我教育的过程。从生活中的养育者、权威的长者再到良师益友,导师在爱弥儿的成长经历中扮演了不同的角色,也担起诸多重任。比如,让-雅克在儿童教育阶段中的职责是让学生的感觉能够充分、自然地发展。"教育者的职责首先在于使感觉依循其适当的目标得到发展;其次,激励学生学习科学,这一学习几乎是运用感觉的自然结果。"③

人是有限的生命存在,却受无限的自由尺度来规定自身。人心灵的灵性,正在于认为自己是自由的,具有自我完善的能力④,并能够以此突破有限的生命。就像康德所言,"在人性中有许多胚芽,而现在,把自然禀赋均衡地发展出来,把人性从其胚芽中展开,使得人达到其规定,这是我们的事情"⑤。因为人天生是好的,人的自我完善基于对自然的敬畏。以自然为师,对自然的敬畏也是对自身人性的敬畏。

第四,柏拉图的《王制》对卢梭的影响近些年逐渐引起学界的注意。若将《爱弥儿》与《理想国》(《王制》)做文本对勘,可以发现二者存在一定的关联。⑥最直接的线索是《爱弥儿》开篇不久就给出《理想国》不同以往的评价———一部关于公众教育的最佳教育论文。⑦"一般认为,《爱弥儿》是在刻意模仿柏拉图的

---

① 《爱弥儿》,第48页。
② 《于丽》,第9页。
③ (美)阿兰·布鲁姆(Allan Bloom)著;张辉等译:《巨人与侏儒》,第193页。
④ 《论不平等》,第60页。
⑤ (德)康德著;李秋零译:《康德教育哲学文集》,北京:中国人民大学出版社,2016。
⑥ 参见柯文涛、李子华:《再论爱弥儿是谁》,《现代大学教育》2022,38(01);Cooper L D. Human Nature and the Love of Wisdom: Rousseau's Hidden (and Modified) Platonism [J]. Journal of Politics, 2002, 64(1)。
⑦ 《爱弥儿》,第13页。

《王制》……因为,卢梭在《爱弥尔》开篇不久就告诉读者:你想要懂得公共教育的理念吗?读读柏拉图的《王制》吧。这可不是一部政治作品,像仅凭书名来判断的人所想的那样。它是从不曾有人写过的最佳教育论。"①比如,刘小枫认为《爱弥儿》是在刻意模仿《王制》,因为从二者的共同关怀来看,《爱弥儿》与柏拉图的《王制》一样,是关于人的灵魂的立法书。因为《爱弥儿》谈的正是如何养育和教化人的灵魂,而法律起到养育和教化灵魂的教育作用,谈论教育无异于谈论为人的灵魂立法。就人与教育的关系来说,二人不同的教育理念建立在古今不同的人性观之上。相比于柏拉图遴选天性适合守护城邦的少数护卫者进行特殊的教育而言,卢梭则以普通人作为样板,尝试进行呵护天性发展的教育实验,使之为成为公民典范乃至创制者做好身心的准备。又如,曹聪则认为卢梭借《爱弥儿》与柏拉图进行古今教育传统的对话,并试图超越前人。②

第五,卢梭以想象的教育重塑人的方法彰显了他对人性的信心。卢梭之所以追寻人性的真理,是出于理论还是实践层面的兴趣呢?答案应该是后者。他最终不是为了认识人的本性,而是期望通过自己的作品激励人们成为人应如其是的样子。如文德(Nguyen Vinh-De)在《卢梭的人的问题》中所言,对人的认识问题萦绕在卢梭所有的作品中,这成为理解其思想的关键。卢梭是如何研究人的呢?他运用内省的方法,并观察人在社会、政治、文化和情感等各种关系中的表现,加上对当时相关科学假说的研究,让人成为思想的对象。③ 就《爱弥儿》而言,法夫尔手稿曾提及,这一作品是卢梭假想的一个教育思想实验。"如果人是由造物主创造的,那么他从大自然中得到的东西就比他从同类那里得到的东西要好。这种偏见似乎是合理的,要靠经验来证实或摧毁它。但如何才能做到这一点呢?我经常思考应该用什么方法来进行这个实验。也许,寻找方法并非完全无用。但该用什么方法呢?让我们设身处地去想一想吧。"④卢梭假想了一

---

① 刘小枫:《〈爱弥儿〉如何"论教育"——或卢梭如何论教育"想象的学生"》,《北京大学教育评论》2013(1)。

② 曹聪:《自然教育与人为技艺——卢梭〈爱弥儿〉教育方案的困境》,《全球教育展望》2020,49(09)。

③ Vinh-De N. Le problème de l'homme chez Jean-Jacques Rousseau[M]. PUQ, 1991, vii-ii-x.

④ O.C., IV, p. 1269, note a, 59.

个符合条件的学生,在他的身上呈现人性发展的进程。这种假想的方法并非卢梭首创,但他的独特之处是将人性的发展融入教育的过程中。①

笔者研究的主题是《爱弥儿》中教育视角下的人性思想,我们有理由相信这同样符合卢梭写作《爱弥儿》的思想意图。因为《爱弥儿》并非单纯意义上的教育学著作,而是蕴含了卢梭通过教育实现人性完满发展的期望。人已经离自然如此之远,自然的教育必须在卢梭所描绘的新的伊甸园里重新开始。②《爱弥儿》中合乎天性的教育是卢梭救赎人性的方式。他从人生而善好的人性论立场出发,坚信在教育的呵护下人性有可能得到整全的发展,且这一教育须始终以人的身心发展秩序为尺度。在《爱弥儿》中,卢梭一方面以自然规约教育,另一方面又承托教育重塑人性。自然的教育造就了怎样的人性?这是下面即将展开的研究主题。

四、卢梭建构人性的根据与路径

在《爱弥儿》的教育中,学生学习的对象、内容、方式、时间和地点都以人性的自然发展进程为根据,而人性则受更广泛意义上的自然必然性所制约。说到底,教育应以自然为尺度,其中人性自然是教育设计最直接且最主要的依据。这其中的难点在于,教育需以人之自然为根据,但若无教育的作用和影响,自然的天性力量有限,难以在现实中持存。因此,当我们研究《爱弥儿》中的人性思想时,需谨慎地辨别人性如何在教育作用下得以充分的自我发展。一方面,自然作为教育的根据具体体现在教育以自然为师、教育实践的准则和教育方法的依据等方面;另一方面,美的人性作为教育的果实逐步成熟,每个阶段的人性成就又成为下一阶段教育的人性基础。

我们如何确认爱弥儿服从的不是老师的权威,而是自然呢?卢梭在《爱弥儿》第二卷 2—12 岁的儿童教育中指出,老师要让孩子意识到大自然加于自身的

---

① 比如卢梭欣赏的布丰,在其作品《论人》中也采用了假想灵魂发展进程的方式表达思想。参见 Buffon, De L'Homme, introduction de Michèle Duchet, François Maspéro, 1971,214。

② (美)阿兰·布鲁姆著;胡辛凯译:《爱的设计——卢梭与浪漫派》,第 61 页。

枷锁,并从事物中去认识这种必然性。① 卢梭后来在《对话录》的第二篇对话中重申了这一观点:"他承受着事物必然性(la nécessité des choses)的枷锁,而不是他人意志的桎梏。"② 那么,书中的让-雅克作为爱弥儿直接面对的老师又扮演了怎样的角色?我们尝试从《爱弥儿》中的师生关系进行分析。从生活中的养育者、权威的长者再到良师益友,家庭教师让-雅克在爱弥儿的成长经历中扮演了不同的角色,也担起诸多重任。师者在儿童教育阶段中的职责是让学生的感觉能够充分、自然地发展。"教育者的职责首先在于使感觉依循其适当的目标得到发展;其次,激励学生学习科学,这一学习几乎是运用感觉的自然结果。"③

自然作为教育准则是以人的自然需要为限。《爱弥儿》中关于教育准则的最初论述出现在第一卷的儿童早期教育中。卢梭提出了适于婴幼儿的四条教育准则。④ 这四条准则中显见的前后矛盾揭示了婴幼儿天性的现状,这恰是卢梭着意强调的人如何在最初开始偏离自然的道路(la route de la nature)。前两条指出幼儿具备的力量尚不能满足其自然需要,因而养育者无需限制幼儿的活动自由,且还应给予一定的帮助。从这一角度来看,幼儿所具备的自然禀赋都应是好的,以及由于自然的不足所产生的身体需要还是日后社会性(sociabilité)的基础。后两条准则提醒养育者应辨别幼儿需要的类别——自然的需要或非自然的欲望。这里面包含了一个人性的前提:婴幼儿的天性已被幻想和意见所侵蚀,存在违反自然本性和过度的可能。⑤ 如果我们将四条准则归为一条,那就是人的自然需要法则。以人的自然的需要为界限,这也是贯穿爱弥儿全部教育中的基

---

① 《爱弥儿》,第103页;O.C., IV. 320. 此句原中译文为"要使他从事物而不从人的任性去认识这种需要"("Qu'il voye cette nécessité dans les choses, jamais dans le caprice des hommes"),以及下一段中此句原中译文为"因为人在天性上可以安心地忍受物品的缺乏,但不能忍受别人的恶意"("car il est dans la nature de l'homme d'endurer patiemment la nécessité des choses, mais non la mauvaise volonté d'autrui"),分别将"nécessité"译为"需要"或"缺乏"均不准确,应为"事物的必然性"之义,这也是自然的必然性。

② 译文有改动,参见 O.C., I, 845. 原译文为"他毫无困难地背负着拮据的枷锁,却承受不了他人意志的桎梏。"《对话录》,第168页。

③ (美)阿兰·布鲁姆著;张辉等译:《巨人与侏儒》,第193页。

④ 参见《爱弥儿》,第65—66页。

⑤ O.C. IV. note1, 1333.

本原则之一。① 爱弥儿在后期的求知过程中也同样以其自身的需要为限,相应的自然教育被限于扶持和保护与他自己直接相关的能力的发展。②

至于教育方法,卢梭在《爱弥儿》"序言"中声称自己不是以强调教育的重要性和批评当时的教育现状为目的,而是直接提出好的方法。"很早以来就有人在大声反对这种旧有的教育方法了,可是从来没有人准备提出一套更好的来。我们这个时代的文学和科学,倾向于破坏的成分多,倾向于建设的成分少。"③当他首次谈及教育方法时,已经点明它是以人的天性为依据的。好的教育方法的唯一准则是适宜人心。④ 虽然卢梭声称自然的教育法总体上是消极的,但我们仍从各阶段的教育中看到了富有艺术性的教育技法。

我们应当如何把握卢梭教育方法中的自然天成与人为技艺呢?我们不免好奇,现实教育中如何做到教育方式的自然艺术化?在此,我们无法也无需穷尽列举《爱弥儿》中的每一种教学之法,但通过把握自然在教育方法的作用及位置,便能理解卢梭的教育艺术。在《爱弥儿》前三卷的儿童教育阶段,卢梭完全以儿童感官官能自身作为学习的手段,不涉及需要抽象思维的学习方式,旨在让孩子通过对事物的直观感受去认识世界和自身;到了后两卷中的青少年时期,随着情感和欲念的滋生,教育方法也随之改变。无论是运用想象力来进行情感教育,还是通过学习历史来研究人,都适宜青少年的身心发展特质。教育方法最明显的转变在于,当少年爱弥儿开始思考形而上学问题时,童年时感官发展的自由逐渐转向服从自身理智的自律。⑤ 按照卢梭自己的说法,性与爱情的教育是最棘手和困难的部分。书中的家庭教师帮学生指出纵欲的危险所在,引导学生用他的智慧而非无知来进行自我管束。⑥ 这还不够,老师还帮助爱弥儿转移与性相关的注意力及想象,通过将性升华至爱情和婚姻的美好想象来促进学生的自我约束。⑦ 老师没有打压青年学生萌发的爱欲冲动,而是通过向学生描绘了一位理

---

① 参见《爱弥儿》,第 237、257、313、743、749、771、797、798、838 页、"附录"。
② (美)阿兰·布鲁姆著;张辉等译:《巨人与侏儒》,第 193 页。
③ 《爱弥儿》,第 2 页。
④ 《爱弥儿》,第 4 页。
⑤ 《爱弥儿》,第 503、505 页。
⑥ 《爱弥儿》,第 509 页。
⑦ 《爱弥儿》,第 520 页。

想伴侣形象,让其在对爱的憧憬中得到情感的自我升华。卢梭始终秉持以天性自然为指引的教育理念,巧妙利用学生的自然冲动,从天性之中找到控制欲望的工具。① 这一利用美的想象来控制感官冲动的方法对于当代的性教育仍有启发。

在分析了自然何以作为教育的根据之后,反观自然的教育会结出什么样的人性果实呢?在教育的呵护下,卢梭笔下的爱弥儿依然保存着他的自然天性,却已完成了从自然的实体到自由的主体的转换。这让我们想起奥斯汀笔下的女性主人公,比如《傲慢与偏见》中的伊丽莎白和简。在这些自我成就(self-made)的人身上,自然要比习俗重要得多。② 爱弥儿同样如此,因为他对习俗、礼教的鄙夷是如此显而易见。爱弥儿实现了卢梭对人的预期,即寄望于自然之力重现人性的善好。③

基于上述人性与教育的关系分析,卢梭从人性是教育的前提性根据及目标性结果两个维度构建人性发展的谱系。他在《爱弥儿》中提出了这样的问题:人依据本性会成为何种样子?④ 教育以人性为理论尺度,人性又是教育的目的。何谓人应如其是的自然天性?卢梭对个体人的发展做出了现象式的描摹。在这个试图治愈人性的教育方案中,他呈现了教育如何使人避免走上偏离天性的歧路,并保持在自然之路上行进。

首先,我们需要确定《爱弥儿》中人类个体的生命开端。卢梭将人的开端界定为生活在原始森林中的野蛮人,但在《爱弥儿》中几乎没有提及前期《论不平等》里的自然状态及人类的发展演变,而是将人的起点设定为婴儿初生的时刻。新生儿虽处于身体及心灵都极孱弱的状态,但已具备成人的潜在条件。人自然的善好最初体现在清白无辜的新生儿特有的整全之中,以及之后每一个阶段天性可能达到当下应许的具足发展。无论是生活在原始丛林中的野蛮人,还是降

---

① 《爱弥儿》,第529—530页。

② (美)阿兰·布鲁姆著;胡辛凯译:《爱的设计——卢梭与浪漫派》,第227页。

③ "我们身患一种可以治好的病;我们生来是向善的,如果我们愿意改正,我们就得到自然的帮助。"(塞涅卡:《忿怒》第十一章第十三节,(古罗马)塞涅卡著;(美)约翰·M·库珀,(英)J.F.普罗科佩编译;袁瑜琤译:《道德和政治论文集》,北京:北京大学出版社,2010);《爱弥儿》,扉页;OC, IV, 239.

④ (美)马斯特著;胡光建、黄涛、王玉峰译:《卢梭的政治哲学》,第27页。

生在文明社会中的爱弥儿,人的人性都是以一种保存自身并享受自身存在的自爱情感为原点逐渐丰富起来的。

进而,人性理论构建拟从两方面进行。其一,从教育以自然为尺度来看,人性本有的变化倾向具有自发性和自主性,无需外力的推动。卢梭认为,有了生命,就有了需要。人的基本需要是什么?在人最初的天然情感中,自爱是人最根本的也是与生俱来的生命激情。可以说,通过自我保护来保存自身的生存状态,这一点是所有生物共有的,因为"自然的第一个法则是保卫自己的生存"①。这既是人出自本能的天然需求,也是人性自我发展的源动力。其二,从教育以人性为目标来看,人的整全发展离不开教育的影响。这部著作一方面奉上一个自洽严谨的分阶段教育方案,另一方面又刻画出理想教育状态下人的内在发展谱系。《爱弥儿》一书按照年龄分期来呈现人在不同时期的身心结构及禀赋能力。前三卷描绘了作为肉身存在的爱弥儿如何在学习与物的关系中成长为单纯自足的自然人;后两卷则描绘了人作为道德主体的学生如何在学习与人的关系中成长为准公民。② 因而,下文将基于人性自身的能动机制及教育对人的影响重构《爱弥儿》中的人性结构及发展秩序。

---

① 《爱弥儿》,第 285 页。
② 《爱弥儿》,第 321 页。

第二章　感觉、感性理解力与知性理性：自然的人

关于《爱弥儿》，正如卢梭在 1762 年 1 月 12 日致马尔泽尔布先生的信中所述："这三部著作是不可分开的；三部著作应合起来成为一部完整的著作。"①他所指的是《论科学与艺术》《论不平等》和《爱弥儿》。前两部著作中，卢梭分别赞颂了斯巴达的公民和淳朴的原始时代，说这都是退不回去的过往，文明人已经被社会制度腐坏，而《爱弥儿》正是通过教育塑造新人的解决尝试。人的自然情感主要包括"对自己的爱、对痛苦的忧虑、对死亡的恐惧和对幸福的向往"②。《爱弥儿》由此被看作一部人性的自然教养史。上一章我们回顾了卢梭人性思想产生的时代背景及理论来源，并确定了卢梭人性思想建构的根据与思路。本章拟从教育的视角考察《爱弥儿》中儿童的能力禀赋是如何自我发展的。

一、卢梭的儿童观及儿童教育理念

> 出自造物主之手的东西，都是好的，而一到了人的手里，就全变坏了。
> ——《爱弥儿》开篇

卢梭倡行的自然教育是《爱弥儿》中诸人性能力养成的保障，若无特定教育的护持，天性的幼苗很早便会在世俗社会的影响下夭折或扭曲。因而我们需始终从教育的视角来端详《爱弥儿》中的人性发展谱系，至于这一呵护天性的教育的合理性及可行性等问题并非本书探讨的主题，暂不论涉。在进入婴幼儿感觉等禀赋能力的分析之前，我们有必要对卢梭的儿童观及自然教育理念进行一定

---

① 《遐思录》，第 191 页。
② 《爱弥儿》，第 458 页。

的阐释。

在经历了长期的冷漠之后,到卢梭写作《爱弥儿》时,各方人士对儿童的关注已蔚然成风,甚至成为一种流行趋势。不仅仅是教育家,道德家、政府官员和医生都积极鼓励母亲从母乳喂养开始,亲自照料自己的孩子。这恰恰说明,儿童及童年的价值在此前漫长的岁月里未得到认可。在此之前,孩子早年得不到父母的亲自抚育,稍长大后就被送进学院或修道院,他们在很小的时候就戴上了被奴役的枷锁。等他们成年后进入社会,自以为自由了,实则没有摆脱奴役的状态,依然活在他人的意见之中。儿童的面目是模糊的,只有成年人才有价值,才会被他人正视。①

卢梭儿童观发生转向的前提是辨认出儿童在自然秩序中与成人所处的不同位置。他首先给予新生儿很高的位置。新生儿不仅生而善好,还具备了人的一切潜能。虽然他还很弱小,大部分禀赋有待发展,但已经具备了成为真正的人的可能性。另外,在新生儿身上,也不存在灵魂和肉体的分裂。其次,相比同时代流行的将儿童看成"小大人"的观念,卢梭借大自然之口,呼吁人们应该正确认识儿童并给予童年应有的位置。"在万物的秩序中,人类有它的地位;在人生的秩序中,童年有它的地位;应当把成人看作成人,把孩子看作孩子。"②进而,卢梭敏锐地从教育目标的设定推出人们对儿童的真正态度。只要教育理论家们仍在关注如何培养优秀的成年人,他们势必在某种程度上否定儿童自身的价值。就像卢梭曾批评霍布斯等人笔下的自然人实则是披了原始人外衣的文明人一样,他也认为洛克等前辈对童年的重新评价仍然没有触及儿童区别于成人的地方。卢梭认为教育应专注于当下,只有先以培育健康的儿童为童年时期的教育目标,才有可能在青少年阶段将之教育成人格完善的大人。在回顾了卢梭儿童观的转向及其意义后,我们能更准确地把握他对儿童禀赋特性的阐发。人的身心发展各自的进度不同,童年阶段感官的发展总是先于精神。当儿童的身体和感官在童年得到充分的锻炼和发展后,就到了内在精神禀赋发展的阶段。

> 教育是随生命的开始而开始的,孩子在一生下来的时候就已经是一个学生,不过他不是老师的学生,而是大自然的学生罢了,老师只是

---

① O.C., IV, XCI.

② 《爱弥儿》,第74页。

在大自然的安排之下进行研究,防止别人阻碍它对孩子的关心。①

什么是教育?卢梭将教育分为三种:自然的、人的和事物的。具体而言,"我们的才能和器官内在的发展,是自然的教育;别人教我们如何利用这种发展,是人的教育;我们从影响我们的事物获得良好的经验,是事物的教育"②。在这三类教育中,相对来说,"只有人的教育才是我们能够真正地加以控制的"③。什么是好的教育?这不仅是卢梭也是今天的人们普遍关心的问题。卢梭认为需要尽力让人和事物的教育配合自然的教育,达到三种教育的一致,符合"自然的目标"的教育才是良好的教育,即"自然的教育"。④ 需要注意的是"自然的教育"这一称谓的双重含义:第一重含义是上述教育定义中的三类之一;第二重含义更广,《爱弥儿》全书以第一人称描绘了围绕学生爱弥儿进行的教育设计和实施,包含了人的教育的三方面如何相互作用。据此,卢梭将他的教育实践聚焦在可控的人的教育上,爱弥儿的教养过程展现了自由的人格如何从自然状态中萌芽生发,与外在之物的交往中成长,在与爱人分离后的游历中成熟,最终回归故土实现圆满。

教育的目标并非人为设定的,而是自然的目标。什么是"自然的目标"?首先,需明确什么是卢梭思想意义上的"自然"。卢梭思想的出发点始终是自然人。在他诗意的想象中,人天生是自由的,自然是人的人性自然。《于丽》中的人性自然呈现为主人公美的心灵。"自然造就了他们,我们的制度把它们搞坏了。"⑤这也体现了卢梭的自然与当时启蒙思想下的社会之间的差异。在《爱弥儿》中,"自然人完全是为他自己而生活的"⑥,教育也需基于对自然人的了解⑦。自然展现在人与周遭事物打交道的过程中,随着人因事物产生的种种感觉变化——兴趣、实用性和理性观念的契合与否,人感觉到自己原初的"内在的自

---

① 《爱弥儿》,第46页。
② 《爱弥儿》,第7页。
③ 《爱弥儿》,第7页。
④ 《爱弥儿》,第8页。
⑤ 《于丽》,第27页。
⑥ 《爱弥儿》,第9页。
⑦ 《爱弥儿》,第12页。

然"①。由此可见,卢梭思想中的自然,并非科学实证意义上的非人工的自然界,而是他创造性的想象力的产物。因而可见,"自然的目标"便是人性的完善,儿童早期的教育具体表现在培养孩子符合其天性的习惯,让人知道并最终成为他"应该是"的样子。因自然秩序中人人平等,共同的天职在于成就品格高尚的道德人格。真正的教育是品格的教育,且在于施行。②

人为何需要教育?出生是一个人的自然的开始,虽葆有善良的天性,但人生来软弱且一无所有,需要别人的教养方有可能长大成人与成才。"我们在出生的时候所没有的东西,我们在长大的时候所需要的东西,全都要由教育赐予我们。"③那么,教育是为了特定的社会地位、父母为孩子预定的职业或是其他预设的命运吗?不,这些直接可见的目标匹配的教育不过是帮助人成为什么样的人罢了。在成为什么样的人之前,人首先是人。这让我们想到,在以自由为时代精神原则的近代哲学中,人的教育应该以人本身为目的,让人真正成为人,实现人的全部规定,即与生俱来的使命。在卢梭的智慧里,自由是人性的原始显现,即诗意的自然。但自人出生那一刻起,人本具的自然在社会中逐步丧失,人被缚于枷锁而失掉自由。真正的教育应为了实现人本身的地位,即成为具有品德的人。"在自然秩序中,所有的人都是平等的,他们共同的天职,是取得人品。"④自由的当下贯穿于卢梭的思想中,最初体现在《于丽》中主人公于丽因死亡而自由的宗教人格,也呈现为爱弥儿通过自我教育逐步成熟的道德人格,最终实现为《社会契约论》中以公意为代表的公共人格。教育的意义在于,沟通自然和自由,教人如何生活。

"自然的教育可以使一个人适合所有一切人的环境。"⑤自然的教育应适宜所有人,考虑人生的变化无常和种种偶然事件的影响,而真实生活中的学生各有其特定性或局限性,卢梭摒弃了当时培养公民的公共教育,在家庭教育的范围内想象出一个抽象的学生爱弥儿及相应的条件。⑥首先,爱弥儿的身心健康,这是

---

① 《爱弥儿》,第9页。
② 《爱弥儿》,第13页。
③ 《爱弥儿》,第8页。
④ 《爱弥儿》,第13页。
⑤ 《爱弥儿》,第32页。
⑥ 《爱弥儿》,第14页。

进行学习的基础。其次,假定爱弥儿出生在富裕的家庭,因穷人所处的农村环境已经十分接近自然,又没有可能得到其他类型的教育,所以自然的教育主要针对城市生活的富人子弟,以期挽救和培养他们成为真正的"人"。① 再次,设定爱弥儿是一个孤儿,因为在卢梭看来孩子的父母是最好的老师,他希望作为老师承担父母的责任和权利。此外,关于教育的社会大环境,卢梭认为,"人是最不宜于过群居的生活的"②,城市使人退化,乡村不仅有新鲜的空气,更是能"使人类得到更新"③的地方。所以,除了身心健康和家庭富裕等基础条件,还需假设爱弥儿远离城市生活在乡间。

教育从什么时候开始呢？教育随生命的开始而开始,人一出生便是"大自然的学生"④。在正式开始教育前,需要特别注意的是卢梭对老师这一角色的界定。卢梭对此的表述为"导师",因为"问题不在于要他拿什么东西去教孩子,而是要他指导孩子怎样做人"⑤,"导师"并非主导者,而是看护者。从一开始,人的教养的历程就是孩子自我发展的过程,是一段受到他人照料、养育直到自己能进行自我区分与规定的历史。明确了教育的起始处和老师的角色,让我们跟随卢梭进入自由人格养成之旅,同时也是人的自我意识的生长史。

人自出生那一刻起,便脱离了自然的状态进入世界,教育也随之开始。"从他们生下来起就应当开始对他们的教育。除了他们还没有任何可以破坏的形式那时之外,还有更适宜进行的时间吗？"⑥在卢梭看来,人与动物的根本差异在于人有自由主动的资质,但文明社会里的人终生处于被奴役之中。"人生来是自由的,但却无处不身戴枷锁。"⑦初生婴儿第一个不自由的痛苦感便是来自捆紧他的襁褓。卢梭以婴儿期使用襁褓为例,束缚阻碍了有利于婴孩身体活动的自由,并引出这一不合自然的习惯产生的根本原因,在于他所处时代的部分母亲不愿亲自哺育孩子。让保姆充当第一位养育者,相关的养育方式不仅不利于婴幼

---

① 《爱弥儿》,第32页。
② 《爱弥儿》,第43页。
③ 《爱弥儿》,第43页。
④ 《爱弥儿》,第46页。
⑤ 《爱弥儿》,第31页。
⑥ 《于丽》,第642页。
⑦ 《社会契约论》,第4页。

儿生长发育,更扼杀了母亲与孩子间的自然情感并滋生不良家庭风气。如前文述,教育目标的实现,在于培养符合孩子天性的习惯。"遵循自然,跟着它给你画的道路前进。"①天性与习惯的一致并非易事,幼儿教育的难点在于区分强制养成的习惯和适合天性的习惯,应避免前者并培育后者。婴幼儿处在软弱无力的自然状态中,想象力和记忆在沉睡,理智和良心也还未开始发展。他们拥有自然的语言,除了主要的啼哭,还有咿呀语和脸上的表情。凡遇种种强制习惯下的不自由,婴幼儿都会以啼哭表达抗议和不满。"除了声音之外,什么也不自由。"②卢梭指出,在哭声中产生了人和他周围的一切环境的第一个关系,也是绑缚人的锁链的第一环。③

为何要尽力避免强制养成孩子的某些习惯呢？卢梭在《于丽》中借伏尔玛尔之口,说出了自然的教育的理念。所谓人为的"改变",不过是在强制下阻止孩子表现为他们本来的样子,如同被扭曲生长的植物,这样培养出来的习性不过伪装的假面具,一旦情况变化,真性情便会显露。"问题不是改变性格和扭曲大自然,而是相反地促使它尽可能地发展,培养它并阻止它退化;因为这样一个人才能够成为他所能够成为的人,而自然的工作由教育来完成。"④在养育过程中如何让婴幼儿保持自然的天性呢？于丽认为应尽力免除孩子的恐惧,让其能够自然且自在地进行各种活动。保证孩子的自由,相应会带来两种好处:"其一是避免了他正在生长的心灵说谎话、虚荣、恼怒、嫉妒,总之避免从奴役状态产生的一切罪恶;其二是让他用本能所要求的连续的锻炼来自由地增强他的身体。"⑤

何为教育中的自由？康德亦言,"训诫不是奴役性的,而是孩子必须始终感受到自己的自由,只是他不要妨碍别人的自由;因此他必须受到阻抗"⑥。譬如,一方面,引起哭声的事情不仅阻碍了孩子某方面的自由,形成习惯后还会支配婴

---

① 《爱弥儿》,第 23 页。
② 《爱弥儿》,第 17 页。
③ 《爱弥儿》,第 54 页。
④ 《于丽》,第 648 页。
⑤ 《于丽》,第 650 页。
⑥ (德)康德著;李秋零译注:《康德教育哲学文集》,北京:中国人民大学出版社,2016,第 33 页。

幼儿的感觉,形成自然需要之外的不必要的新需求①;另一方面,幼儿的啼哭,从最初对成人的请求、依赖,进而滋生命令、使役他人的意图。② 虽然在产生理性之前的行为无道德性可言,但需辨别哪些出自孩子的天性需求,哪些则是后天形成的。在卢梭看来,人与生俱来的自然禀赋已经足够,后天添加的种种皆是非自然的陌生的规定,习惯总是"坏"的。"应该让孩子具有的唯一的习惯,就是不要染上任何习惯。"③在0—2岁的幼儿教育中,如何辨别孩子的哭声,什么时候回应并满足孩子的需求,什么时候应该放手,这依然是困扰大多数养育者的问题。

  养育者如何把握自由的限度呢?因为人的自然欲念是非常有限的,自由应以自然为限。"大自然要求我们的也只是为了保持我们自身所需要的活动。"④这就需要明确孩子的需求是否符合自然。针对这一难题,卢梭提出了幼儿教育中的"四个准则"。一是让孩子使用大自然赋予他的一切力量,因为幼小的孩子尚不足以满足自然对他们的要求;二是因其力量不足,养育者要帮助孩子满足其身体(智力或体力)上的需要;三是在孩子真正需要的时候才给予帮助;四是通过观察辨别孩子的自然需求和想象的欲望。⑤ 总的来说,给予孩子自由的限度要与孩子的能力相匹配。只有将孩子的欲望控制在他们力所能及的范围内,才不会有力不从心的痛苦感,也不会产生驾驭他人的思想。在这生命的第一个时期,对婴儿来说,"经验先于教育"⑥,他们只有感知痛苦与快乐的感性感觉。自然赋予的自由实现在身体活动与欲望达成一致的瞬间。关于儿童教育中孩子的服从与自由,联想到康德在《教育学》中的观点,与卢梭的自然教育准则有着共同的关注。康德也提出,教育最大的问题之一是人们如何把服从于法则的强制与运用自己自由的能力结合起来,指出需注意以下三点:"第一,让孩子从小就在一切事情上自由,只要这样做不妨碍别人的自由;第二,必须向孩子指出,惟有通过让别人也达到自己的目的,他才能达到自己的目的;第三,必须向他证明,施加给他一种强制把他引向运用他自己的自由,培养他是为了他有朝一日能够是

---

 ① 《爱弥儿》,第49页。
 ② 《爱弥儿》,第55页。
 ③ 《爱弥儿》,第49页。
 ④ 《爱弥儿》,第58页。
 ⑤ 《爱弥儿》,第58—59页。
 ⑥ 《爱弥儿》,第46页。

自由的。也就是说,可以不依赖别人的照料。"①

　　从一开始,人的教养的历程就是孩子自我发展的过程,是一段受到他人照料、养育直到自己能进行自我区分与自我规定的历史。卢梭认为 0—2 岁的幼儿属于儿童,却还不是儿童,他们是"不会说话的人"②。两岁之后,孩子逐渐脱离直接的自然性,迈出自然人走向道德人的第一步,出现语言的相互关系。他们开始与身体和对象化的外物打交道,从回应自然需求到担负起责任。在儿童教养的历程中,自由的人格在每一次痛苦的自我认知和区分中日臻成熟,没有拘束又不会滥用自由的儿童是幸福和自由的。"儿童观念对应于一种对儿童特殊性的意识,这种特殊性可以将儿童与成人做基本的区分。"③中世纪社会的儿童观念可以说并不存在,儿童在脱离养育者(母亲或奶妈)后便较早地进入社会,进入成年人的世界。16 世纪、17 世纪儿童逐渐得到家庭和社会的重视,至 18 世纪儿童被视为需要保护和得到培养的脆弱的对象。④

　　待进入 2—12 岁的儿童期,"记忆力使自我的感觉延续到他一生的每一个时刻"⑤,孩子开始意识到自己并产生意志,但仍只是感性的理解,理智的理解尚未发展。卢梭提出第一个教育的基本原理:"在所有一切的财富中最为可贵的不是权威而是自由。真正自由的人,只想他能够得到的东西,只做他喜欢做的事情。"⑥但孩童的体力柔弱、有限,无法满足自己的生存需要,也无法运用他们的自由,需要父母的爱来恰到好处地弥补。孩童的自由尚且停留在身体活动层面,需要辨别的是,是必需的自由活动的能力还是不必要的依赖他人的妄想。⑦这一区分直接关涉人生的最终目的——幸福生活的可能性,幸福即免除痛苦。"人

---

　　① (德)康德著;李秋零译:《康德教育哲学文集》,北京:中国人民大学出版社,2016。
　　② 《爱弥儿》,第 69 页。
　　③ (法)菲力浦·阿利埃斯著;沈坚,朱晓罕译:《儿童的世纪:旧制度下的儿童和家庭生活》,北京:北京大学出版社,2023,第 192 页。
　　④ (法)菲力浦·阿利埃斯著;沈坚,朱晓罕译:《儿童的世纪:旧制度下的儿童和家庭生活》,第 200 页。
　　⑤ 《爱弥儿》,第 71 页。
　　⑥ 《爱弥儿》,第 80 页。
　　⑦ 《爱弥儿》,第 81 页。

的聪明智慧或真正的幸福道路在哪里呢?"①卢梭的答案是,不在于减少欲望,也不在于扩大能力,"问题在于减少那些超过我们能力的欲望,在于使能力和意志两者之间得到充分的平衡"②。人的痛苦源于欲望超出了能力,面向渺茫未来的忧虑,而幸福的根源在于欲望与能力的差别极小化。这解释了为何自然状态中孩童仅被赋予有限的体力和意识,仅够他们维持基本生存的能力和欲望,也与卢梭的教育理念相应,教育内容不应超过受教育者的能力。

对孩童而言,恰当的教育何以可能? 前提是辨认出儿童在自然秩序中与成人不同的位置。相比同时代流行的将儿童看成"小大人"的观念,卢梭借大自然之口,呼吁人们应该正确认识儿童并给予童年应有的位置,"在万物的秩序中,人类有它的地位;在人生的秩序中,童年有它的地位;应当把成人看作成人,把孩子看作孩子"③。在为爱弥儿安排的种种锻炼感官和增强体质的教育活动中,为了保障原始情感不被败坏,卢梭提出了消极的教育法则,教育的自然在此处体现为顺应儿童生长发育的自然规律,这一阶段主要重视感官训练和身体发育,先培养体力再培养智慧。"对孩子讲体力,对成年人讲道理,这才是自然的秩序。"④同时,随着孩童的意识和语言的发展,不仅萌发出自爱的天然欲望,也开始进入道德世界,"欺骗和撒谎的行为将随着社会习俗和义务而同时产生"⑤,最初体现为谎言。随之而来的道德教育,并非直接教人为善,而是告诫孩童"绝不损害别人"⑥。正如卢梭在《爱弥儿》中的脚注所言,离群孤独生活之人才是好人,因为在社会条件下的个人幸福往往建立在他人的痛苦之上。此时爱弥儿的意志仍属于孩子的感性理解,不过是成熟的儿童,即将迈出成人的步伐。

卢梭将12—15岁看成是童年的第三个阶段,当体力超过欲望,正是接受教育和知识的时期。幼年时的好动逐渐转变为求知的好奇。人最根本的欲望就是谋求幸福,"自然的好奇心"⑦源于人天生对于满足欲望的方法的寻求。这一促

---

① 《爱弥儿》,第75页。
② 《爱弥儿》,第74页。
③ 《爱弥儿》,第74页。
④ 《爱弥儿》,第92页。
⑤ 《爱弥儿》,第108页。
⑥ 《爱弥儿》,第115页。
⑦ 《爱弥儿》,第216页。

进学习的天然兴趣,再次印证了卢梭对"老师"的引导者角色和"学生"的主体定位,学习之所以可能且有成效,不是被导师告知知识,而是通过学生自己的发现和理解。良好教育的基本原则自然地显现出来:"问题不在于教他各种学问,而在于培养他有爱好学问的兴趣,而且在这种兴趣充分增长起来的时候,教他以研究学问的方法。"①此时还不到教爱弥儿关于人的知识的时机,在探索自然法则的学习中,无论是地理、物理,还是以农业、炼铁和木工为主的技术,都需从符合孩子天性的自然现象而非纯理论开始入手。通过这样的学习,爱弥儿选择了符合自己爱好的职业并学会一门能够生存自立的手艺——木工,从用途的角度将外物转变为自身把握的对象。"在评价所有一切自然的物体和人制造的东西时,他所根据的是它们对他的用处以及与他的安全、生存和舒适的显而易见的关系。"②自立带给爱弥儿一定的自由,因为手工劳动是与自然状态的接近以及手工劳动者不受命运和他人的影响。当童年阶段的教育圆满完成之际,爱弥儿仍是尚未进入社会的自然人,他所习得的本领让自己得以自立,他所知晓的道德也仅与自身有关,"自私的欲念还没显现"③。卢梭意欲培养的并非停留在自然状态中的自然人,教育之路即将行进至爱弥儿的青少年时期,进入学习了解人和信仰的阶段。

他提出要把孩子当成孩子,要爱护和帮助儿童。"在万物的秩序中,人类有它的地位;在人生的秩序中,童年有它的地位;应当把成人看作成人,把孩子看作孩子。"④并借大自然之口,赋予儿童专属的地位和尊严。"大自然希望儿童在成人以前就要像儿童的样子。"⑤不仅是大人把孩子看成孩子,还要让孩子也将自己看作孩子。

基于这样的儿童观,卢梭以"自然的教育"为核心的儿童教育思想除了尊重并遵循孩子的天性自然,还创造性地提出了个性化及分龄化教育体系。在《于丽》中卢梭曾借于丽之口,坦言"最初的和最重要的教育,即正是大家所忘记的,

---

① 《爱弥儿》,第 223 页。
② 《爱弥儿》,第 249 页。
③ 《爱弥儿》,第 285 页。
④ 《爱弥儿》,第 74 页。
⑤ 《爱弥儿》,第 91 页。

是使儿童适合于接受应受的教育"①。因此,适合孩子的教育是适合孩子个性化差异的教育。养育者通过对孩子的观察和了解,将孩子视为平等独立的个体,给予陪伴式的养育,而非按照成人世界的标准去塑造孩子。好的教育应是适合孩子各个年龄段的教育。卢梭因此反对超前教育,并指出了过早教育可能带来的危害。"大自然愿意孩子们在成为大人以前先是孩子。如果我们想败坏这个程序,我们便会产生过早的果子,它们既不会成熟,也不会有滋味,而且很快就会腐败;我们将会有青年的博士和年老的孩子。童年时代有符合它的观看、思想和感觉的方法。再没有比用我们的方法来作替代更不明智的;我宁可要求一个儿童有五尺高的身材而有十岁的判断力。"②

在现如今的儿童早期教育中,一方面,尊重爱护孩子天性、提供个性化教育和适龄教育等理念似乎已为大众普遍接受;另一方面,在所谓科学育儿沦为口头禅的今天,父母们对于理想育儿范式的追求,难免忽略了对孩子最真切的观察和了解,重新陷入同一化的育儿范式中。同时,网络信息时代纷繁难辨的资讯引导带给父母们的育儿焦虑,在爱的名义下催生出更为急切的儿童教育。回归教育之初衷,并无完美的教育范式一说,但好的教育应该致力于培养真正的人,关于人之天性的教育仍是家庭教育和公共教育中的薄弱环节。反观卢梭"自然的教育",在生命的第一个阶段便在孩子心中种下自然的种子,用对人性的爱来灌溉,让人性的自然重新渐次绽放。

二、婴幼儿的感觉

我们自然的欲念是很有限的,它们是我们达到自由的工具,它们使我们能够达到保持生存的目标。所有那些奴役我们和毁灭我们的欲念,都是从别处得来的。大自然并没有赋予我们这样的欲念,我们擅自把它们作为我们的欲念,是违反自然的本性的。③

---

① 《于丽》,第643页。
② 《于丽》,第643—644页。
③ 《爱弥儿》,第288—289页。

《爱弥儿》共分五卷,大致根据受教育的不同年龄阶段来划分章节,第一卷论述 0—2 岁婴幼儿的儿童早期教育原则、内容和方式等,隔绝外界及人为干预的自然教育为儿童自身官能的充分发展提供保障。感觉的能力是新生儿能力禀赋的起点,也是卢梭勾画人性谱系的开端。天性自然在此被定义为人尚未受习惯和意见等后天因素影响的本性,指人由感觉引发的对诸事物的不同内在倾向。"我们生来是能感觉的,而且我们一出生就通过各种方式受到我们周围的事物的影响。可以说,当我们意识到我们的感觉,我们便希望去追求或者逃避产生这些感觉的事物,我们首先要看这些事物使我们感到愉快还是不愉快,其次要看他们对我们是不是方便适宜,最后则是基于理性赋予我们的幸福和美满的观念做出的判断。随着我们的感觉愈来愈敏锐,眼界愈来愈开阔,这些倾向就愈来愈明显;但是,由于受到了我们的习惯的遏制,所以它们也就或多或少地因为我们的意见不同而有所变坏。在产生这种变化以前,它们就是我所说的我们内在的自然。"[1]这一界说包含了卢梭关于人内在自然的两个论断:一是人起初拥有纯粹的自然禀性,但会因受外界影响而变坏。这一可变性正是教育的必要性与可能性的理论基础,因为这从消极的意义上说明了自然的可塑性。二是若不受后天习惯和人为意见的侵蚀,人的内在自然可以自我发展并持存。这其中蕴含了人的天性发展有一定的方向性。这与卢梭强调人的发展没有终点或限制并不矛盾。[2] 这些原初的倾向随着孩子年龄的增长不断变化,它们是否能够遵循自然的趋势而发展取决于后天的教育和环境影响。因此,卢梭一开始便恳求母亲们为孩子的灵魂筑起保护栏,使之免受舆论意见等的冲击。从上述关于内在自然的界说及《爱弥儿》第一卷中对新生婴儿的描述可知,人性的起点乃是身体感官发育尚不完善的婴儿所具备的感觉能力。从《爱弥儿》第一卷结尾处可见,虽然婴儿具备接受外物刺激的感觉能力,但他们此时所获得的感觉是很少的,几近于无。[3] 幼儿能感觉到某物是否让自己愉悦,儿童看重事物的方便适宜性,以及大孩子关注事物是否符合自身幸福的观念,这三个以感觉为依托的阶段分别对应

---

[1] 《爱弥儿》,第 10 页。中译文根据法文原文略作改动。中译版未提及"判断"(les judgements)一词,这一判断对应的是第三卷中爱弥儿作为自然人对幸福的判断。

[2] 《爱弥儿》,第 53 页。

[3] 《爱弥儿》,第 76 页。

了《爱弥儿》的前三卷内容。

从上述关于人的内在自然的界说可知,感受力(la sensibilité)位列人的能力序列的首位。它不仅直接与自爱相关联,还与人的认知和情感发展密不可分。卢梭将人的感受力分为被动的器质感受力(la sensibilité physique et organique)和主动精神感受力(la sensibilité active et morale)两类。① 我们需要先明晰最初的婴幼儿感觉的内涵,进而分析感觉这一纯粹被动的感官能力如何发展出更具能动性的能力。感觉是人与动物皆有的禀赋,但二者不完全相同。卢梭在《论不平等》和《爱弥儿》中都指出,人与动物皆有感觉。"感知和感觉将是他的第一状态,这将是所有动物所共有的。"②甚至人类的新生儿在感官能力上比不上大多数动物。对婴儿来说,需要花费时间和精力学习动物幼崽生来即会的一些初期生存技能。

那么,人与动物的感觉有何区别?初生的婴儿有感觉的能力,但却未觉知到自身的存在。这也揭示了大自然的教育首先是完善人的身体器官。"我们生来就是有学习的能力的,不过在生下来的时候什么也不知道,什么也不明白罢了。我们的心灵被束缚在不完善和不成熟的器官里,甚至对它本身的存在也感觉不出来,初生婴儿的动作和啼哭,纯粹是出于机械的效果,其中是没有什么意识和意志的。"③对于初生的婴儿没有能力感觉到自我这一论点,卢梭将原因归为其身体器官的未成熟。自我的观念是如何产生的呢?他想象了一个出生即拥有成年人身体的孩子。这个身形高大的孩子无法运用四肢,但比普通孩子唯一多出来的便是"我"的感觉。这个特别的孩子的一切感觉都会集中在一个共同感官中。④ 虽然人从出生起就意识到自己的感觉,但对自身存在的感觉是随着身体的成长而产生的。

婴幼儿的早期感觉最大的特点是被动性,感觉印象完全来自外部事物对感官的刺激。等到幼儿逐渐产生对自我的意识,意识到哪些是自己的感觉,随即产生快乐或痛苦。届时即使是被动得来的感觉(sensation),也只有加上快乐或痛

---

① 《对话录》,第 131—133 页。
② 《论不平等》,第 83 页。
③ 《爱弥儿》,第 51—52 页。
④ 《爱弥儿》,第 51—52 页。

苦的情感(sentiment)才能真正触动人心。而且在精神感受力(la sensibilité morale)的触动下,器质感受力得到的感觉印象会更加强烈。① 另外,人的感觉还具有动物本能式的感觉不具备的可塑性。经过经验学习或训练,即使本质上是被动的感觉,也有可能变得更加敏锐细腻。② 那么,我们应如何看待感觉与情感的关联及区别呢?特里林(Trilling)和伯尔曼(Berman)认为卢梭的"情感(sentiment)"在某种程度上等同于"感觉(sensation)"。③ 在《爱弥儿》中,虽"感觉"与"情感"有时可互换,但大多时候两个概念并不相同。从二者的运用来看,感觉以身体感官为前提,而情感则是心灵的语言。

在诸情感中,最具根本性的是人对自我存在的觉知(sentiment)。卢梭在"自白"开篇不久,谈到对自我的体察。"我存在,我有感官(des sens),我通过感官而有所感(affecté)。"④他还说人生来不仅是"感觉和被动的存在(être sensitif et passif)"⑤,以及"我们的感觉先于认识……良心的作用并不是判断,而是觉知;尽管我们所有的观念都得自外界,但是衡量这些观念的觉知却存在于我们自身……存在即感觉(Exister pour nous, c'est sentir)"⑥。从时序上看,感觉在人性发展谱系中具有优先性。卢梭在后来的《忏悔录》中,再次强调:"我先有感觉,然后才有思想。这是人类的共同命运。"⑦保罗·德曼(Paul de Man)认为"第五次漫步"确立了"存在的觉知相对于感官知觉的优先地位"。⑧ 从这个角度看,卢梭的感觉概念与孔迪亚克(Condillac)和赫尔维蒂乌斯(Helvétius)等感觉论者所提出的洛克式经验主义的外延只有细微差别。卢梭的感觉的产生完全依赖于作为媒介的感官所受的影响。而人对自我存在的觉知虽以感官感觉为自然基

---

① 《对话录》,第131—133页。

② 《爱弥儿》,第178页。

③ 转引自麦克劳德的《卢梭和情感认识论》一文。Macleod, Jock. "Rousseau and the Epistemology of 'Sentiment'". *Journal of European Studies*. 17.2 (1987): 108。

④ 《爱弥儿》,第421页。

⑤ 《爱弥儿》,第425页。

⑥ 《爱弥儿》,第457—458页。

⑦ 《忏悔录》,第8页。

⑧ Paul de Man, "The Image of Rousseau in Hölderlin", *The Rhetoric of Romanticism* (New York, 1984), 37。转引自 Macleod, Jock. "Rousseau and the Epistemology of 'Sentiment'". *Journal of European Studies*. 17.2 (1987): 109。

础,本质上却是一种混合了感觉与想象力的觉知。从人性发展的角度来看,爱弥儿童年时感官训练的重要性得以彰显,这正是为后期感受力的完善奠定必要的自然官能基础。卢梭的情感不仅关乎存在意义上的体验觉知,还兼具习常的认识功能。我们可借康德的想象力概念来了解卢梭的情感所具备的认识功能。康德的论点是,想象力这一介于感性认识与理性认知之间的综合能力能够联结自然世界与自由世界。而卢梭的情感概念与之相似,同样介于感觉与思考、自然与自由之间,也试图扮演类似的沟通自然与自由的角色。[1]从认识论的角度来看,被动得来的感觉印象无疑为情感提供了直接的内容材料,情感则是主体对感觉印象的带有感情倾向的反映。另一关键的问题是,被动的感觉如何转化为能动的情感? 换言之,人如何从感觉印象生出不同的情感倾向? 卢梭对此语焉不详,但有研究表明,只有借助想象力,才能从感觉变为情感。

婴儿仅仅具备感觉,还是也可能产生情感呢? 虽然《爱弥儿》中情感的真正出现是在童年的第二阶段,但卢梭并未断言婴儿就一定缺乏情绪和观念,甚至婴儿会偶尔流露道德情感。[2] 虽然得自外界刺激的感觉印象是被动的结果,但感觉造成的印象有升华为激情和道德的可能。在卢梭看来,如果不经历自我意志的斗争,美德如何配得上这一称呼?"只有当深刻而持久的印象在灵魂深处绵延不绝并超越了感觉时,或当意志在其他动机的驱使下抗拒快乐或同意痛苦时,它们才能产生激情,有时甚至是美德;但这种意志必须始终存在于行为中,因为如果更强烈的感觉最终使人同意,那么所有抗拒的道德性都会消失,行为本身及其效果又会变得与完全同意的行为完全一样。"[3]这样一来,卢梭将感觉拉回到人与动物共有的生命体本能的同时,又使之脱离了被动的状态。

---

[1] Macleod, Jock. "Rousseau and the Epistemology of 'Sentiment'". *Journal of European Studies*. 17.2 (1987): 118.

[2] (美)马斯特著,胡光建、黄涛、王玉峰译:《卢梭的政治哲学》,第56—57页。

[3] O.C., I, 1165—1166。此处引文出自《遐思录》的草稿,其由来如下:卢梭死后,吉拉尔丹侯爵(le marquis de Girardin)在他的遗物中发现了27张扑克牌,他将这些扑克牌寄给或送给了杜佩鲁(Du Peyrou)。这些卡片现存于纳沙泰尔图书馆。这些笔记或用墨水或铅笔书写,或用铅笔蘸墨水书写。它们有时难以辨认,因为铅笔线条变得越来越淡。可以推测它们是卢梭在散步时所作。除了其中两张记有与《忏悔录》相关片段的卡片之外,这些"卢梭纸牌笔记"中的大部分也因此被视为《遐思录》的草稿。它们在19世纪已由不同的出版社出版。O.C., I, 1860, note1。

从个体生命的角度来说,《论不平等》中双脚行走并眺望远方的野蛮人以成年人的群体面貌生活在自然状态中,相比之下,《爱弥儿》中描绘的初生婴儿具备感觉的能力回溯至个体更原初的起点。卢梭与孔狄亚克不同之处在于,他并未忽略时间的效用,婴幼儿的感官需要一定时间的生长发育和锻炼才能逐步完善。① 卢梭并非感觉至上者,他谈论感觉的重点不在于对客体的感知,而是主体自身的天性禀赋。他宣称婴儿最初只拥有快乐和痛苦的感发性感觉(sensations affectives),因为初生的婴儿没有自主行动能力,他们需要很长时间才能在物体的反复出现中达到不基于感官刺激的感觉印象再现。② 按照卢梭的界定,人初生时的感觉能力指人能够感受到外界影响造成的印象。原初的感觉本身是被动的,相应做出的反应与动物条件反射式的本能反应无异。人展现自身主动性的关键是对自身感觉的意识,唯有意识到某些感觉归属自身,才会生发出亲近或逃避那些令感觉产生之物的自然倾向。婴幼儿何时开始意识到自我?"他活着,但意识不到他自己的生命。"③卢梭用奥维德《哀歌》中这句话结束了对爱弥儿两岁以前的婴幼儿生命阶段的描述。在接下来的儿童期,我们看到孩子的自我意识是随着语言的发展而产生的。

三、儿童的感性理解力与知性理性

当明确了被动的器质感受力是儿童诸能力的开端,接下来需探究感觉如何成为能动的精神感受力的基础?爱弥儿进入人生的第二个阶段后对外物的感觉发生了怎样的变化?④ 如何理解 2—12 岁这一阶段孩子的心智水平呢?从这一阶段的教育目标可见,爱弥儿旨在通过身体感官的锻炼来"学习认识事物同自身之间的种种可感觉到的关系"⑤。这一目标包含了三个要素,这一阶段的学习需以儿童的自我认知生成为前提条件,锻炼身体感官为主要内容及感性理解力

---

① 李平沤:《如歌的教育历程 卢梭〈爱弥儿〉如是说》,济南:山东人民出版社,2021,第 78 页。
② 《爱弥儿》,第 54 页。
③ 《爱弥儿》,第 76 页。
④ 《爱弥儿》,第 77—233 页。人的第二个阶段指的是 2—12 岁的儿童期。
⑤ 《爱弥儿》,第 164 页。

的培养为目的。再结合《爱弥儿》第二卷末的相关总结,卢梭声称他的学生已经走过了"感觉的国度"(les pays de la sensations),进入到"孩子特有的理智(la raison puéril)的边界",他跨出这一边界之后便迈出归为下一阶段的成人步伐了。①

儿童在这一时期首先发展起来的是他们的记忆力。此时儿童记忆力的发展让他们形成了对自我身份的同一性认知。"在这个时候,他也意识到了他自己。记忆力使自我同一性的感觉(le sentiment de l'identité)延续到他一生的每一个时刻;他真正地成为一个人,成为他自己,因此,他已经有为福还是为祸的能力了。应该从这里开始把他看作一个道德的存在(un être moral)了。"②自此,孩子能够意识到那些激发"我的"感觉的事物与"我"有关。其次,卢梭认为良好的体格是人类理解力生成的根基,对四肢和眼、耳、鼻、舌等各种感官的锻炼是此时儿童学习的重点。进而在身心康健的基础上,儿童开始具备一些超出直接感觉之外的能力,主要是记忆力和理解力。

关于孩子的记忆力和理解力,卢梭曾专门用一条注释提醒读者勿受限于他看似循环且矛盾的语言表达,需结合上下文厘清他的真正意图。③ 比如,作者一方面说儿童只能接受并记忆事物的形象等感性印象,对事物的理解也停留于感觉层面,目前还无法理解抽象的观念;另一方面则认为儿童能够理解"一切同他们眼前可以感觉得到的利益(intérêt présent et sensible)有关的事物"④。这两方面并不矛盾,恰好揭示了儿童特有的"感性的理解力(raisonnement sensibles)"⑤的特点,即孩子只能够理解事物中与自身相关的可感觉的关系。此时,相互交织的记忆与理解的共同发展仍受限于被动的感知力,它们在准备将来给判断力提供适宜的养料。⑥ 与婴幼儿相比,儿童对物的反应倾向有何不同? 如果说婴幼儿受外物刺激产生的反应是一种源于自爱倾向的近乎本能的条件反射,那么,初具自我意识的儿童则会因所感对象是否于己方便适宜表现出他们的好恶。

---

① 《爱弥儿》,第 223 页。
② 《爱弥儿》,第 80 页。
③ 《爱弥儿》,注释 1,第 134 页。
④ 《爱弥儿》,第 134 页。
⑤ 《爱弥儿》,第 165 页。
⑥ 《爱弥儿》,第 142 页。

从卢梭对感觉与判断的区分可见,服从自然的"主动的存在"是能够进行反思和判断的存在者。① 主动的存在者并不是简单机械地接收某些感觉,而是能够自由地反思并对比诸感觉间的关系。因此,由反思和判断构成的主动原则最终确立了人的自由。儿童在感觉的基础上逐渐形成特有的感性理解力,即一种感性的理性。② 我们需在此区分孩子特有的理解力与成年人理性能力的不同。按说儿童是没有理性的,因为童年被卢梭称为"理性的睡眠",但在《爱弥儿》第二、第三卷中却出现了对儿童理性的阐述。③ 在人的诸能力中,理性是其他官能的综合体,因而相对是最难且最晚形成的能力。④

儿童的理性是如何生成的呢?卢梭将人的理性发展分为感觉理性和知性理性两个阶段。"由于所有一切都是通过人的感官而进入人的头脑的,所以人的最初的理性是一种感觉的理性,正是有了这种感觉理性做基础,知性理性才得以形成,所以说,我们最初的哲学老师是我们的脚、我们的手和我们的眼睛。"⑤正是在这些简单观念的层面上,感觉理性得到了发挥。知性理性随着知觉或所谓的观念的出现而产生。与简单的感觉不同,知觉涉及一种积极的判断;说这种判断是积极的,是因为它决定了感觉所不能决定的关系,因为它并不简单地断言我们感觉到了什么。也正因为如此,判断才会游移不定。儿童具备的感觉理性介于感觉与知性理性之间,此时具备的观念被称为"可感的观念(idée sensible)"。⑥ 可见,已经是个大孩子的爱弥儿能够判断同时或次第发生的几种感觉,对此拥有以感觉为基础的可感觉的观念。相比较之下,抽象的观念既不需以感觉为前提,也没有直接对应的可直接感觉的对象。这一"可感觉的观念"是从纯粹感觉迈向抽象观念之间的过渡环节。

卢梭对这两个阶段的定义如下:感觉理性是把几种感觉组合成简单的观念;而知性理性能将几个简单的观念组合成复杂的观念。⑦ 复杂观念由简单观念组

---

① 《爱弥儿》,第422页、第452页。
② 《爱弥儿》,第77—233页。人的第二个阶段指的是2—12岁的儿童期。
③ 《爱弥儿》,第132页。
④ 《爱弥儿》,第100页。
⑤ 《爱弥儿》,第165—166页。
⑥ 《爱弥儿》,第242页。
⑦ 《爱弥儿》,第223页。

合而成,简单观念则来源于感觉。"我们的学生起初是只有感觉,而现在则有了观念了;起初是只用感官去感觉,而现在能进行判断了。因为,从连续发生的或同时发生的几种感觉的比较中,以及对这些感觉所作的判断中,可以产生一种混合的或符合的感觉,我把这种感觉称为观念。"①按照这一逻辑,观念本质上仅仅是感觉吗?卢梭的答案是否定的。他对观念中包含的判断做出主动与被动之分。"简单的观念只是由感觉的互相比较而产生的。在简单的感觉以及在复合的感觉(我称它为简单的观念)中,是包含着判断的。从感觉中产生的判断完全是被动的,它只能断定我们所感触的东西给予我们的感觉。从知觉或观念中产生的判断是主动的,它要进行综合和比较,它要断定感官所不能断定的关系。"②主动的判断意味着观念不能被还原为被动的感觉。

如果说感觉能力以视觉、嗅觉等五种感官为自然基础,那么理性能力则对应人的"第六个感觉"(或"共通的感觉")。"我把这第六个感觉称为共通的感觉,其所以这样称法,并不是因为人人有这种感觉,而是因为它是由其他感觉很好地配合使用而产生的,是因为它能通过事物的种种外形的综合而使我们知道事物的性质。因此,这第六个感觉并没有一个单独的器官,它只是存在于人的头脑里;这种感觉完全是内在的,我们可以称它为'知觉'或'观念'。……我们所谓的人的智力,就是把这种观念互相加以比较的艺术。"③早在《爱弥儿》第二卷末尾处,卢梭就提到"第六个感觉"将在童年的最后阶段开始发展。共通感觉在其他感觉的配合作用下产生,并无单独对应的器官,这也被卢梭称为"知觉(perceptions)"或"观念"。④ 儿童产生的观念有何特点呢?结合儿童的身心发展水平来看,由于感觉的对象无法直接变为抽象思维的对象,在最初的思想活动中仍完全以感觉为指导。⑤ 对此,卢梭曾专门用一条注释提醒读者勿受限于他看似循环且矛盾的语言表达,需结合上下文理解他的用意。⑥ 比如,作者一方面说儿童只能接受并记忆事物的形象等感性印象,对事物的理解也停留于感觉层面,目

---

① 《爱弥儿》,第 304 页。
② 《爱弥儿》,第 304 页。
③ 《爱弥儿》,第 223 页。
④ 《爱弥儿》,第 223 页。
⑤ 《爱弥儿》,第 239 页。
⑥ 《爱弥儿》,注释 1,第 134 页。

前还无法理解抽象的观念；另一方面则认为儿童能够理解"一切同他们眼前可以感觉得到的利益（intérêt présent et sensible））有关的事物"①。这两方面并不矛盾，恰好揭示了儿童特有的"感觉理性"的特点，即孩子只能够理解事物中与自身相关的那些可感觉的关系。②

较大的孩子在以实物为对象的观察学习中，一方面逐渐超越感官经验的范围，开始形成"可感觉的观念"（idée sensible）；另一方面又并未脱离亲身感觉的领域，因为只有有形的、物质的东西才能引起孩子的兴趣。"在最初的思想的活动中，完全是以感觉为指导的。"③卢梭如何从教育的角度来描绘这一观念的界限呢？感觉既是它产生的基础，又是其限度。比如，在爱弥儿学习地理时，他对自然美的欣赏建立在已有的人生经验之上，无法企及老师所达到的情感深度。"自然的景色的生命，是存在于人的心中的，要理解它，就需要对它有所感受。……要能感受所有这些感觉综合起来的印象，就需要有一种他迄今还没有取得的经验，就需要有一些他迄今还没有感受过的情感。"④可见，"可感觉的观念"是从纯粹感觉迈向抽象观念之间的过渡环节。卢梭摒弃了存在某种内在感官的说法，将知觉判断建立在诸感觉的复合作用之上，至于知觉的对象范围，也不限于审美和道德评判。

我们当如何把握儿童理性的特点及其与成人理性的差异呢？我们联想到卢梭在《道德书简》第三封信中对五官的生动比喻。"如果你愿意，这就是五扇窗户，我们的灵魂希望通过它们获得一些日光，但窗户很小，玻璃很暗，墙很厚，房子的采光很差。"⑤与理性相似，想象力也是一种晚于感受力显现的潜在能力。不仅仅在儿童教育阶段中，卢梭对想象力的重视几乎贯穿了爱弥儿的全部成长历程。想象力不仅是所有能力中最活跃的，还能激发或者说唤醒别的能力。⑥不过，想象力在人的成长过程发挥着或积极或消极的不同作用。卢梭自然也看到了想象力的脆弱性和有限性，但他更看重其在理性无法企及的认知领域中的

---

① 《爱弥儿》，第134页。
② 《爱弥儿》，第165页。
③ 《爱弥儿》，第239页。
④ 《爱弥儿》，第240—241页。
⑤ O.C., IV, 1092.
⑥ 《爱弥儿》，第83页。

优势。想象力在情感的驱动下为人类无法解答的问题提供了充满希望与美的假设或猜想,比如在信仰领域。

至此,卢梭呈现了一幅怎样的儿童天性发展画卷?感受力是人出生后最先显性化的能力,其余诸能力禀赋随着人的年龄增长逐渐从潜藏状态转化为现实。人的能力随着年龄增长逐渐扩展,12岁以前孩子的力量与欲望在整体上是平衡的,所以成人无须限制儿童的行动自由。洛克要求儿童从摇篮时期起就习惯于抑制自己的欲望,卢梭不认为儿童的欲望是不合理的,但要防止自然的欲望退化为人为的欲望。"我们用来束缚他的,不是他不能理解的社会的法律,而是需要。现在,他仍然是一个自然人,我们要继续这样看待他。"① 直至童年的最后一个时期,体力的增长才会相对超过儿童的需要。② 儿童虽然产生了初步的自我意识,但尚未觉醒的性意识没有让他关注到自己的同类,他人的观点与意见对儿童的自我觉知也没有任何影响。儿童仍是一个单纯的主体,还谈不上道德。当爱弥儿脱离了孩子的状态,感官和智力都得到充分锻炼之后,也即将迈入"用情感来使理性臻于完善"的青少年时期。③

卢梭出于对人性的爱,不仅看到了个体的鲜活生动,也看到了人在不同年龄段的身心差异。其另一部著作《于丽》在集中讨论孩子教育问题的信中,于丽分享自己找到了一条新的和可靠的道路,可以使孩子自由、和平、亲切且听话。"这是由一个非常简单的方法达到的:那便是使他相信,他只不过是个孩子。"④ 这封信中的另一句话恰巧适合作为本章探讨《爱弥儿》中儿童天性问题的结束:"每个人生下来时,除了共同的人的结构之外,各有特殊的气质,它决定着他的体质和性格;问题不在改变或抑制它们而在于培养和完善它们。"⑤

---

① 《爱弥儿》,第275页。
② 《爱弥儿》,第234页。
③ 《爱弥儿》,第304页。人的第四个阶段是15—20岁的青少年时期。
④ 《于丽》,第651页。
⑤ 《于丽》,第644页。

第三章　同情、良心与趣味：道德的人

"我们可以说是诞生过两次：一次是为了生存(exister)，另一次是为了生活(vivre)；一次是为了种族(l'espèce)的繁衍，另一次是为了自己的性别(le sexe)。"① 卢梭不仅将青春期性特征的出现看作人的"第二次诞生"，也以此为标志将《爱弥儿》一书划分为前后两大部分。在被笼统划定为童年时期的前三卷中，讲述了作为肉体感性存在的爱弥儿如何在与物的关系中成长为单纯自足的自然人；后两卷则描绘了作为道德的主体如何在与人的关系中学习成为社会人。

在此期间，适合男女不同性别的教育不同，而此前童年的教育是适合所有人的。情感、道德、信仰和趣味的培育成为青春期教育的主要内容。我们尝试将作为卢梭教育依据的人性生长脉络从中剥离出来。"在发展他的天性的时候，我们要减缓他的感受力的成长，要采取培养理性的办法去控制它。理智的对象减弱了感觉的对象的印象。在追溯事物原理的过程中，我们要使他摆脱感官的支配，从而就易于使他从研究自然进而去寻求自然的创造者。"② 人的体格和精神成长的进度不同，童年阶段体质的发展总是先于精神。到了青春期，随着依托感官发育的感觉教育的完成，卢梭采用信仰教育的形式来培育爱弥儿日渐增长的感受力和理性。这一时期的感受力将会发生怎样的突破性变化呢？"只要他的感受力对他个人还受到限制的话，他的行为就没有什么道德的意义；只有在他的感受力开始超出他个人的时候，他才首先有觉知，而后有善恶的观念，从而使他真正成为一个大人，成为一个构成人类的必要的部分。"③ 感觉力概念在《爱弥儿》中最初指的是人自出生后即具备的凭借身体感官对外物的感觉能力。以感

---

① 《爱弥儿》，第 315 页。
② 《爱弥儿》，第 503 页。
③ 《爱弥儿》，第 331 页。

受力的发展限度为线索,从尚无自我意识的婴儿时期,到以"我的"感官感觉为中心的儿童阶段,再到对同类产生兴趣的青春期,情感和道德才真正开始萌芽。

一、以性成熟为起始标志的青春期

《爱弥儿》第四卷以性激情的日益增长开启青少年教育的篇章。① 根据卢梭对自然人孤独生活的刻画,人天生并没有社会交往的倾向或需求。卢梭为了完成爱弥儿从自然人到社会人的转化,找到了人与人建立一种真正关系的可能——以爱为基础。② 于是,作为爱之起点的性欲望成为连接自我与他人的自然始基。性欲望在《论不平等》的自然状态中止于近似动物的原始本能,而在《爱弥儿》的社会状态中则是青春期情感的起点。文明社会中的性从一开始就超越了难以自控的本能。③ 性不仅在人与他人的关系中扮演着重要角色,也在个人自我教养中不可或缺。性的激情同时也是个人成长为道德主体的源头。④

在不可遏止的性激情干扰下,青少年如何才能按照天性倾向自我发展呢?性教育的出发点在于尽可能延缓这一教育的时机并在学生亲身实践前接受恰当的引导。当青春期到来后,导师引导学生用情感去约束想象力,避免日后成为情欲的奴隶。情感教育与智性知识或技能的学习不同,爱只能被感觉,摆出权威姿态的说教可能是情感教育中最不恰当的方式之一。

卢梭认为,只有尽量避免如虚荣等出于比较心理的情感,才可能激发并保持天性最初的活动。他通过假设两个学生的不同学习经历来印证自己的观点,认为爱弥儿应从底层人民凄凉的景象而非物欲横流的上流社会中领悟自身的幸福。⑤ 他还列举了一些具体的教育措施,比如避免刺激青年人的感官,遏制并转移他们的想象力和远离大城市生活等,意在通过对环境的拣择达到情感的教育目标。这一时期教育的主要关切是性的成熟与自然情感的培育。

在人性的发展图谱上,青少年时期内在禀赋的关键词是激情与道德。良性

---

① 《爱弥儿》,第316页。
② (美)阿兰·布鲁姆著;胡辛凯译:《爱的设计》,北京:华夏出版社,2017,第209页。
③ 《爱弥儿》,第581页。
④ (美)阿兰·布鲁姆著;胡辛凯译:《爱的设计》,第39页。
⑤ 《爱弥儿》,第348页。

的激情是道德觉知的自然前提,道德始源于对善的爱。我们先厘清激情的生发及演化脉络,再进一步考察人如何成为道德的主体。

二、以自私为关键转折的激情谱系

卢梭在《爱弥儿》第四卷开篇指出,性成熟及性意识的觉醒是青春期诸多激情产生的自然契机,并回顾了以自爱(amour de soi)为源头的激情在人出生后的演变。进入青春期之前的爱弥儿对自我的看法完全来源于自身以及与物的关系,当性成熟促使他开始关注他人后,他人对自我的看法内化为自己的认知。无论爱弥儿是否意识到这一点,这都使他不由自主地产生了取悦他人的欲望,并努力以能得到公众尊重的方式去呈现自己。这种并非源自自身的自我觉知被卢梭称为自爱的异化——"自私"(amour-propre)。

我们暂且搁置青春期的身心发展特点,从人的整体角度来审视激情。激情(les passions)是《爱弥儿》乃至卢梭思想整体中的重要概念之一,仅《爱弥儿》一书就有近两百处提及它。①《爱弥儿》中没有出现激情概念的定义或对诸激情现状的描绘,而是通过回溯激情的源头及变化来展示人的天性是如何在成长过程被改变的。"我们的种种激情的发源,所有一切激情的本源,唯一同人一起产生而且终生不离的根本激情,是自爱(amour de soi)。"②卢梭区分自然的和非自然的激情的标准在于激情的来源:它们来自人的天性还是外界的偏见影响。从这一区分可知,人的现有激情中并非都是自然的,甚至大多数是非自然的。卢梭认为倾向于自我保存和追求幸福的自爱是自然的,因此,我们不该妄图去除人的激情或阻止其产生。反之,人们需要警惕那些来自天性之外的激情对人的奴役。自私(amour-propre),这一与自爱密切相关的概念在此正式出现。③

自爱在后天形成的激情海流中是如何变得几近不可辨的呢?"激情"一词首次出现在《爱弥儿》第一卷的婴幼儿养育方式中。当成年人要求只会啼哭的婴幼儿服从自己意志的同时,就已经在孩子心中种下权势和奴役的观念。"人

---

① 《爱弥儿》正文及作者原注释部分共有191处提到passion(s)。
② 《爱弥儿》,第318页。
③ 《爱弥儿》,第322页。

们就是这样很早地把这些情绪(les passions)①灌入他幼小的心灵,可是以后又推说那是天性,费了许多气力把孩子教坏之后,又抱怨他成了这样的人。"②这一描述包含了两点:一是卢梭运用"激情"一词时带有的消极意蕴;二是以此说明孩子的天性从何时开始偏离自然。关于第一点,法文词"passion"的词源本身就包含了忍受痛苦之义,卢梭也常用它来表达负面的情绪、欲念或情感。③ 但我们注意到,他区分自然的和后天得来的激情时,在给予自然激情全然的肯定之余,贬斥那些受偏见等后天影响的激情。至于第二点,此处指的是成年人的不良情绪被施加于儿童身上,导致后者的性情发生偏离自然的变化。

从天性自然发展的角度来看,孩子最初的觉知倾向是出于自爱心而爱自己和身边亲近的人。自爱是唯一原始的情感,所有其他情感都源于它。自爱的人如何学会爱他人?孩子对于养育者从本能的习惯性依恋到爱的情感的转变,其中的关键是孩子感受到了对方对自己的爱。④ 人出生后最初的反应完全基于感官感受,而察觉他人意图与己相关,则需孩子能辨别哪些是"我的"或"与我有关的"对象。反过来,卢梭认为未经节制的激情也会损害身体的健康⑤,比如会败坏保姆的乳汁。⑥ 因此,康健的感受力和自我观念是激情产生的自然基础。⑦ 卢梭在详述儿童感官教育的《爱弥儿》第二卷中唯一提及的儿童特有的激情是与

---

① 此处原中译文将 les passions 译为"情绪",很贴切,故保留。就《爱弥儿》第一卷来说,作为养育者带给孩子的影响,"les passions"的含义更贴近"情绪"一词。除了此处之外,该词其他几处中译均为"欲望",与 desir(欲望)未区分开来。为保持概念译名的一致性,除专门注释说明的个别地方,该词均译为"激情"。

② 《爱弥儿》,第28页。在《爱弥儿》卷二中,卢梭也提到类似观点,抱怨成年人将负面的激情(情绪)过早地带给了孩子,见《爱弥儿》,第96页、第104页。

③ 法语词 passion 的词根 pass 来自拉丁语 pati,意为"忍受,承受";该词对应拉丁文词 passĭo,最早指耶稣被钉在十字架上身体所遭受的痛苦,后引申词义为强烈的激情、感情、情欲和渴望等。参见 P. Robert. Dictionnaire Alphabétique et Analogique de la Langue Française: Le Petit Robert[M]. 2 vols. Paris: Société du Nouveau Littré, 1982.

④ 《爱弥儿》,第319页。

⑤ 《爱弥儿》,第38页。中译本第一卷中提及 passions 的几处均译为"欲望"。

⑥ 《爱弥儿》,第44页。

⑦ 《爱弥儿》,第330页。

味觉相关的贪食。① 贪食是一种无害的具有年龄特征的激情,长大后自然会消失,并不会激发其他奴役人心的有害激情。从中推出,卢梭并不否定儿童的天然激情的合理性,且儿童身上尚未出现以自私为典型的不良激情。在描绘童年最后阶段的《爱弥儿》第三卷中,卢梭不止一次强调激情将至,爱弥儿内心的宁静很快会被打破。② 对此,他给出的其中一个理由是儿童的想象力还不活跃。③

随后,在激情真正出现的青春期到来时,性成熟成为触发其他激情的契机。卢梭之所以重视青少年性成熟的时刻,是因为他认为青春期的性冲动首次将人的注意力从自身转向他人,从而建立起人与人之间的第一个自然联系。从情感萌动的那一刻起,即使仍旧单身,年轻的心却因为有了情感寄托而不再孤独。对异性伴侣的渴望,使得爱弥儿作为一个孤独自然人的个人历史就此终结。

卢梭在《爱弥儿》第四卷中意欲揭示激情的自然次序。性的激情首先衍生出两种与他人相关的情感:友爱(l'amitié)与爱情(l'amour)。"经过细心培养的青年人易于感受的第一个情感,不是爱情而是友谊。他日益成长的想象力首先使他想到他有一些同类,人类对他的影响早于性对他的影响。"④青少年产生的第一个激情是对异性的性冲动,而第一种情感是友爱。卢梭将这一友善的情感称为同情(la pitié)。⑤ 卢梭的同情概念以对自我的觉知为根基,准确说源自自爱,但产生同情的自爱早已不是人初生时的本能倾向,毋宁说是作为自我教养目标的那个更高的自我。他在《论不平等》中将同情描绘为与自爱并行的原初情感,但在《爱弥儿》中则是依托于想象力而生。人的智慧一旦发展起来,就能体验到这种怜悯之情。但这种感觉之所以会在人的意识中产生,是因为这个世界充满了苦难,所有这些都揭示了人与人之间赤裸裸的平等。怜悯意味着对人的敏感天性的同一性的认识。"只有在用各种各样的方法对他的天性进行了培养之后,只有在他对他自己的情感和他所见到的别人的情感经过反复地研究之后,他才能把他个人的观念归纳为人类这个抽象的观念,他才能在个人的爱之外再

---

① 《爱弥儿》,第 213 页。
② 《爱弥儿》,第 246、275、314 页。
③ 《爱弥儿》,第 221 页。
④ 《爱弥儿》,第 332 页。
⑤ 《爱弥儿》,第 337 页。

产生使他和整个人类视同一体的爱。"①

正是在理性和同情的作用下,自爱成为人的美德的根源。相比之下,专属于人的自私是在社会状态中产生的一种相对觉知。自私的实质是人期望别人能够爱自己多于其自身。但自私也不全然是消极的,它同时也是荣誉感的来源。卢梭强调孩子心中本无自私的根源,而青年人无需外界影响,性觉醒会让他们自发地关注他人,并生出其他的激情。②

在上述激情的谱系中,自爱与自私的内涵及其内在关联一直是卢梭思想研究的重点及难点之一。卢梭关于自爱与自私的论述主要见于《论不平等》《爱弥儿》和《对话录》。③ 卢梭在《论不平等》中一开始就指明人心灵的两个原初动力是关心自身生存及幸福的自爱心和对同类的怜悯心,并对自爱和自私这两种自我的情感做出区分。④《论不平等》中的同情被视为一种自然的感情。但怜悯如同自私,是在人将自己与同胞比较时产生的。所以,当卢梭说自私并不存在于自然状态中时,怜悯亦如是。前者是自然的情感,且有可能成为仁慈和美德的根源;而后者这一相对的人为情感,则是激发人的恶与荣誉心的根源。这与《对话录》中的相关表述一致。原初的、绝对的自爱蕴于心灵的本性之中,这一温和的激情只朝向人的幸福,具有自我完善及自足的潜能;当自爱遇阻变为相对的自私之后,这一消极的激情只会从别人的不幸中得到满足。⑤ 结合卢梭早晚期的这两部作品来看,我们可以初步断定作者对自爱与自私的大致看法和态度。

自爱是如何在后天环境下发展为与他人相关的社会性情感的呢?自爱最初只是一种本能,由本能的依恋或厌恶变为爱或恨的情感取决于对方对我们的意图。"为了保持我们的生存,我们必须要爱自己,我们爱自己要胜过爱其他一切的东西;从这种情感中将直接产生这样一个结果:我们也同时爱保持我们生存的人……使这种本能变为情感,使依依不舍之情变为爱,使厌恶变为憎恨的,是对

---

① 《爱弥儿》,第 356 页。

② 《爱弥儿》,第 322 页。

③ 《论不平等》,第 40、75、160 页;《爱弥儿》,卷一、卷二和卷四;《对话录》,第 5 页;参见 Œuvres completes Ⅲ, note 1, p.1298.

④ (美)普拉特纳等著;尚新建,余灵灵译:《卢梭的自然状态》,北京:华夏出版社,2008,第 74 页。另,关于自爱与自恋的区分的二手研究文献,更多参见 O.C., Ⅲ, note 1, p.1376.

⑤ 《对话录》,第 5 页。

方所表示的有害于或有益于我们生存的意图。"①随着孩子的需要和对他人的依赖逐步增加,生出要求别人爱我比爱他(她)自己更多的自私心,人人生而具有的自爱心又与它相矛盾。"自爱心所涉及的只是我们自己,所以当我们真正的需要得到满足的时候,我们就会感到满意;然而自私心则促使我们同他人进行比较,所以从来没有而且永远也不会有满意的时候,因为当它使我们顾自己而不顾别人的时候,还硬要别人先关心我们然后才关心他们自身,这是办不到的。"②作为自然人的爱弥儿同他人的联系何时产生?是在当他不愿再孤独时。青年人情感的变化具体体现在青春期典型的两性之爱中。卢梭认为异性之爱,即对伴侣的渴求是人的第一个激情。③

在辨析自爱与自私之前,我们需要区别的是性吸引力与爱的不同。前者属于人的天性冲动,而后者则包含比较判断之后的尊重。在自然状态中,自然人眼中的异性并无差别,这不算是爱;对社会人而言,爱具有排他性,除了所爱的对象,不会关注到其他异性。"在没有任何道德观和审美观的男人看来,所有的妇女都同样是很好的,他所遇到的头一个女人在他看来总是最可爱的。爱不仅不是由自然产生的,而且它还限制着自然的欲念的发展;正是由于它,除了被爱的对象以外,这种性别的人对另一种性别的人才满不在乎。"④类似的观点更详尽地表述于《论不平等》和《于丽》中。

前文曾提及自私萌发自孩子对养育者的爱的需求,要求对方爱自己胜过其自身。如今,爱弥儿进入青春期,在一个成年人的情感中,自爱是在何处变为自私的呢?当爱弥儿开始关注自己的同伴时,不自觉地比较促生一种驱动自我完善并期望自己优于他人的自尊心(amour-propre)⑤。"因此,他向那些同他相似的人投下的第一道目光,将使他把他自己同他们加以比较;这样一比,首先就会刺激他产生一种处处要占第一的心。由自爱变成自私的关键就在这里,因自私

---

① 《爱弥儿》,第 318—319 页。
② 《爱弥儿》,第 320 页。
③ 《爱弥儿》,第 321 页。
④ 《爱弥儿》,第 321 页。
⑤ amour-propre 一词在卢梭思想中内涵丰富,很多细微的区别需依据上下文来把握,在卢梭著作的中文译著中,此词被译作自私、自尊或自负等。

而产生的种种感情也就是在这里开始出现的。"①自尊心的延展和丰富取决于人的自我定位,以及采取何种达到自我预期的方式。自负与骄傲便由自尊衍生而来。

爱弥儿通过比较看到旁人的不自由和自身的幸运本是好事,但很容易因此生出高人一等的自负心。这样的自负无异于是一种自欺,值得引以为傲的只有自身的美德。如果爱弥儿能够意识到自己的想法和境况都是学习的成果,那么自然不会有相对于他人的天然的优越感。可以推断,自私如自爱一样也是相对的情感,可能变得更好或者更坏。

然而,卢梭在《爱弥儿》中对自爱与自私的划分不像上述这般泾渭分明。第一,他似乎对自私进行了广义的和狭义的区分。"人天生的唯一无二的欲念(passion)是自爱,也就是从广义上说的自私。"②他在《爱弥儿》第二卷中将自爱等同于广义上的自私,隐含之义则是自爱包含了狭义的自私但不限于此。狭义的自私的界定出现《爱弥儿》第四卷中,与其他著作中的自私含义极为接近。"自爱所涉及的只是我们自己,所以当我们真正的需要得到满足的时候,我们就会感到满意;然而自私则促使我们同他人进行比较,所以从来没有而且永远也不会有满意的时候,因为当它使我们顾自己而不顾别人的时候,还硬要别人先关心我们然后才关心他们自身,这是办不到的。可见,敦厚温和的性情是产生于自爱,而偏执妒忌的性情是产生于自私。"③这也就引出了第二点争议之处:自私究竟是自然的还是人为的激情?按照前文中卢梭对自爱和自私的区分来看,自私无疑是人为的情感。④ 然而,《爱弥儿》第三卷末说爱弥儿心地自由而不受激情的影响,因为最初且最自然的激情——"自私"还没有在他心中出现。这一"自私"指的应是在与人比较中产生的狭义自私。原因有二:一是人人生而具备自爱心,且与人终生不离;二是此处强调十五岁的爱弥儿仍是一个尚未与他人打交道的孤独自然人。关于自私的自然性问题,虽然我们看到《爱弥儿》中卢梭文字表述上存在的矛盾,但并不因此轻易否定其思想的一致性,这留待后文再述。目

---

① 《爱弥儿》,第360页。
② 《爱弥儿》,第105页。
③ 《爱弥儿》,第320页。
④ 《论不平等》,第160页。

前可断定的是,自爱在作为人的原初心灵本能这一点上具有绝对性,但并非一成不变,由此蜕变而来的自私产生于自我与他人的比较。这也说明为何以自爱为源起的诸激情会成为青少年时期的教育重点之一,因为爱弥儿到了关注他人并走入社会的年纪。

三、自爱的延伸:同情

自爱是一种绝对的情感,自私就由它演变而来。除了天生的占有欲,卢梭认为爱是相互的,爱人者都渴望得到对方的爱。为了得到爱,想要变成更好的人,自然就生出与他人的比较心,也因此难免受到别人偏见的影响。那么,道德的情感是如何从性的冲动中产生的呢?卢梭认为关键在于感受能力超出自我的范围,先滋生出情感,而后才会有善恶的道德观念。虽然前文提及两性之爱是青春期心灵萌发的第一个激情,但从情感对自身的影响上看,友情的发生先于爱情。"经过细心培养的青年人易于感受的第一个情感,不是爱情而是友谊。他日益成长的想象力首先使他想到他有一些同类,人类对他的影响早于性对他的影响。"①

卢梭将人对同类的爱称为同情(la pitié)。人为何会对同类产生同情的心理呢?他认为我们爱自己的同类,不是因为我们感受到他们的快乐,而是因为感受到了共同的痛苦。人一开始只懂得自己的痛苦,却不能想象别人的感觉。当青春期的想象力开始活跃时,才可能暂忘自我,感受到他人的痛苦,继而产生怜悯之心。"同情,这个按照自然秩序第一个触动人心的相对的情感,就是这样产生的。……因此,任何人都只有在他的想象力已开始活跃,能使他忘掉自己,他才能成为一个有感情的人。"②在《爱弥儿》第四卷中,卢梭用不少的篇幅专门阐释了关于同情的三个原理。它们不仅体现了卢梭对人之共性的假设,也揭示了人类同情心的基本前提。

关于同情的第一条原理限定了同情的对象范围。"人在心中设身处地地想

---

① 《爱弥儿》,第 332 页。
② 《爱弥儿》,第 337 页。

到的,不是那些比我们更幸福的人,而只是那些比我们更可同情的人。"①具体而言,如何确定哪些是比自己更可怜或悲惨的人? 谁值得我们同情呢? 卢梭在此将富人与贫苦农民进行对比,从教育的角度认为,看似生活优渥的前者更应得到爱弥儿的同情。卢梭如此教育爱弥儿的理由是基于对二者人性状况的判断。农民的生活虽清贫但独立平和,不依赖他人的馈赠或施舍为生;富人生活的可鄙可怜之处在于,他们的表面富足和需求的满足完全是通过剥削和支配穷人得到的。这一条原理不仅仅指出人们的同情对象,更从人性自足的角度启发爱弥儿如何开辟属于自己的幸福之路,而不仅仅是追随别人的足迹。接下来的第二条原理则符合人一贯的自爱原则,揭示了同情的实质是人为自己有可能遭受的不幸而有感,也因此对正在遭受痛苦的人生出关切之心。"在他人的痛苦中,我们所同情的只是我们认为我们也难免要遭遇的那些痛苦。"②卢梭同样以富人和穷人的对比来阐发这一原理。他通过激发想象力的方式让爱弥儿了解命运无常,余生未必安稳无忧。同情教育的目的之一不是让人怯懦不前,而是心生悲悯与仁爱。最后一条原理充分彰显了卢梭人性思想的情感本质。"我们对他人痛苦的同情程度,不决定于痛苦的数量,而决定于我们为那个遭受痛苦的人所设想的情感。"③卢梭提到富人并不关心他们给穷人带来的痛苦,因为他们竟觉得穷人愚蠢到对此毫无感觉。卢梭对所有人的情感的尊重表明,有着贫富贵贱之分的社会地位不是决定人之为人的标准,不应对社会地位较低者的苦难麻木无感或视若无睹。

上述三条原理中包含了卢梭的一些前设条件:人的命运存在不可控的变动可能性、人与人的平等以及感受和想象痛苦的能力。既然自爱是一切激情的源头,我们试从怜悯与自爱的关联来考量卢梭相关论证的一致性。人对其他人的苦难比对幸福更敏感的原因是作为同类的自己也有遭受同样痛苦的可能。这让我们想起,无论是在《爱弥儿》还是其他作品中,卢梭一向是从免除痛苦的角度来定义人的幸福。感受和忍耐痛苦,曾是儿童时期的学习内容,也是人能与他人共情继而产生同情心的自然基础。从自爱本能来看,比追求幸福更贴己的是避

---

① 《爱弥儿》,第338页。
② 《爱弥儿》,第339页。
③ 《爱弥儿》,第340页。

免承受痛苦。"我们之所以心爱人类,是由于我们有共同的苦难。"①因感同身受而心生怜悯,继而爱人类,皆发乎于自爱之心。但作为同情之源的自爱早已不是人初生时的动物本能倾向,毋宁说是作为自我教养目标的那个更高的自我。

怜悯之情的培育与幸福这一人性根本追求有何联系?卢梭分别列举了传统教育下的学生和自己的学生进入社会后的情况来说明这一点。前一种学生进入上流社会中遇到的浮华场景催生了他的虚荣和欲望,与他人攀比而心生嫉妒,欲望导致内心的匮乏与仇恨,精神最终被折磨得倍加痛苦;而爱弥儿从同情别人开启他的社会之路,在分担他人的痛苦时,反倒珍惜、满足于自身的宁静与幸福。"他同情他们的痛苦,同时又以自己没有遭到他们那种痛苦而感到庆幸。在这种情况下,他觉得他有一股能使我们超越自我的力量,使我们除了为我们自己的幸福以外,还能把多余的精力用之于别人。"②从情感的角度看,什么是人的幸福?享乐嬉闹无法增加人的幸福,只有通过节制享乐,进而使导致痛苦的欲望和烦恼无法产生,内心的安宁恬淡才是真正的幸福。

青春期情感教育的主要任务是激发爱弥儿美好的自然情感,而尽力避免促进那些危险激情的生长。青年内心蓬勃的激情不是教育的障碍,老师只要善加利用它,将是促成这一阶段教育完满的助力。如火焰般的青春激情是青年人的束缚,也是他们与同类产生联结的开始。自然的情感虽是人类共有的天性,但关涉他人的情感总是从个别人开始,从感觉到观念,逐步上升至对群体的爱。对人类的爱不是空洞的观念,而是从爱同伴开始的。"我们终于进入了道德的境界:我们刚刚以成人的步伐走了第二步路。如果现在的时机恰当的话,我就试想指出从心灵的最初的活动中是怎样产生良心的最初呼声的,从爱和恨的情感中是怎样产生善和恶的最初观念的。我将阐明'正义'和'仁慈'不仅不是两个抽象的词,不仅不是由智力所想象出来的纯粹道德的概念,而是经过理性的、启发的、真正的、心灵的爱,是我们原始觉知的循序发展……我只须就我们的天性指出我们的感情和知识的形成次序和进程就够了。"③当良心和善恶观念从爱恨情感中产生,爱弥儿的教育进入了道德的境界。

---

① 《爱弥儿》,第 333 页。

② 《爱弥儿》,第 348 页。

③ 《爱弥儿》,第 359—360 页;O.C., IV, 522—523。

四、朝向善的理性、良心与意志

众所皆知,信仰是铸就价值体系的重要基础之一。每个时代的思想家们都致力于奠立当下对生命的基本理解和信赖。进入公民时代后,基督教仅作为社会意识形态继续存在,而赋予上帝之名新内涵的是资产阶级思想家们的信仰理论,卢梭也位列其中。《爱弥儿》中的信仰教育实则是一种道德觉知的引导性教育,即唤醒内在的良心。该作品借用自白的形式不仅启发爱弥儿对最高存在者的思索,更多的是反观自己作为人类一员的内在道德准则与责任义务。卢梭具有创造性的地方在于,不仅反对传统的理性与情感的对立,还力图将这二者共同构成人类道德行为的自然基础。作为人们心底与生俱来的正义和美德的原则,良心不做判断,而是去感觉。良心的发展不仅与理性并行不悖,还需以后者为前提。本节将着重辨析理性、良心和意志概念的理论内涵及内在展开,以此廓清卢梭道德教育的必要人性基础。

(一)认识善的理性

前文已述,儿童特有的理性能力的发展,本节着重从道德认知角度去分析成年人理性能力的自我发展。理性与情感一样,皆源起于感觉。[①] 卢梭虽然频频赞美良心这一象征道德觉知的内在之音,但不代表他否定理性及其重要性。

首先,我们需要辨别卢梭抨击的不是理性本身,而是对理性的教条化和工具式滥用。在给女性友人苏菲所写的谈论道德的信中,卢梭写下了与同期创作的《爱弥儿》中表述相似但更为清晰的理性定义及其与推理术(l'art de raisonner)的区分。这些被后世称为《道德书简》(Lettres Morales)的书信是卢梭作于1757年日牛前并未正式出版的作品,但其在著述时对公开发表已有了计划,他在第一封信的最后一段所示,希望等待情况允许时,在收信人苏菲的许可下,将这些谈论道德的信件公之于众。[②] 故而,可以看出这些书信被作者仔细编辑及修改过,是卢梭思想研究中的重要文本。"推理术不是理性,它常常是对理性的滥用。理

[①] 《于丽》,第784页;《爱弥儿》,第465页。

[②] O.C., IV, 1786—1787.

性是根据事物的性质和它们与我们的关系适当地安排我们灵魂的所有能力。推理是比较已知真理的艺术,以便组成其他我们不知道的真理,且这种艺术让我们得以发现它们。但它并没有教我们认识这些作为其他真理要素的原始真理,而当我们把我们的观点、激情、偏见置于其中时,推理不但没有启迪我们,反而令我们盲目,它没有提升灵魂,而是削弱了它,破坏了本该由它完善的判断力。"① 从起源来说,人的理性起源于一系列偶然事件的发生,并不是人的天赋能力之一。② 由此可知,理性是一种统筹其他能力的综合性能力,而推理术的运用对人的判断力无益。卢梭力图廓清理性能力的边界,把理性的运用限制在适当的对象和范围之内。从这个角度看,卢梭在《爱弥儿》中呈现的自然宗教观包含了理性的维度。他以理性的名义认识造物主的同时,便摒弃了传统基督教的教义与传统。

其次,卢梭一贯认为理性形成的时机偏晚且发展速度缓慢。他在《致博蒙书》中称理性是"人在后天生成并且是最慢才得到的东西之一……当人们还没走出理智的童年就已经开始衰老死亡了"③。在人的身心发展进程中,虽然儿童时期被视为理性的沉睡期,但卢梭在儿童教育阶段还是提到了作为理性先声的"感觉理性"(la raison sensitive)的形成。这正是"知性理性"(la raison intellectuelle)的基础。④ 儿童产生的观念须以感官感觉为前提,青少年才逐渐具备领会抽象观念的理性能力。与其他能力相比,理性到底是某种晚于其他能力出现的独有能力,还是对同时活动的诸能力的一个复合性称谓?无论是哪一种解释,都容易让人对卢梭的理性概念产生一种错觉:理性仅仅是诸能力发展中的后来者或某种集合性产物。

最后也最重要的是,成年人的理性是怎样趋于完善的呢?《爱弥儿》第一卷中曾提及识别善恶的理性能力是良心得以发展的必要条件⑤,后来良心的出现意味着理性的日趋成熟。一方面,包含良心在内的觉知发展皆以理性洞察力的成熟为前提。此处的"情感"指以感官感觉为基础的喜爱与同情等,而"观念"在

---

① O.C., IV, 1090.
② (美)普拉特纳等著;尚新建,余灵灵译:《卢梭的自然状态》,第65页。
③ 《致博蒙书》,第60—61页。
④ 《爱弥儿》,第165—166页。
⑤ 《爱弥儿》,第63页。

当时的哲学中具有非常广泛的含义,知性观念、感性观念、记忆乃至意识都被纳入这一术语之中。卢梭认为儿时单纯且官能健康的爱弥儿在青年时期必会拥有整全的灵魂和感受力,因为"情感的真实在很大的程度上依赖于观念的正确性"①。这也成为卢梭的感性道德观具有理性内核的证据。另一方面,与崇尚理性原则并看轻感觉的启蒙哲人相反,卢梭认为觉知能够使理性臻于完善。② 在卢梭看来,似乎以情感为底蕴的良心比理性更为单纯而有力。这一神圣本能将引导人进一步认识自己的职责与使命,遂成就道德理性(la raison morale)的成熟。"只有在逐渐培养了理智之后,他才有在社会生活中所需要的才能。"③因此,卢梭认为自然状态中的自然人没有理性,原始人仅凭一种本能就能生活,而社会人则需培养自身的理性,才能在社会中生存。

(二)爱善的良心

卢梭独特的道德觉知理论是以良心(la conscience)概念为核心的。他对良心的呼唤与赞颂最早出现在《论科学与艺术》一书的末尾。"哦,美德!淳朴灵魂的崇高科学啊,为了认识你,难道非得花那么多艰辛和摆设?你的原则不就铭刻在所有人心里?要认识你的法则(tes loi),难道不是反求诸己,在感情沉静下来时谛听自己良知的声音就够了吗?"④

良心概念是卢梭用以表达对善的情感的道德觉知的专门术语。良心在自恋的向外扩展中萌芽,但它的成熟则是在完全脱离了感官和欲望依赖的信仰中。《爱弥儿》"信仰自白"(后文简称"自白")中的萨瓦牧师袒露了自己如何在形而上学的沉思中觉知自我的诸自然禀赋;认识善的理性、爱善的良心和择善而行的意志自由。⑤ 三者构成卢梭道德教育的人性基石,良心以理性为前提,而行善的意志则是良心的自然结果。卢梭笔下作为先天法则的内在情感指的正是良心。良心的呼声是如何出现的呢?良知最初的声音产生自自爱。虽然较早的《于丽》

---

① 《爱弥儿》,第 345 页。
② 《爱弥儿》,第 304 页。
③ 《论不平等》,第 78 页。
④ 《论科学与艺术(笺注版)》,第 73 页。
⑤ 《爱弥儿》,第 465 页。这一说法更早见于《于丽》,第 784 页。"它给了我们理智,以便叫我们认识什么是善;给了我们良心,以便热爱善;给了我们自由意志,以便选择善。"

中多次提到"良心"一词,但都未对这一概念的内涵进行实质性的讨论。

良心与人的智力(l'entendement)的发展同时并行。当感性的印象变成了比较的观念,主动的判断出现了。① 人的理性洞察力(des lumières)的生成主要归功于判断力的发展。② 我们需区分的是,以认知判断为核心的理性和以情感为本质的良心,后者在道德认知萌发前表现为基于觉知事物适宜性而产生的不同情感倾向。卢梭将良心定义为爱善的情感,强化了他以自然情感作为道德基础的观点。为何道德的根基不是理性,而是情感?卢梭给出了他的答案:如果以理性为基础,那么理性推理会阻碍而不是激励人们去行善,因为人们会算计自己的行动是否有利于自身。只有从自爱中衍生出对人的爱,作为道德主体的行动者才可能出现。卢梭的观点是明确的,激情是人行动的本原,而理性不是。人如何才不成为自己欲望与激情的奴隶?对道德的爱才能控制激情?"并不是所有的人都能意识到热爱诚实的事物就可以使人的心灵获得巨大的动力,意识到为人恳切和行为端正就可以使一个人从他的本身获得巨大的力量。有一些人认为一切伟大高尚的事物都是空幻的,这些人的卑微和邪恶的头脑永远也认识不到正是因为爱道德爱得入了迷,所以才能控制人的激情。"③

在如何认识和亲近至高者的方式或途径上,卢梭摒弃了理性路线,认为人的智力对此无力企及。在这一点上,他认为人能够以某种天然直觉般的情感去亲近至高存在者。这一内在的纯粹感觉不需要后天的教育来获取,而是人人皆有的良心。良心是否会影响人的行为呢?用卢梭的话来回答:良心能激励人去践行美德。比如,他在《于丽》中借圣普栾之口说:"良心不对我们说事物的真理,而是告诉我们义务的规则;它不指示我们应该怎样想,而是应该怎样做;它并不教我们怎样好好地推理,而是怎样好好地去做。"④卢梭在《论不平等》中提到过人具有自我可完善性,而在"自白"中,最核心的差异是人天性中具有道德本能——良心。

关于良心与理性的关系也是卢梭人性思想中引人注目的问题之一。作为人

---

① 《爱弥儿》,第 424—425 页、第 441 页。

② des lumières 本义是"光,光线、光亮等",近代哲学家们常用此词指代"理性的洞察力",比如笛卡尔等。

③ 《爱弥儿》,第 663 页。

④ 《于丽》,第 802 页。

的自然禀赋版图中密切相关的两个重要组成部分,良心与理性曾在《爱弥儿》中多处被一并提及。① 理性是帮助人认识善恶的能力,而良心是人的一种道德情感。在理性发展之前,人并不认识善恶,其行为也无善恶之分;但情感上能较早地分辨善恶。所以,孩子常见的破坏活动与之无关,而是与其活泼的性情有关。虽然人的情感的萌发在先,但情感真正达到成熟是以理性的发展为基础的。"只有理性才能教导我们认识善和恶。使我们喜善恨恶的良心,尽管它不依存于理性,但没有理性,良心就不能得到发展。在达到有理智的年龄以前,我们为善和为恶都不是出于认识的;在我们的行为中无所谓善恶,尽管有时候在感情上能对别人涉及我们的行为分辨善恶。"② 在论述女性教育时,卢梭也谈到了理性与良心的关系。虽然女孩幼时教育主要来自周围人的影响,但当她们的理性发展到一定阶段的时候,情感也更加成熟,才可能听到良心的声音。③ 既然卢梭将道德归于良心,那么,理性有何功用呢? 卢梭并未否定理性的重要性,只是认为理性不足以建立道德,但具有认知启蒙的作用。当卢梭将正义与善的本质界定为情感时,他谨慎地称它们是受到理性启迪的灵魂的真正情感。

卢梭通过融合理性与情感努力重返人性的自然,也与他想要培养文明社会中的自然人这一教育目标不可分。"拿走良心的声音,理性就会立即沉默。"④ 虽然基于利害考量的实践理性往往会消磨真正的激情⑤,理性与良心的交互发展见证了卢梭力图超越心脑对立的努力。他也借此向原罪说发起毫不留情的抨击,人未必会在肉体欲望与精神追求的冲突中沉沦或堕落,其自身的内在统一或许是可能的。毋庸置疑的是,理性对于启迪渴望、爱秩序的良心来说是必要的。⑥ 因此,理性与良心始终共同发挥作用且相互成就彼此。

(三) 择善而行的意志

当理性使人认识了善,良心作为一种天赋的觉知便会自然地让人爱善,爱促

---

① 《爱弥儿》,第 458、465、471、776—776、799 页。
② 《爱弥儿》,第 63 页。
③ 《爱弥儿》,第 624 页。
④ O.C., III, 326.
⑤ 《对话录》,第 142—143 页。
⑥ O.C., IV, 1560, note 2.

使意志自由的人择善而行。自由的意志从何而来？它是上帝的馈赠还是人性自有之物？卢梭对意志的推证主要集中在"自白"中的三大信条中。他以自身的感觉为判断的依据,在辨析了"我"的感觉和理智能力之后,开始认识"我"之外的事物和上帝,进而推导出关于信仰的三个基础信条。

首先,他在物体的运动中区分"因他物的影响而发生的运动"和"自发的或随意的运动",后者的动因出自运动的物体之内。① "你也许还要问我怎么会知道有一些运动是自发的,我告诉你,我之所以知道有这种运动,是因为我感觉到了它。我想运动我的胳臂,我就可以运动它,这里除我的意志以外,就不需要任何其他的直接的原因。"②卢梭以"我"的感觉为依据,从第二种自发的运动推出非生命物质的运动都属于"因他物的影响而发生的运动",必然存在外在的推动因,即存在一个推动万物运动的最初意志。"我相信,有一个意志在使宇宙运动,使自然具有生命。这是我的第一个定理,或者说我的第一个信条。"③需要区别开来的是,卢梭在《爱弥儿》中所说的上帝已非基督教人格意义的神,而是从万物的秩序中推出的最高存在;更准确地说,书中的"上帝"代表了人所认知的神性观念。"这个有思想和能力的存在,这个能自行活动的存在,这个推动宇宙和安排万物的存在,不管它是谁,我都称它为'上帝'。我在这个词中归纳了我所有的'智慧''能力'和'意志'这些观念,此外还使它具有'仁慈'这个观念,因为这个观念是前面几种观念的必然的结果"④。人凭借自己的理性无法认识上帝,但可以选择相信和想象上帝存在。

进而,卢梭从对万物和谐有序的觉知推论出以神为名的最高智慧的存在。"如果运动着的物质给我表明存在着一种意志,那么,按一定法则而运动的物质就表明存在着一种智慧,这是我的第二个信条。"⑤卢梭虽然觉知到并确信最高智慧的存在,但也承认人无法直接认识它。他认为人对神的探究应止步于这一确信,不该越界去思索最高存在及其属性,而应反观自身的位置。人因拥有整体的视角,具有影响他物的意志和考察他物的智慧,所以处于万物中首位的优越地

---

① 《爱弥儿》,第 426 页。
② 《爱弥儿》,第 426 页。
③ 《爱弥儿》,第 428 页。
④ 《爱弥儿》,第 435 页。
⑤ 《爱弥儿》,第 431 页。

位。他在此肯定了人性的两个本原,灵魂(或心灵)追求真理,肉体受感官和激情的奴役。人因拥有这两种实体而成为看似自相矛盾的特殊存在:一方面出于天性唯爱自身,另一方面又可能为了正义而舍身忘我。

在"自白"中,卢梭从人的心灵不受缚于感官欲望的特性推出最后也是最重要的信条——意志自由。他先通过对自身意志的觉知推论出自己具备意志能力。① 这一意志至少包含了两个层面的自由:一是从人的感觉起点出发,通过感觉判断人的意志是独立于感觉影响的存在,即意志包含不受感觉影响的自由;二是通过区分"意志的能力"和"贯彻意志的能力"来说明意志的第二重自由体现在人自主决定其意志是否转化为行动。"我时刻都有意志的能力,但不一定时刻都有贯彻意志的能力。"②从起源角度看,人的意志源自人拥有主动比较和判断的能力,即人感觉到自身的能动性,并自主选择相应的行动。卢梭在《爱弥儿》中对意志、智力和判断的论述难免存在同义反复之嫌,但大体意思是明确的。人之所以自由,在于具备比较和判断的能力,这一能力决定了人会做出什么样的判断,而判断结果则直接触发人的意志选择。人的自由正体现在不屈从于肉体的本能倾向,而始终遵循自己的意志。在卢梭这里,代表灵魂之音的意志是善好的,且作为诸行动的本原具有天然的实践品格。③ 可见,卢梭的自由意志的根据不是得自神授或其他外在力量,全在人自身的决断。由此,人的功绩应完全依靠自己获得。"他能正确地运用他的自由,那才能算作他的功劳和报酬,如果他的自由能抵抗尘世的欲念和遵循其最初意志,那才能替他准备无穷的幸福。"④

人最好的报偿是什么? 卢梭的回答是"按照人的天性生存"⑤。道德的实践合乎人自身的天性诉求,也是人的最大福乐。在《爱弥儿》中,幸福是心向至善,

---

① "我只是通过对我自己的意志的认识而了解意志的。"中译本将 le sentiment 译为"认识"不够准确,基于前文中对"自我"的认识源于我的"感觉"(sentir),此处对意志的认知也应是通过对意志的"觉知"。《爱弥儿》,第 441 页。

② 《爱弥儿》,第 440 页。

③ 肉体对应感官、欲望等;灵魂对应意志、判断力。关于行动的本原(principe),前文曾提到激情是一切行动的动力(motive)。

④ 《爱弥儿》,第 465 页。

⑤ 《爱弥儿》,第 447 页。

在美德的践行中尽己,在实现自己的道德天职中对自身感到满意与满足。在人的肉体与灵魂这两个本原的作用下,人性本身是充满内在矛盾的。卢梭借自然的信仰弥合人的自我内部冲突及促进自我觉知的升华。如果不相信至高至善的存在,以自身为圆心的人难免沉溺于狭隘的自恋中。"自白"详述了人对最高存在的探求是为了认知自我及自身使命,因为有德之人才配享今生乃至永恒的福报。在信仰的学习中,一个自我规定的道德人不是通过道德说教的方式培养出来的,而是让学生在自塑信仰的沉思中看到并接纳人自身的道德使命,锻造出道德主体最为坚实的思想根基——自由的意志。

人何以能够自我立法?或人如何配得上"自由的主体"这一称谓?这里提到了爱弥儿的一个转折——做出承诺,听从老师之言。从前的他只依照自然的倾向生活,责任与倾向并未分裂。从这一刻起,性冲动与克制开始分裂他。这种分裂基于他的自我认识,即认识到自身最深刻的满足源于何处。进而觉悟人是可以成为自我立法的道德主体,而不必依靠他人或外界的力量。爱弥儿会成为第一个拥有能命令自身的真正意志的人。这里提及自由意志产生的时刻,在爱弥儿做出承诺的那一刻,便超越了自身的欲望,按照意志行事。我们看到,意志并不是自然的,而是克服了自然欲望的自由制高点。

谈及卢梭的信仰理论,自然无法回避其与基督教信仰的关系。卢梭究竟是有神论者还是无神论者?他口中的"上帝"或"最高存在"是谁?从卢梭的自述出发可以发现,他从未否认过对《福音书》和耶稣基督的爱。卢梭早在1751年关于《论科学与艺术》的论战回应文《答波兰国王书》中已表明,《福音书》这本神圣的书为所有人所需之书,且应爱其作者及遵循其诫命。① 这一立场及信念后散见于卢梭笔下不同人物的身上,于丽、爱弥儿和苏菲等男女主人公皆以成为真正的基督徒为荣耀。这在卢梭于1765年发表的《山中来信》的第四封信末得以印证,他借自己的诸作品直抒对《福音书》和耶稣基督的敬慕情志。"我已经尽我所能按照《福音书》的教导行事;我热爱它,我处处信奉它和宣扬它;在遇到深奥和疑难不清楚的地方,我没有因此就不读它,没有因此就违背它的教导。……我的《答波兰国王书》和《致达朗贝尔先生的信》,以及《新爱洛伊丝》《爱弥儿》与我的其他著作,都对《福音书》表达了同样的爱,对耶稣基督表达了同样的敬

---

① 《论科学与文艺(笺注本)》,第105页。

仰……任何一本书都不能和《福音书》相比。"①

我们难以确认卢梭自身信仰的真实性,也无法真正确认他信仰敬慕的对象,但可从其作品中把握他的信仰的效用性。他毫不避讳地批评唯物主义者,认为他们否认了最高存在者的存在,也就取消了道德的根基。②布鲁姆也认为爱弥儿与苏菲谈到造物主是恋情的最高潮,对上帝的崇拜是使性欲道德化的方式。"他们把上帝当作是对他们新的、基于自由选择的德性的回报。"③爱弥儿从一个"情感或感觉的存在",到爱上苏菲后"在别人的看法中认识自我",再到"在服从他为自己所立之法的过程中,他开始变得拥有自我意识"④。卢梭通过性欲的驱动完成这一建构,使人普遍的、理性的道德判断力爱欲化。德性与欲望的完满无关,而是对欲望的克服。德性因而被卢梭具象化为一种能够做自己不欲之事的力量。如果人们不再怀揣对上帝的爱,信仰的缺席将会导致空虚和百无聊赖的社会氛围。

我们应如何理解《爱弥儿》中"自然的宗教"⑤的人性理论基础?自然的信仰以人的理性能力为基础。卢梭以理性为信仰划定界限,将相关讨论限定在人的理性范围内。"人的见证归根到底也只能是我自己的理性的见证,也只能是上帝为了我去认识真理而赋予我的自然的手段。"⑥首先,人有限的智力迫使我们探讨的对象限定在同自己有直接关系的事物上;其次,在这样的学习研究中,需以内在情感的声音为指引;最后,为了避免受他人偏见的影响,以"自我"为认识和判断事物的法则。人所能把握的至高神意是人性自身的神圣,信仰实则为道德奠基。我们看到卢梭宗教中充满创造力的地方:既敢于在伏尔泰等哲人面前承认上帝,又敢于向不宽容者宣扬人性,卢梭向世人展现了他的孤独与勇气。他通过重新探究道德行为应有的心理基础,并试图通过引导式的教育使心灵恢复秩序。他抨击传统宗教中的启示和社会公认的礼节,因为这些已不再能够作为

---

① 《山中来信》,第117—118页。

② (法)卢梭著;何祚康,曹丽隆等译:《走向澄明之境:卢梭随笔与书信集》,上海:三联书店上海分店,1990,第183页。

③ (美)阿兰·布鲁姆著;胡辛凯译:《爱的设计》,第139页。

④ (美)阿兰·布鲁姆著;胡辛凯译:《爱的设计》,第143页。

⑤ 《爱弥儿》,第466页。

⑥ 《爱弥儿》,第472页。

人类道德的有效权威。公正的心成为神性的殿堂，没有任何宗教可以免除人的道德责任。正是这种重振道德的信念与举措，让卢梭的信仰理论焕发出人性自然的光辉。后来，卢梭为完成道德使命而建立的人性宗教，在康德的《实践理性批判》中得到理性的赞同和继承。

(四) 审美的趣味

在《爱弥儿》中，美的判断力与道德观念的形成有何关联？审美判断力指的是以美为对象的天赋感受力。① 卢梭在培养爱弥儿审美判断力的趣味教育中并未直接提到与道德教育的关系，但在后一卷苏菲的教育中指明美的观念先于道德观念形成。"只要有热心和才能，就能养成一种审美的能力；有了审美的能力，一个人的心灵就能在不知不觉中接受各种美的观念，并且最后接受同美的观念相联系的道德观念。"②

"趣味(taste)"③自17世纪中后期开始成为美学家们争论的焦点之一，美学史家迪基(George Dickie)甚至将18世纪称为"趣味的世纪"④。近代诸学派思想家对此均有不同立场和维度的阐发，"趣味"理论的早期代表性思想有沙夫茨伯里(Anthony Ashley Cooper, Shaftesbury Ⅲ)的"审美无利害"和哈奇生(Francis Hutcheson)的"内在感官(internal senses)说"等，但它作为一种美学范畴的提出以及理论的建构，尤其是"趣味"标准的阐述，却是由休谟率先完成；其后，伯克(Edmund Burke)和杰拉德(Alexander Gerard)等人延续并丰富了"趣味"的性质、内涵和标准等问题。直至19世纪，围绕"趣味"问题的争论分歧在康德和席勒等哲人的思想中趋向圆融完满。虽然卢梭并无以美学或审美教育命名的作品，但他的著述中蕴含了丰富的美学及美育思想。然而，无论是以具有代表性美学思想的人物为线索的国内外西方美学史，还是以经典的美学范畴为主线的美学

---

① 《爱弥儿》，第550页。
② 《爱弥儿》，第611页。
③ taste 原初之义为"味觉、滋味、品尝"等，具有名词和动词双重词性，在美学中引申为"趣味、审美能力、鉴赏能力或审美鉴赏、审美判断"等义。
④ 参见 George Dickie. The Century of Taste, the Philosophical Odyssey of Taste in the Eighteenth Century[M]. New York: Oxford University Press, 1996.

概念发展史,在论及"趣味"问题的学术成果或评价中,都鲜少提及卢梭。① 在卢梭的诸作品中,除了《爱弥儿》第四卷青少年时期教育的最后阶段集中论述了"审美力(goût)"②及其教育方式,《于丽》《论科学与艺术》和《致达朗贝尔的信》等其他著作中也有相关论述。本节聚焦《爱弥儿》中的审美力教育部分,从审美力的定义出发考察它的生成及标准问题,重新审视"趣味"在卢梭人性思想中的位置。

1. "审美力"问题的提出

卢梭《爱弥儿》第四卷中的审美教育旨在培养爱弥儿的"审美力",教导他如何判断良好的社会风尚(mœur)。法文中的"mœur"一词也译为风俗、习俗等,它是卢梭从成名作《论科学与艺术》起便贯穿其思想始终的重要概念之一。如他所言,审美力的对象是一些无关紧要或有趣味(d'amusement)③的东西,审美判断因此看起来难以解释和把握,其标准问题历来是美学史上众议无定的话题。美感(moral sense)问题是17—18世纪以培根、霍布斯、舍夫兹比利、休谟等人为代表的英国经验主义和以笛卡尔、布瓦洛、斯宾诺莎、莱布尼兹等为代表的法国理性主义美学家们争论的核心问题之一,也是西方美学史中美学问题从"美在何处"向"美如何被人感知"的主体性转向的标志。④

在探究卢梭的"审美力"的标准问题之前,我们首先需要厘清的是,什么是审美力? 它是一种"对大多数人喜欢或不喜欢的事物进行判断的能力"⑤。该定义中的"大多数人"已暗示了审美判断具有一定的标准,并非完全任意的主观选择,才可能达成具有普遍性的审美共识。"大多数人喜欢或不喜欢的事物"不正

---

① 关于"趣味"作为美学范畴的内涵及发展脉络,较多参见但不限于以下美学史著作。彭立勋著:《趣味与理性》,北京:中国社会科学出版社,2009;(波兰)塔塔尔凯维奇著;刘文潭译:《大学译丛·西方六大美学观念史》,上海:上海译文出版社,2013;(美)门罗·C. 比厄斯利(Monroe C. Beardsley)著;高建平译:《西方美学简史》,北京:北京大学出版社,2006。

② 卢梭《爱弥儿》中的"审美力"(goût)一词,即"趣味"(英文 taste,德文 der Geschmack)的另一中译译名,本文依据中译版《爱弥儿》用"审美力"一词指代 goût。

③ 此处的"趣味"一词,在法文原文中是 d'amusement,英译本中是 entertainment(Emile, 340),可见,审美力的对象是那些闲暇时的娱乐消遣,与生活必需的需要无关。

④ 参见(波兰)塔塔尔凯维奇著,刘文潭译:《西方六大美学观念史》,上海:上海译文出版社,2013。

⑤ 《爱弥儿》,第549页。

是审美力标准的具象表达吗！以人们的喜好为例，为何偏偏是这些而不是同类事物中的那一些？从审美主客体双方来说，或许因为某些审美对象恰巧符合人的审美内在机制，又或是大多数人喜欢的那些物本身包含了一定的美的属性。

一方面，从审美力作为人的一种主体能力来看，卢梭明确提出"审美力"是一种后天待塑造的天赋能力。"审美力是人天生就有的，然而并不是人人的审美力都是相等的，它的发展的程度也是不一样的；而且，每一个人的审美力都将因为种种不同的原因而有所变化。一个人可能具有的审美力的大小，是以他天赋的感受力(la sensibilité)为转移的；而它的培养和形式则取决于他所生活的社会环境。"①"天赋的感受力"是审美力的萌芽形态，需要在后天的审美学习中不断提升。他在《新爱洛漪丝》中也曾提及人生来就有审美的能力，人凭靠自己的心，无需旁人教导，便能区分好坏美丑。② 然而，纷繁多样的审美判断除了本能之外，似乎找不到其他原因。

另一方面，"审美力"的标准在诸审美对象中是否可见端倪？"在物质的领域中，审美的原理好像是绝对地无法解释的。但须注意的是，在一切摹仿的行为中，是包含着精神的因素的，这样就可以解释为什么'美'在表面上好像是物质的，而实际上不是物质的。"③卢梭提出审美原理在物质领域中没有规律可言，并补充了审美标准具有一定的地域及个体相对性，实际上触发人的美感的是审美对象所包含的精神因素。这一观点卢梭在较早的《论语言的起源》中曾提及。④审美的根据终究还是落到以"天赋的感受力"为起点的人的自然情感里。接下来，我们尝试从审美力的自然起点——"感觉"出发，在考察美感如何产生的过程中，继续探讨审美力的标准问题。

2."审美力"的生成

"我们生来是有感觉的，而且我们一出生就通过各种方式受到我们周围事物的影响，可以说当我们意识到我们的感觉，我们便希望去追求或者逃避产生这些感觉的事物，我们首先要看这些事物使我们感到愉快还是不愉快，其次要看

---

① 《爱弥儿》，第 550 页。
② 《于丽》，第 64 页。
③ 《爱弥儿》，第 550 页。
④ 参见该书"第十五章:我们最活跃的感觉往往是通过精神的感受而产生的"，《论语言的起源》，第 64—66 页。

它们对我们是不是方便适宜,最后则看它们是不是符合理性赋予我们的幸福和美满的观念。随着我们的感觉愈来愈敏锐,眼界愈来愈开阔,这些倾向就愈来愈明显;但是,由于受到了我们的习惯的遏制,所以它们也就或多或少地因为我们的见解不同而有所变坏。在产生这种变化以前,它们就是我所说的我们内在的自然。"①

人最初的感觉指人对事物生而有之的原始感受,即内在的自然。内在的自然即人的天性,是卢梭富有创造性的想象力的作品。《爱弥儿》中的自然是弥合人感性欲望和理性倾向的分裂,意味着成就圆满的人性,服务于他培育新时代公民的整个教育哲学。这一"自然"已包含了一定的审美属性,部分地揭示了人对物的好恶之情是如何产生的。人喜欢或厌恶某物取决于它带给人的感觉,是否让人感到愉悦、方便适宜且符合好的理性观念。"感觉"不仅是审美力,也是人的全部情感的发端。它是怎样产生并发展的呢?《爱弥儿》前三卷中论述了身体感官和思维判断力的学习锻炼,正是情感教育的前期准备工作。

人在出生后感受到的第一种情感是因襁褓束缚产生的痛苦感觉②。"孩子们最初的感觉纯粹是感性的,他们能感觉出来的只是快乐和痛苦。"③人在婴儿期的"自然"是纯粹感官意义上的被触发的感觉,还没有产生心灵的痛苦,并非成熟意义上的情感。情感的产生与人的自我意识有密切联系,因为两岁前的婴幼儿还没有"我"的观念,察觉不到自身的存在,他们的心灵被束缚在不完善和不成熟的器官里,意识和意志仍在沉睡。

当孩子(爱弥儿)进入人生的第二个阶段④,他们的自我意识随着体力的增长而萌发,开始意识到哪些感觉是"我的",这是人喜欢或不喜欢某物真正发生的时刻。"可以说当我们意识到我们的感觉,我们便希望去追求或者逃避产生这些感觉的事物。"⑤ 与此同时,孩子开始形成自我的意识。"在这个时候,他也意识到了他自己。记忆力使自我的同一性认知延续到他一生的每一个时刻;他真正地成为一个人,成为他自己,因此,他已经有为福还是为祸的能力了。应该

---

① 《爱弥儿》,第10页。
② 《爱弥儿》,第19页。
③ 《爱弥儿》,第54页。
④ 《爱弥儿》,第77—233页。人的第二个阶段指的是2—12岁的儿童期。
⑤ 《爱弥儿》,第10页。

从这里开始把他看作一个有道德的人了。"①在这一阶段关于物的教育中,通过锻炼孩子的感官来认识自身和周围事物的关系。这一阶段的结束是划分孩子和成人的界线,也是人的自我发展从"感觉的领域"走到"理解的境界"的转折。

当爱弥儿进入人生的第三个阶段②,不同于视觉、嗅觉等五感的"第六个感觉"开始发展。由于它是在其他感觉的配合作用下产生的,并无单独对应的器官,也被称为"共通的感觉"。③ 这让我们想起哈奇生提出的"内在感官"说,他继承并发展了沙夫茨伯里"审美无涉利害"的美学思想,将个人的美感体验归结为人心中某种天赋的"内在感官",同时具有了审美和道德评判和抉择的功能。④与之相比,卢梭提出的内在的"共通感觉"指人的"知觉"或"观念",属于人普遍的理解能力,比哈奇生的"内在感官"的内涵更为广泛丰富。"我们的感觉纯粹是被动的;反之,我们所有的理解或观念都是产生于能进行判断的主动的本原。"⑤当几种感觉组合成简单的观念,进而形成复杂的观念时,最初纯粹被动的感觉在主动的判断中长成更为丰富的观念。"观念产生于主动的判断力"是《爱弥儿》第四卷的主题之一,但早在《爱弥儿》第二卷时卢梭便有所提及。直至这一阶段结束,爱弥儿还未进入社会,仍是只服从自然法则需要的自然人,他此刻的"知觉"或"观念"仍是尚未被习惯及偏见败坏的内在自然。

卢梭将人生的第四个阶段称为"人的第二次诞生"⑥,标志着基于两性差异的情感的发端,且青春期阶段所涉及的情感、道德、信仰和审美等教育让人真正成为人,审美力的教育正是这一阶段的学习趋于完满的部分。以"感觉"为起始点的"人的自然"如何成为品味社会风尚的"审美力"?"我存在着,我有感官,我通过我的感官而有所感受。这就是打动我的心弦使我不能不接受的第一个真

---

① 《爱弥儿》,第 80 页。

② 《爱弥儿》,第 234—314 页。人的第三个阶段指的是 12—15 岁,即童年的最后一个阶段。

③ 《爱弥儿》,第 223 页。

④ (英)哈奇森著,高乐田等译:《论美与德性观念的根源》,杭州:浙江大学出版社,2009,第 55—64 页。参见该书的"论人类美的感官的普遍性"部分。

⑤ 《爱弥儿》,第 133 页。

⑥ 《爱弥儿》,第 315—577 页。人的第四个阶段指的是 15—20 岁的青少年时期。

理。"①在《爱弥儿》第四卷"自白"对自我的认识与反思中,他首先确认"感觉"的真实性并将之设定为所有认知的起点,进而通过区分"我的感觉"与"感觉产生的原因",察觉到人具有"能够进行比较和判断的智力"②。"感觉"只能注意到孤立分散的对象,而"比较判断力"能判断不同事物间的关系,形象的"感觉"在此跨越到了抽象的"观念"。

从对象上看,判断力并非直接比较事物本身,它比较的是人的感觉,即事物通过"被感觉"呈现给人的形象。"我只知道真理是存在于事物中而不存在于我对事物进行判断的思想中,我只知道在我对事物所作的判断中,'我'的成分愈少,则我愈是接近真理。因此,我之所以采取多凭感觉而少凭理智这个准则,正是因为理智本身告诉过我这个准则是正确的。"③"比较判断力"只能通过"显示客观事物的感觉"④去把握存在于事物中的真理,作为人的一种主动运用感官感觉的能力,出现判断不准确的原因则来自人在进行比较时的主观失误。

至此,"感觉"从最初只是婴幼儿无意识的感官感受,继而是儿童所意识到的"我的感觉",然后变成孩子能够理解的"可以感觉的观念"⑤,现成为人主动的"比较判断力",距离"审美判断力"只有一步之遥了。

(五)"审美力"的标准

依据上一节对"比较判断力"的分析,我们似乎回到了"审美力"定义的原点,它的标准应蕴含于大多数人喜欢或不喜欢的事物中,准确说是喜欢与否的感觉。除了前文已阐明"比较判断力"的对象是"事物显现出的感觉",在《论语言的起源》中,也提及审美的愉悦并不来自审美对象本身,而是相关印象中的精神因素,被它们激起了审美主体的感情。⑥ 在《爱弥儿》的审美教育中,"比较判断力"化为辨别良好风尚的审美力。培养年轻人的审美力,是为了让他(她)能够

---

① 《爱弥儿》,第 421 页。
② 《爱弥儿》,第 423 页。
③ 《爱弥儿》,第 425 页。
④ 《爱弥儿》,第 424 页
⑤ 《爱弥儿》,第 242 页。
⑥ 《论语言的起源》,第 56—59 页、第 64—66 页,详见其中的第十三章"旋律"以及第十五章"我们最活跃的感觉往往是通过精神的感受而产生的"。

独立地判断人们喜悦或厌恶的社会风尚,并以此了解社会中的人。然而,现实社会中大多人的喜好未必是良好的风尚,因为在缺乏独立看法的人那里,很可能时尚风俗压倒了爱好,"大多数人"只代表了从众的虚荣。这让我们想起《爱弥儿》中的教育目标:一个生活在城市里的自然人。"我的目的是:只要他处在社会生活的漩流中,不至于被种种欲念或人的偏见拖进漩涡里去就行了;只要他能够用他自己的眼睛去看,用他自己的心去想,而且,除了他自己的理智以外,不为任何其他的权威所控制就行了。"①因此,体现真正的审美趣味的"大多数人"首先需得是自然的自由人。"多数人"同时也指明美感在自然的人性中具有一定的根基②。那么,什么是符合自然口味的美?

首先,美是感性的,不具备道德伦理的色彩。"我在这里所说的,并不是道德上的美,因为这种美是取决于一个人的心灵的良好倾向的;我所说的只是排除了偏见色彩的感性的美,真正的官能享受的美。"③"感性的美"主要体现在卢梭笔下主人公们的日常生活和自然风光中,比如在《爱弥儿》中作者以第一人称自述美学思想的部分④和《新爱洛漪丝》中描绘于丽夫妇婚后生活的几封长信⑤等。

其次,美以"自然"为标准。第一,大自然才是美的典范,人工的美仅是对大自然的摹仿,无法与之相比。美学中"模仿"概念具有古典的权威性,从柏拉图、亚里士多德,经中世纪,直到文艺复兴和古典主义的艺术,都在一定程度上沿用这一原理。⑥"在人做的东西中所表现的美完全是摹仿的。一切真正的美的典型是存在在大自然中的。"⑦因此,应该以大自然的美作为审美的标准。"我时时刻刻要尽量地接近自然,以便使大自然赋予我的感官感到舒适,因为我深深相信,它的快乐和我的快乐愈相结合,我的快乐便愈真实。我选择摹仿的对象时,我始终要以它为模特儿;在我的爱好中,我首先要偏爱它;在审美的时候,我一定

---

① 《爱弥儿》,第 396 页。

② Brigitte Schlosser. Rousseaus "Émile ou de l'Éducation". Ein Erziehungsentwurf aus produktiver Einbildungskraft[M]. Marburg: Tectum Verlag, 2008, 118.

③ 《爱弥儿》,第 558 页。

④ 《爱弥儿》,第 558—576 页。

⑤ 参见《于丽》卷四中的信 10 和 11,以及卷五中的信 2。

⑥ 高建平:《"美学"的起源》,《外国美学》2009(00)。

⑦ 《爱弥儿》,第 551 页。

要征求它的意见……"①另在《新爱洛漪丝》中，无论是人迹罕至处的自然风光，还是女主人公于丽巧妙打理的花园福地，都体现了自然至美的理念。大自然的美完全是不受人影响的客观存在吗？换言之，人们是否对同一自然风貌都能感受到同样的美？"自然的景色的生命，是存在于人的心中的，要理解它，就需要对它有所感受。孩子看到了各种景物，但是他不能看出联系那些景物的关系，他不能理解它们优美的谐和。要能感受所有这些感觉综合起来的印象，就需要有一种他迄今还没有取得的经验，就需要有一些他迄今还没有感受过的情感。"②对大自然的美的欣赏与审美主体的人生经验、情感、想象力等密切相关。第二，在社会风尚领域里，良好的审美力以良风美俗为基础，而良好的风尚需符合自然的口味。卢梭揭示了好的审美力取决于良好风尚的两个原因，即少数特权人士出于利益与虚荣引领的社会奢侈风习以及两性交往的便利导致审美力的减退。这不免让我们想起休谟的《论趣味的标准》(Of the Standard of Taste)一文，他认为"趣味标准"依靠少数具有良好趣味的"理想批评家"来树立。一方面"理想批判家"不同于卢梭此处提及的败坏风尚的"少数特权人士"；另一方面，卢梭是从"大多数人的喜好"出发，强调通过后天的教育和文化熏陶，人人都有成为"美的生活家"的可能，虽然他们的思想理路有异，却共同怀有对个人乃至社会树立并改善社会道德风习的期望。③"最后，假如美的性质和对美的爱好是由大自然(nature，天性)刻印在我的心灵深处的，那么只要这形象没有被扭曲，我将始终拿它作为准绳。"④美的性质和人们对美的渴求是由人的天性刻在人心中的，人性的自然才是美的准绳。

当我们获悉，审美力以人性美的自然为标准，似乎依然不明白它意味着什么。哲学式的推演论证从来不是卢梭阐发思想的方式，"审美力"蕴含的喜欢与爱的情感也从不是抽象的观念，而总是属于个别人。"让我们把哲学家们对于幸福和德行那些徒劳的争论抛在一边；我们要把他们为寻找人应该怎样成为善良和幸福而丧失的时间，用来使我们成为善良和幸福，我们要为自己规定该仿

---

① 《爱弥儿》，第 559—560 页。

② 《爱弥儿》，第 240—241 页。

③ 关于休谟的趣味学说的研究，更多参见陈昊著：《情感与趣味 休谟经验主义美学思想研究》，北京：北京大学出版社，2017，第 119—162 页，第三章"趣味和标准的探讨"。

④ 相似的思想还可参见《于丽》，第 529 页。

效的一些伟大典范而不去追求那些虚妄的制度。"①在《爱弥儿》审美教育的后半部分中,家庭教师以第一人称的口吻从财富观、饮食、居住、交友、爱好等生活习惯生动具象地叙述了符合自然口味的审美观。日常生活中欲念的节制带来更多的幸福感②,简朴的生活和无功利的交友原则让心保持自由。真正的快乐是符合年龄的自然规律的,并乐于与他人共享。根据这些原则,可以得出结论:快乐与物质条件无关,而在懂得美的人心中。"只要你想得到快乐,你就可以得到快乐;只因习俗的偏见,才使人觉得一切都很困难,把摆在我们眼前的快乐也全都赶走了;要得到真正的快乐,比在表面上假装快乐还容易一百倍。一个善于欣赏和真正懂得逸乐的人,是不需要有金钱的,只要他有自由和自己做自己的主人就行了。"③

下面我们回顾卢梭在《爱弥儿》中审美教育的意图。家庭教师通过有趣的谈话、阅读典籍、欣赏戏剧和研究诗歌等方式培育爱弥儿的审美力,不是为了研究消闲娱乐之物,而是要丰富锤炼学生的情感与睿智,使之保持自然的生活趣味不被败坏。最终,通过审美教育帮助他找到追求幸福的正确手段,学习如何"利用我们力所能及的东西所具有的真正的美来充实我们的生活"④。美育并非为了培养某一领域专业的艺术家,而是人人都有可能成为美的生活家。审美力教育的意义或许在于,一个拥有自己的判断力,不为虚荣心或偏见所惑,怀揣审美的态度去生活的人才可能获得幸福感和内心的自由。

至此,我们看到,能够作为审美力标准的自然,不是关于人性之美的抽象观念,而是不断生成的实践智慧。我们无法直接找到这一美的自然,只能先确信它,并尽己所能地让自己完成它,成为有德和幸福的人。在此,还要警惕虚荣心对人心造成的侵害。因为在虚荣心的牵引下,人往往以自己的有限和狭隘去评判伟大的东西,认为看不到的便不存在,并以此作为自己不去效仿它们的借口。"这种说法,就正如有些人因为见到花园中的梨树都很矮小,便否认梨树可以长成大树……"⑤

---

① 《于丽》,第64页。
② "节制带来幸福感"的观点在《于丽》第五卷的第2封信中也有相似的论述。
③ 《爱弥儿》,第576页。
④ 《爱弥儿》,第558页。
⑤ 《爱弥儿》,第395页。

本节从卢梭《爱弥儿》中"审美力"的定义入手,厘清原初的天赋感觉如何生成为审美的判断力,进而确认审美力的标准不在别处,而是根植于人性的自然。"在我们内心更有把握找到的原则和规律,我们就不要到书本里去找。"①这是卢梭的"自然"富有创造性的地方,它不仅在思想上彻底告别了基督教的烙印②,也区别于沙夫茨伯里所择取的有利于建立资产阶级社会秩序的自然神性观念③,而是人通过自我教养培育出美的自然。作为人的情感和道德合一的内在自然,它是人基于自由精神对自我的规定。作为审美力标准的自然所包含的伦理维度是毋庸置疑的,因卢梭认为至高的幸福源于践行美德。而且人性的发展具有自我超越性,卢梭在《于丽》和《爱弥儿》中都毫不掩饰地赞颂人不断自我完善的自然倾向。"有谁敢对自然规定确切的界线并说:'人可以走到这儿,不能再往前去?'"④"我还不知道哪一个哲学家竟敢这样大胆地说:'一个人只能达到这个极限,他再也不能超过了。'"⑤美是自由的诗意表达,《爱弥儿》中关于"审美力"的教育也成为实现人的自由与幸福的契机之一。

---

①　《于丽》,第64页。
②　(德)贺博特·博德著;谢晓川,黄水石译:《哲学自我—意识的赠礼》,《清华西方哲学研究》2017,3(02)。
③　参见(英)沙夫茨伯里著;李斯译:《人、风俗、意见与时代之特征——沙夫茨伯里选集》,武汉:武汉大学出版社,2010,第3—33页。
④　《于丽》,第9页。
⑤　《爱弥儿》,第53页。

第四章　性、爱情与爱家国：自由的人

性与爱情在《爱弥儿》中扮演了重要的角色。从教育维度看，广泛意义上的儿童教育并不受教育对象性别的影响，直到以性成熟为自然标志的青春期，教育根据不同性别才有所区别。而从人性维度看，青春期被卢梭视为人的"第二次诞生"，成为整全意义上的人的前提是先成为一个男人或女人。① 这意味着每个人需充分发展自己所属性别的气质禀赋，这是成为人的必经步骤。正如布鲁姆所言，性激情有可能升华为同情或爱。② "教育工作中最重要和最困难的那一部分——从童年到成人这一阶段中的紧要关头"③，卢梭在《爱弥儿》第五卷首先补充了以苏菲为代表的女性天性及教育，然后基于男女性情差异道出异性之爱在恋爱、婚姻乃至家国中的不断增进与升华。如果说《爱弥儿》第四卷中先描绘了象征道德觉知的良心是如何在自我激情的衍生中被唤醒，那么最后一卷则继续呈现爱的情感如何从自身转向爱人、家乡乃至祖国。按照卢梭的人性发展逻辑，理性帮助人认识善，决定人的道德性的则是爱善的情感。在卢梭的笔下，不仅仅是天赋的良心，几乎所有美好的情感都包含了对美德的渴慕，哪怕是最私己的情爱也因爱美德而不再多变易逝。在对爱的学习中，青年爱弥儿应成为懂得爱和能够担负起婚姻责任与义务的男子。本书上一章重构了从青春期萌发的性激情到同情心、再到良心的道德觉知发展谱系，本章则以爱的情感为主要研究对象，探究从爱欲到家国之爱是如何渐次产生的，以及最终达至怎样的人性目标。在回到以爱弥儿为主线的人性谱系之前，我们先分析苏菲这一角色的理论内涵及其在人性理论中的作用。

---

① 《爱弥儿》，第 315 页。
② （美）阿兰·布鲁姆著；张辉等译：《巨人与侏儒》，第 203 页。
③ 《爱弥儿》，第 690 页。

一、苏菲的角色内涵及天性

从青春期开始,卢梭对人性的描绘就以性别区分为前提,但正式论述男女的天性差异则是在《爱弥儿》第五卷开头对苏菲的描绘中。苏菲不单是卢梭为爱弥儿预设的理想伴侣,更是一位人类女性的自然典范。他看到并承认这些差异的合理性,并将它们视作人类追求自由和幸福的基本前提。如同爱弥儿一样,卢梭从教育的普适性出发,同样按照普通女孩子的标准塑造了苏菲。她不仅拥有天然的美好情感和无需训练培养的品味,而且天性善良,想象力丰富,喜欢并擅长做女性专长的事情,比如缝纫、做菜、算账等。加之,苏菲并不世故,对人的礼节完全出于想让别人高兴的真诚愿望。而且,她对人的尊重是基于人的自然地位,而不取决于世俗身份的高低。①

虽然卢梭意图刻画一个与爱弥儿性情互补的理想女性形象,期望这两个年轻人的结合展现出一幅完整圆满的人性图景,但苏菲的性情似乎存在不少与前期人性表达的矛盾之处。比如,爱弥儿被寄望于被培养成为一个不依附于他人的独立的人。相反,苏菲作为一名女性,她的德性、荣誉乃至美貌只有在得到男性的尊重、认可和欣赏时才有价值。爱弥儿完全可以甚至被鼓励不受公众舆论和他人意见的影响,而苏菲的言行和行为只有在外界的评判和看法中才真正变得成熟。相比于《爱弥儿》第一卷提及襁褓如何束缚了婴儿的身体,带给他出生后最初的痛苦感受,女孩却应该及早习惯和服从约束和训诫,自觉地压抑和控制自己的任性,以便服从他人的意愿。女人似乎专门为取悦男人而生。卢梭的这一思想体现在他的道德结论中,意见是男性美德的坟墓,却是女性美德的宝座。依赖就是依赖他人来获得自己的存在感。人与自身的疏离既是人类美德的坟墓,又是人类堕落的标志。卢梭对女性的描述存在着一个核心矛盾:她是人,但她生来就不是自由的。② 苏菲是为了满足爱弥儿的需求而被设想出来的,所谓

---

① 《爱弥儿》,第 656 页。

② D. Gauthier. Rousseau: The Sentiment of Existence [M]. Cambridge: Cambridge University Press, 2006.

的人与人的平等关系并不存在。① 由此推出,男女的教育侧重点也不相同,女孩很早就被教育要在意别人的看法。这样看上去,与培养独立自主的男人不同的是,女人似乎生来就依附于他人。有的研究认为卢梭提出的理想人性只是男性的理想范式,女性的天性典范不仅与男性不同,甚至截然相反。② 卢梭的两性观在性别意识及两性关系逐渐多元化的今天看来略显陈旧且死板,这也成为卢梭被后人诟病为女性歧视者的主要证据。

从另一角度看,天生势弱的女性却拥有控制男性的天赋。无论是爱弥儿与苏菲,还是圣普栾和于丽,卢梭笔下的两性之间存在微妙的依存关系。虽然女性普遍比男性柔弱且依附于后者生存,但处于从属地位的女性却能善用娇羞的美态来控制自己的伴侣。导师在学生新婚时告诉苏菲如何利用女性的柔美和爱情的力量,有分寸地统治丈夫的心。③ "狡黠是女性的一种自然的天赋,我深深相信所有一切自然的倾向其本身都是很正当的;我认为,我们也应当像培养她们的其他的天性一样培养她们的这种禀赋,问题只是在于怎样防止她们滥用这种禀赋。"④ 无论在《爱弥儿》还是《于丽》中,卢梭对笔下女性角色的赞许都是真诚而恳切的。他更多强调的是男女性格特质的不同与互补,情感、理性等人人兼具的禀赋似乎天然带有不同的性别色彩。卢梭没有否认女性敏感而不善于理性思考的传统说法,但他更倾向于称颂女性蕴藏丰富情感的内心力量。实际上,卢梭在《爱弥儿》第五卷开篇就提出了男女天性互补、平等且各自完满。⑤ 在此,本节更为关注他笔下的女性天赋特质及如何互相促进彼此人格的自我完善。

男女各有哪些不同的禀赋呢?首先,两性差异从男孩女孩时期已可见端倪。卢梭观察到男孩女孩的游戏内容显现出儿童的共性以及不同的喜好倾向。女孩幼时起就喜欢玩布娃娃和美的饰物,即使尚未养成一定的爱好,但她的倾向已显露出来。自然的教育只需留意到她的天性倾向并适度予以引导就好。⑥ 由此出发,卢梭证实成年后的女性并未将其人生任务当作人为的强加之物勉强受之而

---

① G.Lloyd. Rousseau on reason, nature and women[J]. Metaphilosophy, 1983, 14(3/4).
② G.Lloyd. Rousseau on reason, nature and women[J]. Metaphilosophy, 1983, 14(3/4).
③ 《爱弥儿》,第 810—811 页。
④ 《爱弥儿》,第 603 页。
⑤ 《爱弥儿》,第 579—580 页。
⑥ 《爱弥儿》,第 597 页。

是欣然接受这些自然赋予的使命。在生活中付出更多的妇女们甘愿终生发挥自己女性角色的作用,不是出于所谓的美德,而是乐趣。① 这说明女性享受自己为人妻母的角色的根源是爱,而不是受道义教条的束缚。两性之间的义务不相等但合理,男女在生理结构上的差异注定让女性肩负起抚育后代的重任。按此理,如果忽略两性的差异,对男女一视同仁反倒会带来弊端,比如最温柔的自然情感将会被虚伪做作的人工情感所吞噬。其次,女人拥有抵御情欲诱惑的羞耻心,而男人具备节制自身欲望的理性。② 说到理性,女人并非没有理性,而是拥有与专擅理论理性的男性不同的实践理性。这具体表现为,女性擅长观察,男性长于推理。③ 卢梭并未提及两种理性有何优劣之分,而认为两种理性的配合有利于获得完整且有用的知识。再次,女性似乎拥有比男性更丰沛细腻的道德情感。这一点不免让我们想起卢梭笔下的另一位女主人公——于丽。她是天然情感的象征,家庭教师兼情人圣普栾将她视为自己情感方面的老师。"啊!应该是向您学习,学习那人心应有的善行、诚实,尤其要学习您身上特有的德行、情感和大自然的神圣的和谐!是的,没有什么圣洁的情爱在您心灵里没有它的地位,您的心由于特有的敏感性而能予以区分。"④ 苏菲对美德的爱也看似与生俱来,不仅是因为美德是至上的美,还因为她坚信美德带来女性的光荣与幸福,以及出于对父母的亲情之爱而想要成为有德的人。她的父母不仅因自身的德行感到幸福,更期望从女儿的德行中获得幸福感。对美德的爱也因此成为苏菲行为的规约与动力,即"支配她的一切行为的力量"⑤。以自然情感为基础,卢梭对以苏菲为代表的所有女性的其他能力禀赋不乏溢美之词。女孩子不仅拥有能让他人愉悦的趣味以及先于人们舆论与偏见的道德判断力,而且有能够洞察和平衡他人评价与内心良知的理性判断力。女性展现在不同方面的善解人意并非出自理性的认知与推理,而是出自细腻丰沛的自然情感。最后,回到女性的依赖与独立气质,《爱弥儿》中以自我克制和服从为核心的女性教育似乎永远培养不出自然而自由的预备公民。反观爱弥儿,他能够在不丧失自由的前提下融入理想的政体中。

---

① 《爱弥儿》,第 585 页。
② 《爱弥儿》,第 581—582 页。
③ 《爱弥儿》,第 633—634 页。
④ 《于丽》,卷一,信 21,第 80—81 页。
⑤ 《爱弥儿》,第 653 页。

那么,女性作为人的自由与自主本质如何体现？在《爱弥儿》和《于丽》中,我们都看到了卢梭赋予女性在家庭领域中的权力地位。当爱弥儿与苏菲新婚燕尔时,为了让婚姻长久葆有新意,导师特意教导苏菲如何巧妙地对待自己的丈夫,即利用自身的娇羞美态驾驭并节制伴侣的情欲。① 在于丽的婚后生活中,作为女主人的她拥有治理家庭的绝对权力。田园诗般的家庭生活仿若卢梭心中理想社会的缩影,那是一种崭新的自然状态。我们或许不能断定卢梭是否排除了妇女的公民权力,但以妇女为中心的家庭生活确是公民生活的重要组成部分。

因此,苏菲这一角色至少包含了双重理论内涵:一是展现恰当的教育如何辅助女性天性的发展;二是作为伴侣的女性在男性完成从自然人到社会成员的自我转变中发挥了不可替代的催化和联结作用。

二、性的激情与爱的升华

当青春的爱弥儿不愿再孤独时,他开始渴望异性。卢梭认为对异性伴侣的渴求是性成熟带来的第一个自然结果。两性之间的吸引力是早于爱情的自然法则。而且,性激情对人的性情与品行等人格的形成有着重大的影响。"这个年轻人不仅在这里是第一次产生爱情,而且还是在这里才开始产生种种激情中的第一个激情;这个激情也许将是他这一生当中唯一感觉的最强烈的激情,因此,他最终会形成怎样一种性格,也将取决于这种激情。他的思想方法、他的感情和他的爱好都将因一种持久的激情而形成一定的形式,不再改变。"②我们暂且不论卢梭是否赋予性激情过高的地位,先分辨他思想中性欲望是如何升华至爱情的。

卢梭是从男女在性方面的生理及态度等差异中揭示爱情如何从性的结合中产生的。性是爱的自然基础,但仅有性并不是爱,爱本身包含了值得尊重的德行。"所以,我们可以看出,我们是怎样在不知不觉中由肉欲而达到道德观的,是怎样在粗俗的两性结合中逐渐产生温柔的爱情的法则的。"③虽然性激情最初

---

① 《爱弥儿》,第 810—811 页。
② 《爱弥儿》,第 690—691 页。
③ 《爱弥儿》,第 584 页。

由可感可见的肉体之美触发,但真正的爱情不同于不加区别的情欲,它具有排他性,偏爱某人且渴望得到对方的偏爱。爱不是虚荣的,而是一种公平的情感,强调得到与给予的一致,同时也充满信任与尊重。"爱情是排他的,是希图对方偏爱自己的。它同虚荣的区别在于:虚荣是只向对方提出种种要求而自己却什么也不给予对方,是极不公平的;反之,爱情是向对方提出了多少要求,而自己也给予对方多少东西,它本身是一种充满了公平之心的情感。再说,他愈是要求对方的爱,便愈是表明他相信对方。当一个人产生了爱情的幻想的时候,是容易相信对方的心的。如果说爱情使人忧心不安的话,则尊重是令人信任的;一个诚实的人是不会单单爱而不敬的,因为,我们之所以爱一个人,是由于我们认为那个人具有我们所尊重的品质。"①

真正的爱总是带有对对方的尊重,这让盲目冲动的性激情上升为爱的誓约。"在真爱中,性是对永远相互尊重的一次誓言。"②一般来说,春情萌动的少男少女爱上一个人很容易,但这一对象是否值得爱就需要一定的判断力。包含了性与爱双重维度的情感教育的意义在于,引导青少年如何正确地去爱——恰当的时机与对象。爱弥儿与苏菲不同于其他人的是,他们在相遇之前早已爱上以对方为原型的完美伴侣形象,也因此拒绝接纳其他异性并选择等待。卢梭巧妙地通过调节想象力来进行情感教育,力图让青少年生理和情感的成熟同时发生。只有尽力延缓而不是克制性欲望的生发,待到内心的情感日益成熟,青年人才可能将性激情转变为对婚姻的欲望和对法律的自愿服从,又不压抑和驯服那原初的欲望。③ 在此,我们不免联想到卢梭另一部以爱情为主题的作品——《于丽》。该书同样刻画了两个年轻人刻骨铭心的爱情故事,这部作品比《爱弥儿》更早且更深入地展现了卢梭的爱情观:真正的爱是最纯洁的渴望与最完满的肉体的结合。④

(一) 爱的含义

爱情巨大的力量有时甚至让沉醉其中的人违背自爱的必然性原则,甘愿为

---

① 《爱弥儿》,第718页。
② (美)阿兰·布鲁姆著;胡辛凯译:《爱的设计》,第47页。
③ (美)阿兰·布鲁姆著;张辉等译,《巨人与侏儒》,第203页。
④ (美)阿兰·布鲁姆著;胡辛凯译:《爱的设计》,第27页。

爱付出乃至牺牲。爱的本质究竟是什么？首先，想象力是爱的源泉。虽然青年人最初会关注到异性是出于肉体的欲望，但激发爱情的是美的想象。"爱弥儿爱苏菲，但是，是什么东西首先使他那样爱她的呢？是感情、美德和对诚实的事物的爱。"①爱的感觉实际上是想象出来的幻觉。"凡是真实的爱，都是充满着热情的，其所以那样地充满热情，是因为在想象中始终存在着一个真正的或虚幻的完美的对象。如果在情人的眼中看来那个完美的对象是没有什么价值的，是一个只供官能享乐的工具，在他的心目中哪里还能燃起一股激烈的热情呢？"②人们爱上的往往并非对方真实的一面，而是缀以自己心中的美好幻想之后的样子。那么，爱的想象究竟是全然的幻相还是包含了真实的因素？卢梭一边告诉我们爱的对象本质上是一种幻觉，一边又指出那些对美的人或物的情感是真实的。这样的爱比一切真实更值得人停驻。那些真正美的人或事物具有这样的两种东西——一种是爱使我们生气勃勃的东西，一种是我们去爱的东西。因此，爱带给人的愉悦更多来自关于爱的想象，就像爱弥儿在探望苏菲的往返路程中同样感受到绵延的爱意与幸福感。"即使他去看她，他一来一去花费在路上的时间，也要比同她待在一起的时间多。正是这种真诚的、纯洁的、甜蜜的、想象多于实际的快乐，能够刺激他对苏菲的爱情，而又不至于使他变得懦懦弱弱像一个女人的样子。"③或许正像布鲁姆所言，爱包含强有力的幻觉，也可能被全然当成幻觉，但它所产生的那些影响却不是虚幻的。④爱弥儿在甜蜜想象中感受到的爱情魅力一点都不输于他在恋人身边的时刻，甚至更加深刻。具体说来，什么是爱的对象？卢梭认为虽然爱情最早来自美的外形容貌的吸引力，但真正让爱持续升温的是对方身上的美德。爱弥儿爱苏菲的"感情、美德和对诚实的事物的爱"，反之，苏菲爱他的"俭朴、慷慨、淡泊名利和对善的尊重"。⑤

其次，爱并不是从爱侣的相遇才开始的，对爱的寻觅与等待是爱情的真正起点。无论是爱弥儿，还是苏菲，他们都在遇到对方之前就爱上了彼此。他们都曾满怀憧憬地等待命定之人的出现，也同样怀揣理想爱人的形象踏上寻觅爱情的

---

① 《爱弥儿》，第722页。
② 《爱弥儿》，第641—642页。
③ 《爱弥儿》，第727页。
④ （美）阿兰·布鲁姆著；胡辛凯译：《爱的设计》，第318页。
⑤ 《爱弥儿》，第722—723页。

旅途。直到相遇的那一刻,长久而深刻的爱恋突然有了具体的对象。让我们通过回顾这两个年轻人各自的心路历程,了解爱的情感是如何从一颗想象爱的种子在心间长成为茂密枝叶。

爱弥儿是如何寻找他的伴侣的? 老师建议主动去认识和了解女性。首先,他的苏菲可能出现在哪里? 卢梭的写作方式很少直接正面给出问题的答案,而是从否定性的角度排除不可能的选项,并借此批评和讽刺现状。他认为在下层社会难以觅得佳偶,因为上层社会的风俗已败坏,导致下层社会的女性身上也沾染恶习。这实质上指出社会风尚由少数上流社会的人们引领,他们影响了整个社会中民众关于善和美的道德观念。其次,苏菲会是什么样的女子? 一个受过教育的男人不宜娶一个没有受过教育的女人。一个好妻子能够带给丈夫生活的乐趣,只有同有教养的女子交往才有乐趣。另外,一个好母亲应有思考的习惯才能很好地教育孩子。但在卢梭这里,人的德行始终高于才情,他又表达了自己更喜爱赞赏没有学问的女人,认为她们比有才情的女人更加淳朴有德。而女人的相貌,虽然最先被人注意到,但应是放在最后考虑的东西,温雅的风度气质胜过美丽的姿色。作为大自然的学生,苏菲符合上述品貌及才学的描述。不出作者所料,爱弥儿最终带着失望的心情离开巴黎。他们注定不会在大城市的社交圈邂逅,而是相遇在大自然的怀抱中。

反观苏菲,她的经历与爱弥儿颇有相似之处。卢梭对苏菲遇到爱弥儿之前的心理变化着墨更多。在她尚未与命定的伴侣相遇前,对对方的想象让孤独的生活都变得甜蜜起来。对完美的爱的幻想让苏菲对芸芸众生失掉兴趣,祈愿只悦一人心。她不仅知晓男女各自的权利和义务,且判断力早熟的她俨然已心存一个理想爱人的形象。在爱弥儿出现之前,苏菲满怀爱的信念,坚信现实中有那样一个与自己相似的品性端方的男子。这一份甜蜜的期许何时开始变成了难言的煎熬呢? 父母送苏菲进入城市的社交界后,尽管她如是持之,最终却失望而归。"她要寻找的是一个人,可是所遇到的尽是猴子;她要找一个高尚的灵魂,可是一直没有找到。"[①]母亲起初不理解苏菲的想法,觉得她过分挑剔了,后来才知道原来苏菲是以书中人物太累马库斯为自己理想的伴侣。进而,苏菲开始看似任性地埋怨父母,全因他们的教育让她过分偏爱美德才产生寻觅不到心上人

---

① 《爱弥儿》,第 667 页。

的痛苦。"我知道太累马库斯是一个虚构的人物,我所寻找的是一个同他相像的人。既然世界上有了我,而我觉得我的心和他的心又是这样的相像,那么,怎么会没有他呢？不,不要这样看不起人类,不要以为一个可爱的和有道德的人完全是幻想出来的。他是生存在这个世界上的,也许他也在寻找我,他要寻找一个爱他的心。……啊,我的母亲！你为什么要使我这样地爱美德？如果说我只爱美德而不爱其他的东西的话,那不能怪我,而应当怪你。"①这让我们想起,于丽也曾因类似的原因内心被撕裂,对美德的爱令她无法不顾亲情伦理地奔向不被世俗允许的爱情。这是一种怎样的内心体验？想要爱、懂得爱且配享最好爱情的女子因为无法降低爱的标准而只能处于孤独渺茫的等待中。不仅仅是卢梭笔下的苏菲与于丽,还有其他英国近代小说中的女性角色,如《傲慢与偏见》中的伊丽莎白和《小妇人》中的姐妹等。卢梭曾指出,所有令人痛苦的欲望并非来自自然。苏菲的痛苦不仅仅源于对爱情的渴望,更多的是源于想象力带来的痛苦。

卢梭没有继续描绘苏菲情感上的痛苦,他总结人在天性方面,女性对善和美的爱与男人无异。"尽管由于我们这个时代的风俗使人们产生了许多偏见,但在爱善和爱美方面女子并不比男人差,在大自然的培育之下,她们也能够像我们一样做种种的事情。"②说到底苏菲不过是普通的女孩子,唯一的优势是接受了良好的教育。"男人和女人共同的地方在于他们都具有人类的特点,他们不同的地方在于他们的性。"③两人相遇前对爱的理解颇为相似。爱饱含想象且有自身的尺度,让人渴望享受爱的同时却不愿勉强自己接受与想象不符的现实。同样作为大自然的作品,男女各自的性别特点都是完美的。男女之间的感情和各自的天然义务在两性先天差异中找到了自然的根基。

最后,爱弥儿与苏菲的相遇及相处揭示了爱的本质。卢梭不吝笔墨详细描绘了爱弥儿与苏菲初遇的情形,因为初次的爱情经历将会极大影响一个人的性格、思维方式、感情倾向和爱好。此时,两个年轻人都做好了享受爱情的身心准备。年过二十岁的爱弥儿正处于少年时期结束的时候,身心健康,自足自立,无论是理智与感情,还是品德与审美,都得到了良好的培养。卢梭描绘了爱的火花

---

① 《爱弥儿》,第669页。
② 《爱弥儿》,第670页。
③ 《爱弥儿》,第579页。

迸发后男女青年的不同表现。庄重又自尊的苏菲之所以表现出高傲严肃的样子,实则是恋爱中自控力不足的自我保护措施。她为避免在爱情的诱惑下出现失足的风险,通过控制男友来间接保护自己。同时,明确了与爱弥儿的恋人所属关系后,苏菲面对其他年轻异性时的轻松洒脱无疑进一步激发了爱弥儿的忧虑和占有欲。

爱情的性质自始就是一种去除了自然性的人为情感,尽管它以性成熟为相应的自然基础。卢梭认为,肉体欲望并非来自身体感官本身,而是源于想象的刺激,因此性欲望并不属于人的真正需要。"一个在荒野中成长起来的孤独的人,要是他不看什么书,不受什么教育和接触什么女人,不管他活到多大的年龄才死,他死的时候也是童身。"①对于在封闭环境中独自成长和生活的人来说,性激情甚至没有产生的机会。这再次呼应了《论不平等》中野蛮人只有性欲望却不懂爱情的状况。在《爱弥儿》中,他将爱归为源自自恋的某种现象,去除了其中的自然性。②

卢梭还刻意揭示,爱情中常见的嫉妒心不一定都出自人的天性。"但是,当这种愿望变成了欲念,变成了疯狂,或者变成了痛苦和忧郁的梦想,即所谓的嫉妒,那又是另外一回事情了;这种嫉妒的心理,也可能是自然的,也可能不是自然的,所以我们应当把它们加以区别。"③渴望得到或占有自己喜欢的东西是自然的情感倾向,但如果这种情感变成了嫉妒,就有可能不是自然的了。卢梭认为动物源自天性的嫉妒很大程度上归咎于雄性动物的性本能,而在人类社会中,嫉妒往往出于自恋这一常见的社会性激情。④由此可见,人的嫉妒心也有不同的种类。"既然嫉妒心在人的心中只不过是一颗种子,则它以后将发展成什么形式,那完全是由一个人所受的教育决定的。"⑤爱的教育的意义再一次凸显,爱弥儿懂得爱且不虚荣,嫉妒激发他成为更好的人,用自身的品行去赢得爱情。不论男子还是女子,也不论爱的激情是否曾隐身在高傲或嫉妒的身后,卢梭让我们看

---

① 《爱弥儿》,第537页。
② 曹聪:《自然教育与人为技艺——卢梭〈爱弥儿〉教育方案的困境》,《全球教育展望》2020(09)。
③ 《爱弥儿》,第715页。
④ 《爱弥儿》,第716页。
⑤ 《爱弥儿》,第718页。

到,经过爱的学习,青年人的心终会挣脱情欲的束缚,走向令人尊重和爱恋的美德。

(二)爱情与美德

卢梭情感教育的预期是什么?不仅仅是将爱弥儿最初无目的的性激情升华至对特定对象的爱,更期望通过巧妙控制情感来引导学生获得道德德性。[①] 情感,尤其是爱情何以成为一个道德的主体呢?来自性的欲望让人的感受力第一次超出自我的范围,注意到周围的人。"只要他的感觉力对他个人还受到限制的话,他的行为就没有什么道德的意义;只有在他的感觉力开始超出他个人的时候,他才首先有情感,而后有善恶的观念,从而使他真正成为一个大人,成为一个构成人类的必要的部分。"[②]爱不仅是婚姻的情感基础,也是道德观念的自然前提。卢梭揭示了爱情如何从两个方向来增益美德。一方面爱情会促使人向往并追求美德;另一方面纯洁的爱情能够帮助人抵御世俗环境的不良影响,避免人在社会中不经意走向堕落。

爱情是如何激励人追求美德的呢?以苏菲为例,她要求得到理想对象全心的爱,且爱自己的美德多过于外表。"要是一个人意识不到她的美德的价值,要是他不像爱她的美色那样爱并且加倍地爱她的美德,要是他不知道他应当首先尽他应尽的义务然后才去爱她,要是他不知道他爱她应当胜于爱其他一切的东西,那么,她是看不起这样一个人的。她并不希望得到一个完全按她的意志办事的情人,但是她希望驾驭一个不因为她而损坏其本身优点的男子。"[③]这包含了对所爱之人的两个要求:一是理想的对象必然也德才兼备,不因坠入爱河而有损自身的德性;二是如若对方只是被姣好的容貌所吸引,却不尊重自己的美德,那么这样的爱人也不值得爱。总而言之,真正让爱留驻并焕发生机的是人内在的美德,懂得爱的人须自身有德并欣赏对方的美德。

而且,往往只有经历自我的斗争才配享美德之名。即使是天造地设的恋人,

---

① (美)马斯特著;胡兴建,黄涛,王玉峰译:《卢梭的政治哲学》,上海:华东师范大学出版社,2013,第86页。

② 《爱弥儿》,第331页。

③ 《爱弥儿》,第734页。

爱情之路也并非一路坦途。爱弥儿和苏菲遇到的第一重障碍是担忧财产会败坏德行。此时,陷入热恋的爱弥儿以为他已经获得了他的幸福,但却没有得到苏菲允婚的正式答复。苏菲无疑是喜欢爱弥儿的,她出于骄傲拒不吐露的难言之隐是对二人家境的差距的忧虑。她反对的不是财富本身,而是财产对富人内心的不良影响,担心爱弥儿重视财富胜于自身的德行。财产与所有者的品行并不直接矛盾,关键在于人对金钱的看法和运用方式。那么,爱弥儿如何打消苏菲的疑虑呢?老师的建议是让爱弥儿用他踏踏实实工作的姿态让苏菲看到他的美德未被财产败坏。后来,当爱弥儿因为遵守和工场主的信约而拒绝与苏菲及家人提前离开,更让苏菲为之赞叹。他向苏菲展现了自己的行为准则:义务是无法用金钱去抵偿的。①另外,在《爱弥儿》中,导师唯一一次命令爱弥儿的例子出现在学生恋爱时期。当导师用"苏菲死了"这样可怕的假设开启他和学生的谈话时,爱弥儿才惊觉自己已完全臣服于对苏菲的爱。这些并不符合必然性法则的情感欲望将会成为爱弥儿烦恼的来源,因为它们势必会打破其身心和谐有序的状态。而且,欲念的永续不满足最终致使屈从于它的人变得不道德。当爱弥儿的心受苏菲的一举一动所牵动,以自己迷恋的对象为转移,他就变成了爱欲的奴隶。爱情本身是纯洁的,关键在于如何控制它还是被它所控制。导师要求爱弥儿离开苏菲外出游历学习,情感依恋与自由人格的冲突显现于当下。自由与德性的关联也随之明晰起来,自由是成为一个有德之人的前提。只有当爱弥儿自身想要自由,才可能将导师的权威训诫转化为自决的意志。"道德问题不再是喜好与义务而是喜好与理想之间的矛盾,这等同于个人意志与公意之间的矛盾。对理想的投身完成了全部教育,是爱弥儿的心灵与他的行为原则的归结。"②这也揭示了道德从情感中诞生的关键,外在的权威如何转化成内在的意志。

这对年轻的恋人经历了数次危机,从苏菲对求婚的拒绝、爱弥儿因帮助他人失约到外出游历。比如,爱弥儿因帮助别人而失约,爱情没有让他忘掉人道精神。他也因此最终赢得了苏菲的心和允婚的许诺。"对她来说,偏爱人性的权利意味着更关心她自己关心的东西,这比偏爱她这种源于一种必定要消失的品味要更有价值。……在这个场景中,他展现了最高的情感,他主动的同情,而这

---

① 《爱弥儿》,第734页。

② (美)阿兰·布鲁姆著;张辉等译:《巨人与侏儒》,第213—215页。

成了体现在他身上的人的尊严,这一尊严通过那种为人所独有的可能性表达出来,即尊重所有人,并把他们自身当作目的。他成为苏菲的奴隶,却获得了作为社会人的自由。"①爱在此刻达到了顶峰,爱人性比爱某一异性更崇高。恋人间的每一次矛盾冲突都是促成爱情的升华和自我觉知发展的契机。他们运用男女不同的天性特质让爱情更加稳固,自身也更具美德。正如导师对苏菲的教导:"要使用娇羞的美态去达到道德的目的,要使用爱情的力量去增益理智的行为。"②我们在爱弥儿身上看到爱情的教育意义,他如何从一个身心健康的青年变成懂得爱与美德的恋人,再成为能够肩负家庭与社会责任的准公民,最终与苏菲走入婚姻的殿堂。反之,爱情如何让人规避误入歧途的风险?真正的爱情会直接影响青年人的天性倾向。按照卢梭的逻辑,一个有所钟情的年轻人自然不会趋于淫乱。爱情成为保护爱弥儿免受城市不良风气侵蚀的最佳预防手段,为身心安筑抵御尘世诱惑的篱笆。可以说,在爱弥儿走入社会之前,学会爱是增强和加固自身德性的最后一课。爱不仅是道德的动力源,亦是柔软又坚韧的盔甲。

三、准公民的家国之爱

当盲目的欲望升华至专属的爱情,相爱的人们进而渴望步入婚姻及组建家庭。家庭是构建政治共同体的最小单位,因而爱欲也成为人类政治生活的情感动力之一。爱情与家庭亲情也因此成为人们缔结社会契约最合乎情理的自然根基。"自然栖身在那些最原始的情感之中,它提供了通往普遍之物或共同之物的纽带,尽管后者只是一种人为的契约,只有当其基于自然时,它才是有力和有用的。"③就像卢梭在《爱弥儿》中提到的,按照自然的秩序,只有先成为好儿子、好丈夫和好父亲,才可能成为好公民。④ 当爱弥儿选择进入婚姻时,需要做好成为一个丈夫和父亲的角色,并能承担起相应的责任。在成为国家的成员之前,爱弥儿还需要学习和了解自己在社会秩序中的位置及相应的责任。

---

① 《爱弥儿》,第 142—143 页。
② 《爱弥儿》,第 811 页。
③ (美)阿兰·布鲁姆著;胡辛凯译:《爱的设计》,第 110 页。
④ 《爱弥儿》,第 588 页。

婚姻以爱情为自然法则,但幸福的婚姻仅有爱情是不够的。"丈夫和妻子应当互相选择。他们必须以共同的天性倾向作为第一个联系。"①这是需要在两个人的关系中完成的自我教养历程。婚姻是一个人成为家庭乃至社会成员的标志,需要怎样的天性倾向才能让特定的两个人实现从孤独的自然人到社会人的过渡与转变呢? 首先,婚姻的幸福取决于二人在主要方面而不是所有维度的适配。卢梭具体指的是哪些方面的般配呢? 大致分为三种:自然的、社会制度的和世俗舆论的相宜。"在有些方面是就自然的情况来说是相配的,而在另外一些方面是就社会制度来说是相配的,在还有一些方面则完全是按照世人的舆论来说是相配的。"②父母可以判断后两种,但只有子女本人能够判断第一种;后两者是易变的,第一种始终如一。当然,完美匹配的幸福在现实中难以寻觅,只要尽可能地避免那些本可以不遭遇的不幸就已经消除最大的痛苦了。其次,决定婚姻是否幸福的是两个人的意愿与情感。"自然的那些冲动——它们不是法律的产物——必须成为法律的根基。人们可以为道德立法,如果立法基于自然的话,并且只有当所有旨在改造男女关系的伟大计划都扎根于自然时,它们才会起效。使变化的欲望转化为不变的责任是在理性协助下的意志的工作。"③欲望转化为责任的关键在于自然而非习俗。虽然习俗的力量不容忽视,但卢梭还借苏菲父亲的口表达了什么是影响人的抉择(比如婚姻)的最重要因素。"在重要的东西上,人类的那种永恒的渴望不是被习俗、被此时此地所决定,而是被那些根本的东西所决定的,比如真正的德性和美丽。"④苏菲的父母以自己的亲身经历为例,说明婚姻的幸福不在于外在的条件,而是靠那些"一般人根本不加考虑的男女双方自然相配的地方"⑤。苏菲父亲的谈话还提到欲望和意愿的关系,这也是《爱弥儿》最后一卷的主题。履行婚姻义务的前提条件是婚前相爱,说明自然的欲望是意愿的前提。

　　当爱弥儿与苏菲步入婚姻殿堂之后,导师与一对新人分享了维持好的婚姻的诀窍。爱情与强制不相容,因而婚姻需靠夫妻双方的忠实来维系。在此基础

---

① 《爱弥儿》,第 660 页。
② 《爱弥儿》,第 659 页。
③ 《爱弥儿》,第 128 页。
④ 《爱弥儿》,第 128 页。
⑤ 《爱弥儿》,第 659 页。

之上,婚姻的神圣有赖于双方共同的愿望,温存的关心还是甜蜜的爱情才可能转化为日常的义务与权利。对于婚姻而言,爱情不可或缺,但还需要拥有孩子这一甜蜜的而且比爱情本身还牢固的联系。我们在《忏悔录》中看到,卢梭自身的共和思想及爱国情怀的源头来自以普鲁塔克《名人传》为主的外祖父的一些藏书。"从这些有趣的阅读中,以及因此而在我和我的父亲之间引起的讨论中,我养成了热爱自由和共和制度的精神,养成了不愿受任何奴役和束缚的倔强高傲的性格……我生为一个共和国的公民,我父亲又是一个以爱祖国为最高尚情操的人;作为他的儿子,我下定决心要以他为榜样,热爱我的祖国。"① 当爱弥儿的教育结束的时候,他回到了家乡但没有自己的祖国。卢梭指出,爱弥儿的义务之一是热爱他的出生地。② 从性质上看,对家乡的爱仍属于自然的情感分支。那么,从教育的角度来看,爱弥儿的政治情感是如何发展起来的呢?

> 我完全同意人们的这个说法:一个没有任何感情的人,当然是一个很坏的公民,不过,人们须知,虽说不能把人教得什么都不爱,但教他们爱这一个东西而不爱那一个东西,爱真正的美而不爱奇形怪状的美,就不是不可能的了。例如及早训练他们从他们与国家的关系来看待他们个人,把他们本身的存在看作是国家存在的一个组成部分,他们就能在某种程度上把自己与国家视为一体,感到自己是祖国的一个成员,用这种深厚的感情爱祖国(孤立的个人是只对他自己有这种感情的),永远向往伟大的目标,并把那种产生我们种种罪恶之源的有害的倾向变成高尚的美德。③

卢梭在《政治经济学》中描绘了公民教育的要旨正是培育公民热爱祖国的情感。为何卢梭认为只有爱国主义能够制衡先己后人的自然禀性?当人天然的自爱在依赖于人的社会中变为自私时,唯有将充满比较意味的自私升华至爱祖国的情感,将祖国放置于人心中的首位,共建理想的社会才有可能,或者说自由的共同体才具备夯实的自然情感基石。④

---

① 《忏悔录》,第 9—10 页。
② 《爱弥儿》,第 800 页。
③ 《政治经济学》,第 27—28 页。
④ (美)阿兰·布鲁姆著;张辉等译:《巨人与侏儒》,第 223 页。

四、人性目标的实现

(一) 人性教养目标考辨

虽然卢梭自称《爱弥儿》是揭示人性中恶之来源的作品,但他寄寓于教育的期望更多的是培育人性得到整全发展的预备公民。《爱弥儿》的教育之事中蕴含了什么样的人性目标?人性的复原及更新意图在何种程度上得以达成?本节拟通过考辨《爱弥儿》中人性目标的内涵及达成情况,尝试澄清某些对卢梭的质疑并为之辩护,最后得出对这一问题的结论及评价。

爱弥儿最终成为一个什么样的人?卢梭在《爱弥儿》开篇便提到教育应以自然为目标,后又明确指出,期望将爱弥儿培养成一个在城市中生活的野蛮人。① 这个生活在社会中的自然人的身心皆不依赖于他人,既不服从他人,也不命令他人,完全凭靠自己也为了自己而活。他无疑是幸福且自由的,因未在外界因素的不良侵蚀之下走向堕落。从《爱弥儿》的美满结局可见,年轻的爱弥儿似乎实现了导师预期的教育目标——一位步入婚姻并将承担起抚育下一代重任的自然人。但从《爱弥儿》未完成的续篇故事来看,卢梭的教育计划似乎又并未成功。一旦脱离了导师预设的封闭环境和教导,爱弥儿无力抵御社会的不良影响。在教育结束之后的独立生活中,爱弥儿没有成为预期中的能够履行社会责任和保持自然天性的人。从相关故事情节来看,这一点似乎已经为作者本人所觉察。总的来说,我们倾向于称爱弥儿的教育没有彻底失败。

爱弥儿成为公民了吗?答案恐怕是否定的,因为爱弥儿接受的教育不足以令他成为一个公民。教育结束时的爱弥儿仍只是一个人,尚不具备公民应有的同胞之情和对祖国的爱,也未能将自己视为更大的整体中的一份子。我们试图从人性维度来判断卢梭教育目标的实现问题。首先,爱弥儿教育成功与否取决于卢梭写作《爱弥儿》的意图。如果卢梭并未寄望于将爱弥儿培养成一位公民,那么这一点便不应成为卢梭被指责的因由。其次,如从人性角度来判断爱弥儿是谁的话,我们需要对他所具备的情感等禀赋能力进行更准确的梳理与界定。

---

① 《爱弥儿》,第9页。

在自然的教育完成时刻,爱弥儿宣称自己无论在何地都拥有内心的自由,既没有具体明确的政治社会地位,也没有祖国。无论是对同胞,还是自己身处的家乡,成年后的爱弥儿至少具备了成为一名公民所需的社会情感的自然情感基础。如此看来,《爱弥儿》一书正文结束时的青年爱弥儿既不是哲人,也尚未成为公民,而是一个在社会中与同胞们生活在一起的自然人。

进一步问,《爱弥儿》中的教育达到了怎样的人性目标?卢梭将教育分为三种:自然的、人的和事物的教育。教育的目标是人和事物的教育配合并尽力实现"自然的目标"①。自然的教育目标指人的身心得到充分完整的发展,但这样的解释似乎仍过于空泛。当他描绘想要培养出什么样的人时,也向我们展现了何为良好的教育。如果从人性的角度来看,教育为何?卢梭曾在《爱弥儿》"序言"结尾处谈到自己的目标,希望培养出他所想象的人。他理想的学生能够自主达成目标,自恃如一地活着(vit conséquemment)②,能够忍受生活中的悲喜且利用一切身心禀赋去觉知自身的存在(le sentiment de notre existence)③。正如有的研究者认为,卢梭意欲培养的是一个在自然、道德、社会和政治诸领域内都处在自身位置(être à sa place)的人。④

(二)教育目标中的人性悖论

爱弥儿最终成为了谁?通过自然的教育,卢梭教养出的人是否符合他的想象?作为卢梭想象力的作品,爱弥儿这一虚构出来的学生具备人的普遍性,却不是泛泛而谈的人。卢梭没有为人的自我发展设定界限,因为人的自然性中蕴藏了不断完善自我的超越维度,但在相对封闭可控的教育中,爱弥儿行至何处是能够被确定的。

---

① 《爱弥儿》,第9页。

② 《爱弥儿》,第8页;译文有改动,另参 O.C., IV, 247。原中译为:"生活得很有意义",conséquemment 更强调一致性,意指人的身心和谐一致。

③ 《爱弥儿》,第17页;译文有改动,另参 O.C., IV, 253。中译为:"对生活最有感受",译法相对模糊;"对我们存在的觉知"(le sentiment de notre existence)是卢梭思想中的重要概念之一,更多相关论述参见《遐思录》的第五个梦及《论不平等》,第63页。

④ Lenne-Cornuez J. Être à sa place. La formation du sujet dans la philosophie morale de Rousseau[M]. Classiques Garnier, 2021.

卢梭在《爱弥儿》中竭力描绘了一幅学生爱弥儿如何从孤独的自然生活过渡至群居的社会生活的教育蓝图。他称呼成年后的爱弥儿为"一个生活在城市里的野蛮人"①，既让自身的天性得到了充分的发展，又成为能够适应社会和家庭生活的一员。这一思想任务最棘手的地方是，爱弥儿如何在葆有自然天性的前提下，借助教育之力完成从孤独封闭的前期生活向与他人共处的社会生活的转变？其中，自然人与公民的区分带来了难以调和的人性悖论。"自然人完全是为他自己而生活的；他是数的单位，是绝对的统一体，只同他自己和他的同胞才有关系。公民只不过是一个分数的单位，是依赖于分母的，它的价值在于他同总体即同社会的关系。好的社会制度是这样的制度：它知道如何才能够最好地使人改变他的天性，如何才能够剥夺他的绝对的存在，而给他以相对的存在，并且把'我'转移到共同体中去，以便使各个人不再把自己看作一个独立的人，而只看作共同体的一部分。"②

卢梭在《爱弥儿》中是从教育目标的可行性上论述人的双重身份及其矛盾的。卢梭在谈论具体的教育目标时，展现了人身上的身份二重性及其矛盾。"由于不得不同自然或社会制度进行斗争，所以必须在教育成一个人还是教育成一个公民之间加以选择，因为我们不能同时教育成这两种人。"③自然人为自己而活，而公民的人生意义在于为共同体服务。在人与人的关系上，自然人只与自身打交道，公民则是对应社会总体。二者的矛盾之症结在于人天生倾向于保存自我的生存，而社会义务则要求公民为国忘私。究竟应该遵循天性倾向呢？还是尽自己的社会义务？"凡是想在社会秩序中把自然的感情保持在第一位的人，是不知道他有什么需要的。如果经常是处在自相矛盾的境地，经常在他的倾向和应尽的本分之间徘徊犹豫，则他既不能成为一个人，也不能成为一个公民，他对自己和别人都将一无好处。"④

虽然卢梭明确为爱弥儿选择了非公共的自然教育，但他既没有否定公民教育的可能性，且进一步论述了自己期望能够消除上述两种教育之间的矛盾，培养

---

① 《爱弥儿》，第 308 页。
② 《爱弥儿》，第 11 页。
③ 《爱弥儿》，第 10 页。
④ 《爱弥儿》，第 12 页。

出既为自己又为别人的人。"如果一个人唯一无二地只是为了他自己而受教育,那么,他对别人有什么意义呢?如果一个人所抱的两重目的能够结合为一个单独的目的,那么,由于消除了人的矛盾,他就消除了他的幸福生活中的一大障碍。"①想要做到这一点,必须了解自然的人。何为自然的人?在卢梭看来,人与人是天然平等的,人的天职在于成为有德行的人。"在自然秩序中,所有的人都是平等的,他们共同的天职,是取得人品;不管是谁,只要在这方面受了很好的教育,就不至于欠缺同他相称的品格。"②此外,从卢梭对教育好坏的评判也能推出他对理想人性的预期。"在我们中间,谁最能容忍生活中的幸福和忧患,我认为就是受了最好教育的人。由此可以得出结论:真正的教育不在于口训而在于实行。"③受过良好教育的人更能包容生活中的幸与不幸,且懂得如何生活。最懂得生活的人是最能够感受自身存在的人,由此可见,人有感受生活的潜能且有可能在教育中得以完善。

人的这一矛盾有可能消除吗?个人德性与公民德性的根本矛盾在于,如何让自由的心智认可并热爱现存的政制。从自然人转化为公民自我教养的关键落到了自由的区分之上。以自爱为源头的情感是奴役人的枷锁,也是令人自由的契机。《爱弥儿》的思想任务正是解决人的自然倾向和社会义务之间看似难以共存的矛盾,让爱弥儿成为自然、自由且幸福的人。个体教育的完成并非卢梭思想的终点,没有适宜的居住之地,完成了自我教养的爱弥儿及其妻子苏菲也难免在社会生活中堕落。像爱弥儿这样的未来公民,应居于自由的共同体中。这在《爱弥儿》第五卷的游历部分和卢梭另一部著作《社会契约论》中有更为集中的阐述。④

(三) 自由的区分与超越

上一节厘清了形成教育目标上的人性悖论的原因是自然人和公民的不同人性要求:自然的自由与出自自由的自由。"第一种是不受阻碍地做在自然状态

---

① 《爱弥儿》,第 14 页。
② 《爱弥儿》,第 15 页。
③ 《爱弥儿》,第 15 页。
④ 《爱弥儿》,第 815—872 页。

下怂恿人做的任何事的自由,第二种是不受专横的自然必然性约束的自由,这种自由通过形成公意的能力表现出来。"①关于人的自然自由,这一提法不仅仅为卢梭所用,在近代曾被广泛运用。卢梭以此指代未被社会制度与习俗等破坏的人的天然自由状态与权利。而出自自由的自由则建立在人对自身自由意志的觉知之上。从另一个角度看,自然与自由相互融通。自然的自由中已蕴含了最终自由的可能,而最终的自由也必然是符合自然倾向的。这一概念精确地表达呈现出自然与自由的内在关联性。自然蕴含了萌芽状态的自由,人的自由抉择甚而超越了自然因果律。因而,自由是自然的基本禀赋之一,即蕴藏了自由的人性自然可被称为自由的自然。黑格尔曾在习惯和教育相关的意义上使用"第二自然"的概念。"对伦理事物的习惯,成为取代最初纯粹自然意志的第二自然,它是渗透在习惯定在中的灵魂,是习惯定在的意义和现实。它是像世界一般地活着和现存着的精神,这种精神的实体就这样地初次作为精神而存在。"②有的学者将人的自由禀赋称之为人的第二自然,将之视作卢梭不同于理性主义自然观和浪漫主义自然观的一种新的自然观。美国后分析哲学家麦克道尔(John McDowell)就从自由与自然一体化的本体论立场重构了人的第二自然(second nature)。第二自然就是"不仅因为我们生而具有的潜在能力而且也因为我们的教化而形成的方面"③。他认为这种自然主义没有将人与自然作为两个截然分离的实体性存在,而是认为人在后天养成的一切要素,特别是决定人之为人的理性概念能力,随着时间的推移、生活的演化和习惯的养成,渐渐也成为自然的一部分。④

人能够达到自由的工具是与生俱来的某些情感潜能。按照卢梭的运思路径,只有通过自然的教育让人的情感得到充分的自我发展,才能培育出拥有自由觉知的行为主体。从人性现状来看,自然被扭曲的人们丢失了什么?"我们的自然情感是有限的。它们是我们达到自由的工具,它们能使我们达到保持生存

---

① (美)阿兰·布鲁姆著;胡辛凯译:《爱的设计》,第312—313页。
② (德)黑格尔著;范扬,张企泰译:《法哲学原理或自然法和国家学纲要》,北京:商务印书馆,1982,第170页。
③ McDowell J H. Mind and world[M]. Cambridge: Harvard University Press, 1996, 87.
④ 王增福:《西方自然观的历史嬗变与哲学审思》,《学术交流》2015(01)。

的目的。"①本书前面几章已回顾了卢梭所批判的人的不自由现状,并重构了卢梭的人性发展谱系。综合来看,最能代表人之本性的是自由的自我觉知。在爱弥儿的教育结束之际,导师揭示了他已达到预期的教育目的:他的学生的心是自由的。"自由是存在于自由的人的心里的,他走到哪里就把自由带到哪里。"②更准确地说,爱弥儿并非获得某种绝对的自由,而是培育了成熟的感受力,能够感受到自由的限度,辨别何为自然的需求。在觉知并服从必然性法则的过程中,他因成为自己的主人而摆脱了被奴役的命运。卢梭区别于其他思想家之处在于,他并未深究理性的自由特质,而是将情感立为人性的根本。在自我成就的爱弥儿身上,天性要比习俗重要得多。卢梭在《爱弥儿》中透过一场朝向自由的教育思想实验刻画出自我情感从自爱到爱祖国的自我教养历程。

在卢梭看来,人性以自爱为明确的开端,却无终点,因为人的发展具有不断自我超越的无限性。但如果划定一个范围,比如在论教育的《爱弥儿》中,我们能够确认教育结束时爱弥儿成为一个怎样的人。彼时,虽然他还不是公民,但已是一个拥有自由觉知的道德行动主体。这是一种怎样的自由?施特劳斯认为《论科学与艺术》中最有趣也最具原创性的思想是:"好就意味着做自己"③。用卢梭的话来说,人拥有一种未被世俗法和神法沾染的自然的自由。因此,做自己意味着按照自我设立的榜样来培育和塑造自己。

作为社会中的自然人,爱弥儿在教育结束后达至的自由经得起生活的考验吗?《爱弥儿和苏菲》这一未完成的续篇故事或许隐含了卢梭对这一问题的自我反思。至少,我们从中看到,卢梭对后来人们提出的那些批评和质疑似乎早有预见。人只有经历过外界考验和自我斗争,才可能成就美德并获得内心的自由。《爱弥儿》正篇中的幸福结局看似完满却如幻梦般易碎,只因爱弥儿从未脱离过导师的保护,没有独自经历过世事。续篇故事向我们展示了,爱弥儿离开了导师教导后的生活并不平顺,在经历尘世的堕落之后,再度寻得内心的自由,他过往所受的教育才真正发挥出效用。当爱弥儿离开巴黎、离开苏菲之后,他放弃了丈夫、父亲等社会身份,回到了仅仅作为人的当下生活之中。此时,凭靠双手生活

---

① 《爱弥儿》,第318页。
② 《爱弥儿》,第792页。
③ 《论科学与艺术(笺注版)》,第75页。

的爱弥儿哪怕沦落为奴隶,也仅服从必然性法则的奴役,他再次成为自己的主人。

结合续篇故事来看,卢梭为爱弥儿量身订制的人性教养计划似乎成功了,又没有完全成功,准确说是没有彻底失败。虽然续篇故事并未完结,但其中奴隶爱弥儿反抗暴虐主人的故事情节似乎可视作人性的部分实现。爱弥儿即使沦为奴隶,也仍有可能自由且幸福,因为这完全由他自身决定。他终于达到了导师的期许:在接受必然性束缚的同时,反抗他人意志对自己的束缚。①吉尔认为经过教育的爱弥儿至少为婚姻做好了准备,完成了自我的部分社会化。② 然而,无论是《爱弥儿》正篇还是续篇故事的结尾,爱弥儿不是生活在乡间,就是安居于遥远的孤岛。他所呈现出来的与社会主流生活的疏离感似乎背离了卢梭最初的期待:培养一个生活在城市里的野蛮人。爱弥儿秉持的内心自由感并不是处在社会生活中的自由,而是居于幻象的国度中。但自由之力对人的生命信念及生活规范的影响却是真实的,这或许是卢梭人性之思最富有魅力的地方。

---

① Gill N. Educational philosophy in the French enlightenment: From nature to second nature [M]. Routledge, 2016, 188, 224.

② Gill N. Educational philosophy in the French enlightenment: From nature to second nature [M]. Routledge, 2016, 188, 227.

第五章 《爱弥儿》人性思想的理论根据

经过上一章重构了《爱弥儿》人性思想的发展趋向之后，本章将进一步回溯卢梭思想整体中的人性理论根基。我们从卢梭思想的基本原理可知，对人的研究贯穿其思想的始终，我们也据此做出以下两个预判：第一，虽然从他诗意优美的写作风格中似乎看不到体系建构的痕迹，但他的思想自始至终是一个自洽连贯的整体。这一预设符合卢梭对自己思想的论断，我们尝试以人性问题的视角将卢梭思想之树的树干显现于当下。"我的大多数读者肯定常常发现，我的几篇论文结构不合理，甚至完全缺乏条理，因为他们没能看到树干，毕竟，我只向他们展示了树枝。"①第二，卢梭最根本的思想原则是对人的规定，全部作品皆可视作他在不同层面和领域对这一论断的探究与阐发。不过，连作者本人都哀叹他的作品看起来矛盾重重，要想把握他思想的自洽性需要读者付出艰苦的努力。②上述基本原理中蕴含了卢梭思想的起点：当他经验到文明社会中"人如其不应是"的生存现状，这一不自由的经验触发了他对"人如其应是"及"如其能是"的反思与探索。

作为教育尺度的人性之思并非无源之水，卢梭早在《爱弥儿》之前的作品中已展开对人性问题的探索。如果没有以卢梭思想基本原理为轴心的人性现状及本质的建构，那么，《爱弥儿》中的人性谱系便无所依傍。卢梭在批判了文明社会中人性堕落的现状之后，更加确定人天生善好的人性立场，继而通过想象并塑造于丽这样一位女性典范坚定他对人性的信心，基于此，《爱弥儿》中的教育之事才有根基。

---

① 《论科学与艺术（笺注版）》，"致博德斯第二封信的前言"，第205页。
② 《遐思录》，第57页。

一、卢梭的基本原理：自然善好的人

当人内在的自然被腐蚀，人的行为只能被动地盲从习俗与他人的意见。在这样的态势中，人的自然天性过早地被扭曲，逐渐长成被社会制度塑造的人为之人。在卢梭经验到文明人不自由的现状后，他转向对人的自然的应然想象。从其基本原理可见，他认为人本来是好的。在最早公开发表的论文《论科学与艺术》中，卢梭并没有直接提出人生而善好的观点，但至少不反对它。1752 年，他在该文的回应文《日内瓦人卢梭的最后答复》①的那条"送给哲人们的注释"里第一次提到"人应是自然善好的（L'homme soit naturellement bon）"②，并声称这是他"相信并乐于感受到的"③。卢梭在此的用意是指出科学的发展对人性来说并无益用，并未具体解释何为人的自然之善。在他几乎所有的著述中，始终笃定人天生就是善好的。这在一定程度上说明他的心中或许怀有善好之人的典范形象或某种证据，而不仅仅是某种出于宗教信念或情感倾向。由于这一命题从正面角度奠立了卢梭人性思想的起点，澄清此中含义也成为考察卢梭对人性之知的必要步骤。卢梭为何认定人是自然善好的？以及他又如何证明了这一点？有研究者认为，卢梭并未证明这一原则，只是赋予了这一论断名不副实的至高地位。④

我们从词源语法入手分析卢梭的自然之义。何谓"自然地"？我们无法直接判断它是卢梭对人的本质定义，抑或只是对人的特性评价。因此，暂且搁置对这一命题的定性判断，先行考察其中的"自然（地）"及"善好的"两个概念。本节尝试从日用词法、哲学术语和卢梭文本三方面渐进地考察卢梭的这两个概念。卢梭将"naturellement（自然地）"用作对人的界定，从比较的相关性出发，故选择亚里士多德的人的相关命题进行参照对比。亚里士多德在谈及人的存在时两次

---

① 此文是卢梭对 1751 年博德斯（Charles Bordes）公开宣读并刊发的《论科学和文艺的益处》一文的回应。参见《论科学与艺术（笺注本）》，第 133—170 页。

② 《论科学与艺术（笺注本）》，第 146 页（原注九）。

③ 《论科学与艺术（笺注本）》，第 146 页。

④ W.C. Marceau La Theorie de la Bonte Naturelle dans L'"Emile" de Jean-Jacques Rousseau[J]. Modern Language Studies, 1971, Vol.1, No.2.

都用到同一个概念:"自然地(φύσει)"①。其中,他在《政治学》开篇指出"人自然地是政治动物(ὁ ἄνθρωπος φύσει πολιτικὸν ζῷον)"②,以及在《形而上学》开篇则说"所有人自然地求知(πάντες ἄνθρωποι τοῦ εἰδέναι ὀρέγονται φύσει)"③。φύσει 是阴性名词 φύσις(自然)的与格(dative)单数形式,而古希腊语中的与格的主要功能是常用作为非必须的副词性的修饰成分(non-obligatory adverbial modifiers)。④ 以亚里士多德上述两个命题为例,并对比相对应的德译和英译表达,可推出卢梭所用的 naturellement 与亚里士多德这两处的 φύσει 的语法功能相似,都表示"自然地、基于自然"之义。⑤ 从含义上看,《政治学》里的"自然"的主导含义是人类趋向美好生活的自然冲动,因此更接近"动力因"而非"目的因"。⑥本文无意仅从惯常的语源及语用演变来解析卢梭人性思想相关的自然概念,也无意将古典哲学中的自然语义与卢梭之义刻意联结。

---

① Arist., Pol. I, 1253a1-3; Arist., Met.I, 980a21.

② Arist., Pol. I, 1253a1-3.

③ Arist., Met.I, 980a21.

④ Evert Van Emde Boas. Albert Rijksbaron, Luuk Huitink and Mathieu De Bakker, Cambridge Grammar of Classical Greek[M]. Cambridge University Press, 2019, 374、377.

⑤ (1)"人自然地是政治动物(ὁ ἄνθρωπος φύσει πολιτικὸν ζῷον)"(Arist., Pol. I, 1253a1-3.)此句中的 φύσει 的德译本译法为 von Natur(Aristoteles, Aristoteles: Philosophische Schriften 4[M], tran. Eugen Rolfes,;Meiner, 1995, 4)或 nach der Natur(Aristoteles, Aristoteles: Werke in Deutscher Übersetzung 9[M], Politik. Buch I, Berlin: Akademie-Verlag,1991,13);英译本为 by nature(Aristotle, Politics : with an english translation by H. Rackham, M.A., Cambridge, Massachusetts: Harvard University Press, 1944, 9)。(2)"所有人自然地求知(πάντες ἄνθρωποι τοῦ εἰδέναι ὀρέγονται φύσει)"(Arist., Met.I, 980a21.)这一句中的 φύσει 在德译本中的对应译法为 von Natur(Aristoteles, Aristoteles: Metaphysik. Erster Halbband: Bücher I(A)-VI(E), Hamburg: Felix Meiner Verlag, 1989, 3;英译本中 W.D. Ross 将之英译为 by nature(Aristotle, The Complete Works of Aristotle[M].ed. J. Barnes. Vol. 2. Princeton: Princeton University Press, 1984, 1552), Hugh Tredennick 则译为 naturally(Aristotle, Metaphysics[M]. trans. Hugh Tredennick, Cambrdge, Massachusetts: Harvard University Press, 1933。(3)综合 φύσει 在古希腊文中的语法功能及相应的德英译法,可以看出卢梭的 naturellement 对应的释义"par une impulsion naturelle(凭借自然冲动)"与亚里士多德这两处的 φύσει 的语法功能相似。

⑥ 刘玮,《亚里士多德论人自然的政治性》,《哲学研究》2019(05)。

因为每个历史时代有各自的思想使命和时代精神,卢梭赋予了自然专属于公民时代的独特意涵。上述词源回溯及用法类比的意义在于,能够让我们更清晰地看到作为哲学术语的"自然"的部分由来及用法,对于把握此词在卢梭原理中的语用功能有所启发。卢梭用"自然地"限定人的善好属性,"自然"是否仅具备物种意义上的本能冲动呢?作为人性源头的自然性会在不同时代和境遇中的人身上始终或多或少地持存而不至消失殆尽吗?以及人在自然规定中是否已蕴含了人的目的之可能呢?这些关于"自然地"的问题已经超出了本节讨论的范围。

什么是人天生的善好呢?我们先看斯多葛派对"善"的定义。善是神的意志和行动、自然的秩序和那些将理性思考能力运用到完美状态的人的生活。①斯多葛学派对"善"的定义从自然观中衍生而出。"只是用来描述宙斯的生活和行动,以及那些将其理性思考和抉择能力发挥到完美状态的人的生活和行动。"②相似但不同之处在于,卢梭将"善好"归于自然人,但不仅仅是《论不平等》中原始丛林里的野蛮人,还有极少数在文明社会中仍葆有自然天性的人,比如爱弥儿。从《论不平等》里对野蛮人的描绘中,我们大致了解卢梭对于善好的最初定义。他强调的是,人按照自身的天性倾向和本能冲动来说是好的,而不是依据任何外在于人的其他规定。而人原初的善好并不具备道德伦理意义,只是表明了人最宽泛意义上的自在与自足。那么,自然的善好何时及如何变成伦理的善呢?这需要人经历必要的自我斗争。

关于这一基本论断,我们最先想到卢梭在《论不平等》中构撰出生活在自然状态中的野蛮人形象。这一作品中的自然人及自然状态概念一直是卢梭研究中的热点,相关论争不绝于耳,但与之相关的"人如其应是"的自然作为卢梭思想尺度的规定性意义迄今未得到相称的阐明。这一具有尺度意义的自然实质上是卢梭思想的中轴线,在其人性的知的展开进程中一以贯之。具体而言,自然状态中的野蛮人在哪些方面称得上是"善好的(bon)"呢?他在对霍布斯的批评中阐发了野蛮人不光因为对恶的无知和欲念的平静而不会作恶,还有一种不愿看到

---

① (古罗马)塞涅卡著;(美)约翰·M·库珀,(英)J.F.普罗科佩编译;袁瑜琤译:《道德和政治论文集》,北京:北京大学出版社,2010,"全书导读部分",第11页。

② (古罗马)塞涅卡著;(美)约翰·M·库珀,(英)J.F.普罗科佩编译;袁瑜琤译:《道德和政治论文集》,"全书导读部分",第11页。

自己同类受苦的天然反感之情——同情心(la pitié)。① 卢梭对同情心的评价甚高,不仅将它视作人"唯一的天然美德"②,也是人的种种社会美德的根源③。同时,他还认为即使最败坏的民风(moeurs)也无法摧毁这种先于一切反思的纯粹自然活动,且同情心还具备调节自爱心的功能,有利于整个人类族群的自我保存。④ 论及"自爱(l'amour de soi)",难免要提及卢梭另一重要概念"自私(l'amour propre)"。由于自然状态中的野蛮人尚无你我之分,也就没有滋生与他人比较的自私情感,因而此处仅论及与天然美德同情心密切相关的自爱心。⑤ 他进而依据同情心提出了符合人的善好天性的准则:"在谋求你的利益时,要尽可能不损害他人。"⑥按卢梭的说法,同情心的制约、无知加上极低的欲望是野蛮人不愿作恶的缘由,这也正是此处善的含义。另外,为了突出同情心合乎自然,卢梭还举例说明动物有时候也有同情之心的种种表现。⑦ 我们能够以此断定,以同情心为侧重的天然美德尚不是人的本质规定,因此,"自然善好的"仅表达了人的某种属性。如果说人对同类的同情是因为人类承担着共同的苦难,那么对自身遭受苦难的恐惧与排斥隐含了人的自然弱小这一前提。卢梭为何选择了与霍布斯及其他同时代思想家不同的人性本善立场?人的原初善好被不少研究者认定是卢梭思想中人性的起点。另在《爱弥儿》中,卢梭提到人之所以具有社交性,以及对他人的依赖都是出于自身的柔弱。人的自然之弱(natural weakness)是否足以构成自然善好的逻辑前提呢?

在此之前,哲人们要么从人与动物的区别来定义人,要么从人与神性的关系来解释人。卢梭提出了人的两种区分:第一种是动物与人之间的区分;第二种是野蛮人与文明人之间的区分。我们从《论不平等》中可知,人区别于动物的根本之处是自由的禀赋。这一自由不仅将同为动物属的人种与其他动物种区别开

---

① 《论不平等》,第40、75页。
② 《论不平等》,第75页。
③ 《论不平等》,第77页。
④ 《论不平等》,第78页。
⑤ 《论不平等》,第160页。
⑥ 《论不平等》,第79页。
⑦ 《论不平等》,第76页。

来,还赋予了人与自身相区别的可能性。① 人与动物的根本区别在于人拥有自由的意志,而不必像动物那般完全受本能限制并无条件服从自然因果律。人的自由意志体现在对自身动物性本能的抵抗与操纵上,这也被卢梭看作人类灵魂的灵性。野蛮人与文明人的区分还主要集中在人的欲望与情感方面。前者只拥有与生存环境相关的自然欲望,后者的欲望则多与社会中其他人的意见和看法有关。激情或情感也与之类似,存在自然与人为之分。从存在的方式来看,野蛮人安居于自身与大多数文明人依赖他人生存形成鲜明对比。

卢梭在开始他的教育计划和政治构想之前,以想象塑造了野蛮人和于丽。这一想象的自然成为卢梭思想的尺度,他们共同呈现了作为人的先行规定的自然,并标识出人的心灵的秩序和等级。卢梭在《论不平等》"序言"部分称自己描述的自然状态"现在已不复存在,过去也许根本没有过,将来也永远不会有"②,以及在《于丽》第二版"序言"中关于书中人物真实性判定的条件句式③,都隐含了人性发展完满的可能性。在这两种经由想象塑造的自然人中,前社会状态中的野蛮人所具备的善好本性可谓天成,没有受到后天环境或人为技艺的负面影响;而以于丽为典型的自然文明人所秉持的善好天性需要经由恰当的教育介入或其他的自我成长机缘等方可达致。严格说来,自然状态并不等同于前社会状态,其间还存在某种属于过渡性的"棚屋时代",生活于其间的人与野蛮人及文明人的区别。纵然经过自我区分的人宛如刚从大自然手中出来的新人,但与最初的自然早已不同。可见,卢梭虽哀叹社会败坏了人,已难以在当下现实中寻觅到葆有自然的人,但努力尝试在文明社会中重现"人如其应是"的样子。这不仅出自他对人性的爱与信心,更意在培养未来的公民。《论不平等》和《于丽》中分别展现了自然人与文明人的正面典范。接下来,我们将聚焦这两部作品中的人性思想解读,考辨其作为《爱弥儿》人性思想前提的可能性及合理性。

---

① (德)荷尔德林著;戴晖译:《荷尔德林文集》,北京:商务印书馆,2021,第473页。
② 《论不平等》,第37页。
③ "假如她们存在过,她们已不再存在。"《于丽》,第29页。

二、人的初定义：自然状态中的野蛮人

"野蛮人"是18世纪上半期常见的文学形象。[①] 在卢梭的笔下，人类群体和个体最初的自然状态都很接近动物的生存状态。何为人的本质规定呢？我们接下来从人的定义的角度考察卢梭对人的理解。卢梭最早在《论不平等》中从种族的角度构撰了人类的起源。他既摒弃了基督教神学的上帝造人说，也表明对自然状态及野蛮人的描述并非史实类结论，而是一种出于想象的"假设的和有条件的推论"。[②] 斯塔罗宾斯基（Jean Starobinski）在由他编辑校勘的《论不平等》"导言"中指出：这一提示人类起源及发展的著作，是卢梭以某种特殊的宗教意义行为代替基督历史的尝试。他的理由是，虽然卢梭摒弃了基督教的思想，但仍利用其思想结构为自己服务，《论不平等》在逻辑思路上无疑是摆脱了超现实成分的哲思版"创世纪"。[③] 尽管如此，卢梭几乎所有的思想关注点及潜在走向都已在《论不平等》中初见端倪。他对人的定义也最先出现在《论不平等》中。他在《论不平等》中否定或摒弃了存在任何先天人性本质的论点，因为所有我们能描绘或定义的人性本质都是社会影响下的产物。正如卢梭反对霍布斯和洛克的自然状态设想时所说的，他们所言的自然人早已是文明人。虽然他在该书首段否定了亚里士多德从动物状态开始研究人的做法，[④] 而选择将人的起初样貌设想为当今人们的样子，但从方法上看，卢梭依旧沿用了亚氏提出的"属加种差"

[①] （瑞士）尤尔根·奥尔科斯著；邵文实译：《让-雅克·卢梭》，哈尔滨：黑龙江教育出版社，2016，第59页。

[②] 《论不平等》，第49页。

[③] O.C., III, LII-LIII. 另参见刘小枫，陈少明主编：《卢梭的〈论人类不平等的起源和基础〉》，吴雅凌译，《卢梭的苏格拉底主义》，北京：华夏出版社，2005，第10—11页。

[④] 《论不平等》，第51页。

定义方法①,即通过人与其他动物的种差比较来认识人类。这一点从该文行文结构中可见:首段提及人属于"动物的系统"②之后,第二段称出自自然之手的人是"一种动物"③,并随即展开人与动物的对比性描述。

首先,我们考察卢梭描绘的动物和野蛮人的思想来源及其差异。从《论不平等》的正文及注释可见,他对动物的界定大多受布丰的《自然史》等自然科学著作的影响,而作为论据出现的野蛮人或类人猿形象则是由猜测和事实组成,大多来自当时旅行家们的游记和其他书籍。④ 卢梭使用这些论据的方式也令人玩味:"一方面提供原始论据,一方面又质疑它作为论据的效果。"⑤因为他认为自己所处的时代几乎不存在好的旅行观察家,所以其轻率的结论也不可信。⑥ 卢梭也提出了不同于他参阅的旅行家们的观点:那些类人的动物非兽非神,或许是人。⑦ 这里当然指的是野蛮人,也明确了卢梭对野蛮人的定位:他们虽与野兽有相似之处,但并不等同于野兽。那么,野蛮人是什么样的呢?卢梭对此进行了总结:野蛮人均为孤独自足的个体,与同类并无联系,他的需要、感情和知识也都很低。"人类已经老了,但人依然还是个孩子。"⑧

---

① 亚里士多德认为定义由属加种差构成,"定义中的元素一个是属,另一个是种差,且属和种差被陈述于本质中。"定义的方法即"先将对象置于属内,后再加上它的种差"。本文所涉亚里士多德引文均从 Jonathan Barnes 编纂的英文版全集译出(Aristotle, The Complete Works of Aristotle, Edited by Jonathan Barnes. Vol. 2. Princeton: Princeton University Press, 1984.),并参照 Aristotelis Opera I, II(《亚里士多德全集》普鲁士科学院版五卷本)原文,以下引文只注明通行的贝克尔(Bekker)编码(Bekker, Immanuel, and Christian August Brandis, eds. Aristotelis opera[M]. Vol. 5. apud G. Reimerum, 1870)。

② 《论不平等》,第 51 页。

③ 《论不平等》,第 52 页。现有中译本中,李平沤译文此处用"他"指代"动物",而李常山译文为"人这种动物",更为贴合原文。参见(法)卢梭著;李常山译,东林校:《论人类不平等的起源和基础》,商务印书馆,1962,第 75 页。

④ 详见《论不平等》中的长篇注释六、十;以及刘小枫,陈少明主编:《卢梭的苏格拉底主义》,北京:华夏出版社,2005,第 130—131 页。

⑤ (美)约瑟夫著;肖涧译:《作为想象动物的自然人》,见刘小枫,陈少明主编:《卢梭的苏格拉底主义》,第 130 页。

⑥ 《论不平等》,注释十,第 144—153 页。

⑦ 《论不平等》,第 149 页。

⑧ 《论不平等》,第 83 页。

对于野蛮人是某种动物性的存在还是文明人的理想化改写也一直颇有争议。比如,约瑟夫(Nancy Yousef)在《作为想象动物的自然人》①一文中得出了野蛮人更接近于动物状态的结论,理由是野蛮人在不易被打破的孤独状态中单凭自身力量难以突破自我发展的限制;还列举了涂尔干(Emile Durkheim)、戈尔德施密特(Victor Goldschmidt)、古热维奇(Victor Gourevitch)和迈尔(Heinrich Meier)等卢梭研究专家的类似观点,即自然人过的是野兽的生活且自身也是如动物一般的存在。② 因此,我们需要辨明《论不平等》中卢梭将之与动物对比的是何种人? 更准确地说,何处是野蛮人,何处是文明人。只有基于这一区分,卢梭对人的定义才能完整地呈现出来。

回到《论不平等》的第一部分文本中,卢梭没有描绘研究人如何从低于人类的动物系统发展而来的过程,而是分别从生理条件和精神道德(Métaphysique et Moral)两个方面来考察外形已然是人的野蛮人与动物的区别。③ 从身体构造来看,野蛮人和动物的相似之处在于可朽的肉身、生存的需要和有些相似的感官,野蛮人和动物都具有味觉、触觉相对迟钝和视觉、听觉、嗅觉相对灵敏的感官特点。④ 而不同主要体现在人没有动物那般固有的本能,但具备习得其他动物本能的能力,因而更易自足地生存。⑤ 如果说这一学习潜能被看作人天生的禀赋,那么它的实现不仅要求健康的身体官能基础,还需要一定的心智条件。

当转向人与动物在精神领域的差异时,卢梭提出人与动物的一个核心区别在于人感觉到自己是一个不囿于自然因果律的自由能动者,且意识到这一自由的资质,而动物完全受自然因果律支配。⑥ 他对这一自由觉知的论述在《论不平等》中并未展开,仅说这是一种自由选择或意愿的力量。⑦ 卢梭紧接着又补充人区别于动物的另一显著禀能,即在环境影响下不断自我发展的可完善性能力。⑧

---

① 刘小枫,陈少明主编:《卢梭的苏格拉底主义》,第 123—151 页。
② 刘小枫,陈少明主编:《卢梭的苏格拉底主义》,第 125 页。
③ 《论不平等》,第 59 页。
④ 《论不平等》,第 59 页。
⑤ 《论不平等》,第 52 页。
⑥ 《论不平等》,第 59 页。
⑦ 《论不平等》,第 60 页。参见《爱弥儿》中的"信仰自白"部分,第 415—428 页。
⑧ 《论不平等》,第 60 页。

《于丽》和《爱弥儿》中也突显了人的发展不设限,从另一个角度表达了人的可完善性。卢梭曾被公认创造了"自我完善力(perfectibilité)"这一概念,后在18世纪的社会理论和自然史中流传开来。斯塔罗宾斯基(Jean Starobinski)在《卢梭全集》的注释中重新梳理了这一词的最早用法。① 由此定义可见,这一关于自我的完善能力只有借助环境才会发挥效用。

在此,卢梭关于人的自我发展理念的区分凸显出来。一方面,人能够通过掌握新的知识技能来发展自身,这种被启蒙思想极力推崇的自我完善能力在卢梭看来却是"人类一切不幸的根源",正是它使人类逐渐脱离了原初的幸福状态。具体来说,人类对文明与技术带来的奢侈生活的适应见证了人性的颓败。另一方面,这一概念在《爱弥儿》等其他著述中被赋予了更多积极的内涵。相比于动物,可完善性作为人特有的能力如果带给人的仅仅是破坏甚至毁灭自身,那不是太不合乎常理了吗?在卢梭看来,人类的可完善性并不仅仅指进步,而是指人类及其社会在所有意义上的可塑造性。早在《论科学与艺术》中,卢梭便提到人具有不断自我完善和超越自身局限的能力,能够凭借理性走出蛮荒时代。② 正如该词字面之义,它是促进人不断完善自身并趋向完满的不竭动力。这也为卢梭后续著作中人的自我教养的可能性埋下伏笔。触发人的自我完善倾向的动因是什么呢?卢梭将之归结到人的自然需要上。他不是第一位关注到人的理解力和诸激情相互关系的思想家,但他的独创性在于,主张理解力和激情在"需要"这一主要概念基础上相互依存共进。因此,不仅得出无知野蛮人极低的欲望与需要平衡一致的结论,还暗示了需要、道德的转变和智力的进步紧密相连。③

综合上述界定,我们先看野蛮人究竟具备什么样的能力。野蛮人具备的能力和心灵活动都是动物性的,比如视觉和感觉、想要或不想要、希望和畏惧。④ 这种最初的能力毋宁说是某种本能般的行为或心灵倾向,缺乏相应的意识和意志的驱使。这让我们想到《爱弥儿》中卢梭对初生婴儿的相关描绘。他们的心灵被束缚在不成熟的器官内,以至于没有对自身存在的觉知,也没有意识和意

---

① O.C., III, note3, 1317—1319.
② 《论科学与艺术》,第9页。
③ OC, III, note2, 1319.
④ 《论不平等》,第60页。

志。① 相比之下，野蛮人自身需要、智力和想象力发展都处于很低的层面，他们仅有对自身存在的觉知(le sentiment de son existence)，而无超越当下觉知的观念。② 这样看来，野蛮人与尚未形成"我"的观念的幼儿更为接近，卢梭对爱弥儿幼时状态的描绘似乎用另一种方式重现了人类的幼年。既然当下的觉知和简单的观念间相距甚远，那么，野蛮人的心智如何在孤独自足的状态中超越动物本能的水平并获得较大的发展呢？除了上述人能够突破自然因果律的自由意志，卢梭提出人与动物的第二个差异是语言。③

卢梭在《论不平等》和《论语言的起源》中都强调语言表达促进了人的思想发展。与亚里士多德等用社会性(la sociabilité)与语言来定义人的哲人不同的是，卢梭倾向于证明人的社会性和语言都是在漫长历史中逐渐形成的，并不属于人的本质特性。④ 他在《论不平等》中提出关于语言起源的一系列假设，与其说是为了建构某种自洽的语言产生理论，不如说意在突显揭示语言真正源起的诸种困难。他提出了两个具体的难题：一是对孤独的野蛮人来说，语言形成的必要性何在；二是语言是如何形成的，思维和语言互为前提的悖论难以破解。卢梭继而猜想了语言产生及发展的状况，比如哭声是人类的第一种语言，这在后来的《爱弥儿》中得到更详尽的阐释。⑤ 他在《论不平等》中最终未能解决语言的发明与社会的建立孰先孰后的问题，重在表达自然赋予野蛮人的社会性极少的观点。⑥

在《论不平等》的第二部分，卢梭在自然状态到文明状态之间还设置了一段过渡性的历史。生活在这一群居时代的人失去了野蛮人身上的自然性，但还算不上是文明人，因为社会文明状态应以政治共同体的建立为标志。这一阶段既包含了幸福的黄金时代，又涉及人类生存受到威胁的艰难时光，社会化进程是呈现出被迫的必然趋势。卢梭还原这一历程旨在揭示不平等的社会关系以及社会建制的源起。从人性变化角度审视这一"后自然状态"的产生和消亡，最为讽刺

---

① 《爱弥儿》，第51页。
② 《论不平等》，第63页。
③ 《论不平等》，第65页。
④ 《论不平等》，页下注2，第65页；O.C., III, note2, 1323。
⑤ 《爱弥儿》卷一中关于婴儿"哭声"的部分。
⑥ 《论不平等》，第71页。

的是,人们习惯了奴役的枷锁后,忘了自然赋予自身的自由。

卢梭在《论不平等》中没有为个人和人类提供进化论的发展模式,因而难免出现不同的人和生活状态间的壁垒和断裂。从人性的角度看,野蛮人和野兽的根本差异究竟为何?摒除需要其他因素才能唤醒的诸潜能,包括环境影响下才能发展的自我完善性后,我们发现卢梭将野蛮人与野兽的根本区别落到了人自然的自由及对这一自由的觉知上。这也让我们了然,他之所以深究人与人之间不平等的根源,皆因社会建制造成的不平等让人失掉了人之为人的自由本质。

卢梭通过比较野蛮人与动物给出了人的初定义,后又区分了生活在自然状态中的野蛮人和社会中的文明人。这样的区分为何是必要的呢?因为野蛮人算不得真正意义上的人。文明人所具备的自由主动的资质、自我完善力、语言、自爱与同情心等人的特质似乎在自然状态中难以得到发展,这也意味着野蛮人仅具有这些禀赋的潜在可能性而已。"人的可完善性、社会道德和他的种种潜在的能力是不可能靠它们本身发展的,而必须要有几种或迟或早终将发生的外因的综合作用才能发展;没有这些外因的推动,原始人将永远停留在原来那个样子。"①

根据卢梭对自然人形象的描绘,就生活在自然状态中的孤独自足的自然人而言,他们的诸能力都处于沉睡状态。只有在偶然的外在原因的作用下,才可能进入社会状态,继而自身得到较快的自我发展。这也成为不少研究者将野蛮人等同于动物的文本证据。虽然大自然为野蛮人准备的社会性极少,但如果社会性才是野蛮人成为人的关键点,那么人的整全发展就需依赖相应的社会环境。如果野蛮人缺乏从自然状态到社会状态转化的内在动因,就不应将野蛮人及自然状态看作是人性的真正起点。② 卢梭所坚持的自然状态似乎是永恒的,而不是一个过渡性的中间阶段,因为自然状态下的性和生殖行为都没有让人们产生持续的联系。卢梭批评洛克试图以社会中的人类情感来调和孤独隔绝状态的失败,并表达了自己的观点,即男女之间除了性欲并无共同生活的需要。③ 这甚至

---

① 《论不平等》,第 85 页。

② (美)约瑟夫著;肖涧译:《作为想象动物的自然人》,见刘小枫,陈少明主编:《卢梭的苏格拉底主义》,第 147 页。

③ 《论不平等》,注释十二,第 153—158 页;O.C., III, 214—218。

让一些研究者得出了较为极端但符合逻辑的结论:《论不平等》因缺少从自然状态到社会状态的发展性过渡,这一点彻底瓦解了卢梭预设的自然状态这一虚构性前提。① 因为,当我们运用归谬法(reductio ad absurdum)来论证这一开端的真实性时,总难免陷入循环之中。

虽然按照卢梭在《论不平等》中的写作思路,历史考察和逻辑推理两条路径都无法证明自然状态向社会状态的合理过渡。卢梭给出的促成社会产生的外部偶然事件的说法又缺少说服力,我们似乎无法逾越野蛮人从纯粹自然状态迈向群居生活的鸿沟。不过,《论不平等》第二部分的首句指出文明社会产生的标志性起点,即私有观念的产生。② 我们在卢梭描绘的文明社会生成中看到了文明人的诞生。

在自然状态下,野蛮人唯一能觉知到的是自身当下的存在。③ 仅仅觉知到当下存在的野蛮人注定是终生孤独的,既没有对自我的意识,也注意不到他人。心智未开的野蛮人与文明社会中的人看上去存在天堑般难以逾越的距离,从野蛮人到文明社会中的人,卢梭对于这期间人性所历经的发展并未着墨过多,一如他将社会的起源归咎于偶然的外部因素。本文无意考察这一说法的合理性,更多关注的是野蛮人与文明人在人性层面的真正区分。

通过对比《论不平等》第二部分开篇的原始人和《爱弥儿》中的儿童的天性发展,我们发现自我意识不仅是区分自然状态和文明社会的分界线,也是野蛮人和文明人的根本区别。本书将野蛮人和文明人的根本差异聚焦于"自我意识"的主要理由是人的自由等诸潜能的发挥和实现需以此为前提。此外,文明人特有的自恋的产生需以此为前提,只有当人意识到自我,才会意识到"我"与"你"的区别,进而生出比较心。吴增定曾从私有财产视角梳理了《论不平等》中自然人产生自我意识的历史,但并未提及《爱弥儿》中个体成长的部分。④ 通过将两部作品中的相关部分进行比较分析,意在确认自我意识产生的根源在外部环境

---

① (美)约瑟夫著,肖涧译:《作为想象动物的自然人》,见刘小枫、陈少明主编:《卢梭的苏格拉底主义》,第 150 页。
② 《论不平等》,第 87 页。
③ 《论不平等》,第 63 页。
④ 吴增定:《私有财产、自我意识与自由:试析卢梭对资产者的批评》,《古典学研究》2022(01)。

还是人自身。同时,这一工作也是后文的铺垫之一,因自我意识是卢梭关于人的自然的独特创造——对人性自由的觉悟,自我意识的成熟是人成为道德实践主体的关键。

按照卢梭的说法,自然人在当下社会的现实中是找不到的,但却成为他作品中着力刻画的主人公。"我心中的幻想不能让装点得如此之美的大地长期荒凉,因此,我心中想到什么就马上把它们摆设在这块土地上。我把人们的议论、偏见和穷奢极欲的贪心通通从这里驱逐出去,让那些配住在天然的幽静处的人全都搬到这里来。我在想象中把他们组成一个令人陶醉的社会,只有这样的社会,我才不会有不适应的感觉。我按照我美妙的幻想设计了一个黄金时代;我把我这一生中见到的、给我留下美好回忆的各种场面以及我心中盼望看到的情景,都拿到这个时代来重演一遍。"①卢梭于 1756 年 4 月 9 日搬进退隐庐开始离群索居的隐居生活,直至 1757 年 12 月 15 日搬出。② 他在写给马尔泽尔布的第三封信中讲述了自己美好的退隐生活,上述关于想象力的生动描绘融汇于他一生的创作之中。当他享受不存在的美的幻相环绕自己的乐趣时,实则以想象创造了自然的人。"黄金时代被称为幻象,对于任何一个心和品味已被败坏的人来说,它永远是一个幻象。我们甚至不是真的后悔,因为这些后悔总是徒劳的。要怎样才能恢复它?只有一件事,但不可能做到:那就是爱它。"③"黄金时代"是卢梭的人性之爱的智慧结晶,这一想象力的果实也是唯一值得人居住的幻象王国。④他给出了重返此地的方式:无他,惟爱也。在康德之前,哲学仍以自然(界)为主题。康德提出人具有善的意志和为自然立法的信念对早期近代思想来说尤为不可思议。比如,法国启蒙思想正是依赖于自然相对于知性的主导作用。这里被忽视的是,自然作为人性对自身的觉悟实则是卢梭的贡献。⑤ 相较于之前及同时代的其他思想家,卢梭用爱的想象塑造了人的人性,也即孕育了与自身相区分的自我。

如果说《论不平等》中的野蛮人是卢梭从人类族群角度对人性开端的描摹,

---

① 《致马尔泽尔布的四封信》,第 233—234 页。
② 《卢梭全集》第 9 卷,"卢梭年谱",第 584 页。
③ 译自英译本《爱弥儿》,第 474 页;参照中译《爱弥儿》,第 802 页。
④ 《爱弥儿》,第 751 页;《于丽》,第 796 页。
⑤ 参见(德)贺博特·博德著;谢晓川,黄水石译:《哲学自我—意识的赠礼》,《清华西方哲学研究》2017,3(02)。

侧重人与动物的区分,那《于丽》则是他对文明社会中可能有过的自然人的美好想象。

三、人的再定义:自然的社会人

《于丽》是卢梭以爱的名义谱写的一首人性的赞美诗。正如卢梭在第二版"序言"中所说,这些书信里没有优美或雄辩的言辞,有的只是渐渐流入人心中的情感,集结成至纯至美的人性的赞歌。① 它曾是卢梭最为畅销的作品之一,如今却鲜有研究者或读者青睐。"我这部作品现在已经死亡,这我知道,而且详细知道其中的原因何在,不过,它将来是会复活的。"②国内目前还未有以卢梭《于丽》为主题的中文研究专著出版。以该作品为研究对象的中文期刊论文也一直较少,相关研究散见于卢梭女性观、女性教育、情感经验、伦理道德及美学思想研究中。在学位论文方面,以该著作为研究对象的博士论文1篇、硕士论文2篇。③ 过去关于卢梭思想的整体性研究大多从他的前两篇论文过渡到《爱弥儿》和《社会契约论》中重建人性和社会的尝试,往往忽略或轻视了《于丽》在其思想中的位置和角色。他在《于丽》中用爱的想象缔造了一颗不断自我成长的爱的心灵,让读者像书中的其他人那样,认识并爱上她,甚至成为她。"我观察到在关系非常亲密的团体里,风格也跟性格同样彼此接近的,而朋友之间心灵彼此融洽的,他们的思想、感觉和表达的方式也融洽一致……所有接近她的人都应该像她一样;她的周围都应该变为于丽;所有她的朋友只能有一个音调。"④爱情是《于丽》中最主要但并不唯一的情感主题,富有人格魅力的于丽不仅得到异性青年圣普栾的爱慕,也以她为中心逐渐形成了以信任为界限的朋友圈子。⑤ 在感受于丽

---

① 《于丽》,第16页。
② 《忏悔录》,第713—714页。
③ 赖银婷:《论卢梭小说〈于丽〉中的情感表现》,吉林大学,2007;王学翠:《从"我"的世界到多声部的世界》,西北师范大学,2006;黄小彦:《〈新爱洛伊丝〉中的德性视野——卢梭伦理思想研究》,南京大学,2008。
④ 《于丽》,第29页。
⑤ 参见(德)贺博特·博德著;谢晓川、黄水石译:《哲学自我—意识的赠礼》,《清华西方哲学研究》2017,3(02)。

的悲欣之间,她那历经了教养的情感也会变成读者自身激情的一部分,这或许是今天我们重温像《于丽》这一并不时髦的长篇著作的意义所在。该作品从情感的视角更早地展现了人性的自我规定。本节将视线投向这部以爱情为主题的长篇书信体小说,通过呈现贵族小姐于丽和家庭教师圣普栾的爱情的自我发展与升华,把握卢梭在《爱弥儿》中对人性的信心从何而来。

(一)《于丽》中的人性教养意图

卢梭写作《于丽》最初是为了实现从家庭风气到社会风尚的更新,也是一个在家庭范围内塑造良好风气和道德的人的尝试。他塑造了于丽这一近乎完美的女性形象,并怀着于丽身边的人终将变成于丽的期许,等待自然再次伸张它的自然权利。在激情与美德的张力中,这部作品表达了卢梭对文明人进行道德教育的意图,而非仅仅是表象上的爱情故事。书信中的情节以爱的激情为始,后来升华为美德,这也符合卢梭对人性的一贯看法。卢梭称《于丽》可以让读者学会爱人性,我们由此看到他在这样一部看似平淡冗长的罗曼司中怀揣的人性教养意图。人生来并不已经是人,人性需要后天的教育去铸就。

卢梭的想象是如何让美的心灵重新显现于当下?书中的每一封信都由爱的语言写就。"恋人们的情话对爱情的产生至关重要,也是爱情的本质。"①书信成为传达爱情的最佳载体,让爱者留驻于文字的当下。② 富于想象力的爱的语言不同于日常语言,它不仅分享爱的体验,更具有给予思及推动思想的自然力量。③ 正如卢梭在《于丽》第二版"序言"中所说,这些书信里没有优美或雄辩的言辞,有的只是渐渐流入人心中的情感,集结成至纯至美的人性的赞歌。④ 卡西尔称卢梭重新发现并复活了抒情的世界,并以《于丽》一书唤起读者对生命的新情感。⑤ 卢梭自童年起就习得了自然的语言,在他的精神自我觉醒后,再次教自然说话。关于自然的语言,卢梭在《卢梭审判让-雅克》的第一次对话中曾提到

---

① (美)阿兰·布鲁姆著;胡辛凯译:《爱的设计》,第 21 页。
② (德)贺博特·博德著;谢晓川,黄水石译:《哲学自我-意识的赠礼》,《清华西方哲学研究》2017,3(02)。
③ 戴晖:《语言的创造性——纪念卢梭诞辰 300 周年》,《哲学研究》2012(08)。
④ 《于丽》,第 16 页。
⑤ (德)恩斯特·卡西勒著;王春华译:《卢梭问题》,南京:译林出版社,2009,第 77 页。

远离社会的自己退回到与自身及自然的对话。

卢梭认为人性的情感可回溯到人最初的自爱。"爱"是他对人性诗化的理解,不仅抹去了基督教富于恩典与极乐的彼岸烙印①,也不同于启蒙运动中工具化理性的算计。女主人公于丽正是自然情感的象征,她的家庭教师兼情人圣普栾将她视为自己情感方面的老师。对坚信人天生善好的卢梭而言,人性迈向完满的诸可能性早已潜藏于人的自然之中。"啊!应该是向您学习,学习那人心应有的善行、诚实,尤其要学习您身上特有的德行、情爱和大自然的神圣的和谐!是的,没有什么圣洁的情爱在您心灵里没有它的地位,您的心由于特有的敏感性而能予以区分。"②

早在爱情长篇书信体小说《于丽》之前,卢梭在《忏悔录》中就表露了他对男女之情的积极看法。异性之爱应包含人类一切美好的东西。激情与德性就此相关联起来,美德源自自然的情感在《于丽》中被形象生动地以书信的方式铺陈出来。但有研究者认为,无论是《爱弥儿》续篇故事中的夫妻离散,还是于丽至死没有放弃对圣普栾的爱情,都表明卢梭在激情与美德之间的调和是失败的。③笔者则认为,在融合激情与美德这件事上,起码卢梭没有彻底失败。在最后一个时代没有被给定的自我,自我需要被设定。

书中的于丽以自己的情感经历和心境变化让自我的问题也变得清楚而令人信服。虽然她的心不断被激情扰乱,但她对美德的爱同样真挚。作为主体而非实体的人,是通过想象被造就的。这是一种怎样的想象?从无开始,抛却了一切现存之物。这样的想象也要求自我的区分,在人与自身区分的意义上。《于丽》中那些书信的作者甚至不是卢梭,而是爱直接发声,所以这些都是情感的语言。该作品中的自我首先展现在与情人的关系中,自我生成的首要条件是真诚。在于丽成为主体的进程中,男女主人公迫于社会和家庭的阻力无法结合。卢梭认为人本质上是自由的,自我最终的形成由自由来决定。于丽后来以判断力的主体形式出现,爱情从偶然性成长为必然性,在最后的死亡中超越了自然的宿命。

---

① (德)贺博特·博德著;谢晓川,黄水石译:《哲学自我-意识的赠礼》,《清华西方哲学研究》2017,3(02)。

② 《于丽》,第80—81页。

③ 范昀著:《追寻真诚:卢梭与审美现代性》,上海:上海人民出版社,2013,第122—123页。

透过这一对年轻恋人的爱情经历,我们将看到于丽如何从一个同样也会犯错的普通姑娘成长为友爱团体中人性的典范。

(二)性与想象

爱始于何处?像卢梭这样诗意的哲人,在他的著述中几乎没有抽象的观念,也很少看到哲学中典型的逻辑论证。《于丽》中人的自然由青年人不可遏制的爱欲开启。爱从注目个别人开始,两个相爱的年轻人年纪相当且趣味相投。面对天然的吸引力,就连羞怯的女主人公也情难自抑地回应:"整个自然仿佛成了你的同谋者;我的一切努力都是白费劲,我不由自主地喜爱你。"①青春期的性冲动首次将人专注自我的目光转向他人,建立起自我与他人的第一个联系。"只有在他的感觉力开始超出他个人的时候,他才首先有情感,而后有善恶的观念,从而使他真正成为一个大人,成为一个构成人类的必要的部分。"②卢梭认为性欲具有正当性,然而,我们能说肉体欲望便是人类情感和道德的自然根基吗?不,专属于人的生理欲望一开始便被想象镀了色,它以爱欲为名。正如布鲁姆在《爱的设计》中用爱欲(Eros)一词释读卢梭眼中的性。③"那种与人们称之为爱的东西有关的性,是想象与自爱的产物。"④

回到《于丽》,爱情发端于美好肉体的性吸引力。关于爱的想象同时伴随性而生,爱的对象附着了爱者(lover)的诸种美好幻想。于丽信中回忆她对圣普栾的一见钟情时曾说,更年轻漂亮的小伙子多得是,但唯一打动她的是他心灵的美。同样地,相比于丽姿容上的秀丽,圣普栾也更倾慕她内在的情感魅力。两人在通信中借用虔诚的宗教用语来赞美自己的爱人。"我热爱着你本身的美,难道不是主要地因为你的内心活跃着纯洁的心灵,而且你的整个形象都带有神圣的印记吗?"⑤于丽在爱人眼中不再是个普通的姑娘,而成为聚合了所有美好品行和特质的完美偶像。

性与想象的伴生暗示了生理的欲望和爱的幻想之间的冲突是爱情的第一重

---

① 《于丽》,第42页。
② 《爱弥儿》,第331页。
③ (美)阿兰·布鲁姆著;胡辛凯译:《爱的设计》,第1—3页。
④ (美)阿兰·布鲁姆著;胡辛凯译:《爱的设计》,第44页。
⑤ 《于丽》,第45页。

考验。在《于丽》开篇的几封信中,两人不同的爱欲态度证实了这一点。于丽渴望温柔纯洁的情感,却对性行为充满恐惧和反感。她在回应圣普栾的爱情的同时请求对方克制欲望,以德行守护爱的纯洁。"你的道德是我的纯洁无辜的最后庇护所;我敢于将我的荣誉托付给你的荣誉,没有这一个,你便无法保全另一个。"①在情人的应允下,她享受到爱情带来的宁静美好,同时明了自己对爱情并没有身体上的欲望。"我太柔弱的心需要爱情,然而我的感官却毫不需要情人。"②于丽的爱欲观一方面表明男女在自然欲求上的天然强度不同,另一方面更多地体现了当时社会风气的影响,一个姑娘表白爱情之时便意味着堕落的开始。她看不清爱情与罪恶二者之间的距离,才会在回应爱意的第一时间担心自己的清白名誉恐被玷污。圣普栾则认为爱情应是身与心的联合,因为人本能地忍不住靠近甚至渴望占有所爱之人。情欲属于爱情的一部分,相爱之人的结合符合自然的规定。"您嘴里说出来的聪明话没有用,大自然的声音更有力量。"③他们在爱欲的骚动中持续争论情与欲的优先权:女人坚持人的激情是在崇高灵魂的统摄之下;而男人说情欲只是"仿佛"处于高尚的灵魂之下。④

虽然二人在观点上并未就此达成一致,但圣普栾许诺自我克制以保持爱情的清白。他让于丽相信由她激发的激情,她也有能力使之变得纯洁。⑤ 在于丽看来,这一份克制比渴望更能代表对方对自己的爱。"我非常清楚地看到,您的心灵里是怎样控制一个激烈的想象的狂念的;我认为,您在现在的克制状态中比在当初的激情里有多过百倍的爱情。"⑥后来,卢梭在《爱弥儿》中对两性身心差异进行了更细微的描绘。纵然男性在体质和欲望上表现得更为强势主动,柔弱的女性似乎总在防卫或拒绝,但爱情中女人对男人的掌控却是亘古有之的自然法则。⑦ 爱的第一个学习成果是男女主人公坦诚自身的爱欲,看到双方对爱的不同需求,并愿为爱克制自然的欲望。

---

① 《于丽》,第43页。
② 《于丽》,第55页。
③ 《于丽》,第58页。
④ 《于丽》,第58页。
⑤ 《于丽》,第46页。
⑥ 《于丽》,第59页。
⑦ 《爱弥儿》,第580—582页。

读者可能会怀疑爱的克制不过是恋爱男女自私的伎俩。姑娘担心失贞会造成自身价值的贬损,而小伙子最终渴望得到延迟的满足。卢梭早在《论不平等》中就对爱做了区分:原始人虽然同样拥有对异性的性冲动,却无特定的对象;而社会人的爱在习俗的影响下则具有偏好和排他的意味。① 于丽的故事却让我们了解,只有自己钟爱的对象才会激发爱者的欲望。二人秘密交往一段时间后,某日在小树林会面时于丽决定奖励恋人一个吻。于丽的表姐格兰尔让圣普莱先吻她,他礼节性地照做但并无异样情愫,而随后于丽突如其来的吻给他带来巨大的震动。"我却一时没有料到只有那颗心在控制着这感情。"②后来,圣普莱在某次宴会上酒后失言冒犯并惹怒了于丽,她在回信中也提及爱的排他性。"它使得除了唯一的对象以外的异性对于这一性来说,不再成为异性。"③凡爱欲皆为偏爱,心才是感官的指引者。性的欲望是自然的,为了爱而甘愿压制欲望也符合人自然的本性。爱几乎不费吹灰之力地超越了那些最利己的激情,比道德与宗教对个体的约束力似乎更强。爱的体验不仅改变人们对爱的认知,更激发了相爱者对自我的反思。

青春的激情哪会就此平静下去,当情欲的冲动打破了爱的克制,于丽于病中不慎失贞。爱失去了最初的纯洁,似乎印证了圣普莱所说的自然的声音比理智更有力量。肉体的结合给爱情带来什么样的变化?圣普莱认为两个相爱的人的结合是大自然最神圣的契约,他们所欠缺的只是婚姻的名义和世人公开的认可。他劝慰痛苦悔恨的于丽,若想要保护爱所缔结的神圣纽带的尊严和合法性,只需遵循忠诚于爱的自然法和结为夫妻的世间法要求即可。布鲁姆认为于丽的爱情一开始便具有道德性,"因为在真爱中,性是对永远相互尊重的一次誓言"④。事实上,于丽最懊恼的不是自身价值的贬损或爱的合法性问题,而是爱失掉了自身最大的魅力。"同丧失贞操一起丧失爱它的那种感情,这是最大的耻辱。"⑤适度且节制的情感能净化欲望的激情,带来温和的喜悦和幸福。如果说此前于丽的目光总是投向自己的恋人,带着爱的光晕及严苛的期望;那么,这次意外的失足

---

① 《论不平等》,第 80 页。
② 《于丽》,第 70 页。
③ 《于丽》,第 156 页。
④ (美)阿兰·布鲁姆著;胡辛凯译:《爱的设计》,第 1—3 页、第 47 页。
⑤ 《于丽》,第 115 页。

让她在痛心悔恨中开始审视自己。她恐惧的是,若情感一旦失去理智的约束,自己会沦为耽于感官享乐的粗鄙的情人。如何重拾爱情的纯洁与尊严? 她将自己与情人视为一体,认为只有情人未来的德行可代表自身的价值,这也是符合自爱的原则的。

恋情隐秘地继续着,两个年轻人也在爱中悄然成长。圣普栾曾以为幽会时感官的欢愉是人生的至乐,但激情后的片刻温馨让他感受到心与心的相知才是灵魂更高的幸福。① 后来被迫远走巴黎,渺茫的希望让独居的圣普栾渐渐明白爱欲的本质。人总是渴望与所爱之人结合,然则在异地恋中当两相依偎的温存变得不可能时,爱不仅没有消失,反而愈发炽热,可见爱并不依赖于感官的满足。爱欲的冲动在相思中转化为对善好的渴望,成为自我完善的动力。② 或许,正是因为爱上美好的人且不愿有负彼此的期许,才想让自己变得更具有德行。

爱的本质是什么? 虽然所爱之人不是人们想象力的虚构,但爱情是心里最真实的幻想。于丽曾说,我们爱上的是自己心目中的那个人。③ 当恋人分隔两地后,圣普栾凭靠回忆让爱延续。"我既陶醉于已消逝的幸福,只要对它稍一回忆就够使我恢复了已失去的幸福。"④与此同时,留在家乡的于丽感觉爱能跨越时空的距离,心念一动便与恋人在想象的国度里相聚。"你能享受一种宁静和温馨的爱情——直冲着你的心而不会刺激你的感官的爱情吗?"⑤这里没有提及后面有趣的反转。已成为伏尔玛尔夫人的于丽建议圣普栾和丧偶的表姐格兰尔结婚的有力理由之一,便是预防他的感官欲望带来的危险。她认为年轻时圣普栾有爱情的保卫而避免了堕落,但在多年后的共同生活中,仍年轻的他难免会因此而失足。当圣普栾用曾经的爱的专一和如今心的坚定来驳斥于丽的观点时,似乎他们换了位置,实则是二人的心智都更成熟了。无论是对爱侣的无意识美化,还是关于爱的回忆,爱的对象看似实存的其人其事;当抽去爱的对象所依附的现实基础,最纯粹的爱是平静而自足的想象。她在婚后回顾爱情的信中也重述了爱的本质,爱欲离不开肉体的占有,也因此而消失。真爱是心灵的交融,只

---

① 《于丽》,第 168 页。
② 《于丽》,第 261 页。
③ 《于丽》,第 145 页。
④ 《于丽》,第 263 页。
⑤ 《于丽》,第 270 页。

要产生爱意的自然吸引力尚存,爱便不会熄灭。① 爱欲产生于性吸引力,却在爱的想象中持存。

(三)爱情中的自然与习俗

虽然爱情最初阶段的矛盾主要集中在情与欲的博弈上,但从爱欲的产生可以看出,爱情包含了性别的差异和种族繁衍的潜在需求。爱欲具有自然的因果性,随着情感的升温生出建立家庭的渴求。在《于丽》中,人们的社会地位和财富、出身等世俗法规是婚姻的主要基础,爱的激情并非婚姻的必要前提之一。父权权威是家庭的主导,习俗的力量远大过爱情。二人的恋情曝光后,如于丽长久以来所担心的,她的父亲对此坚决反对并为她择定了所谓更匹配的婚姻。当他们好心的朋友爱阿多尔阁下提议并打算资助二人私奔时,于丽陷入爱情合法化和履行儿女义务的艰难抉择,这是爱的第二重考验。亲情与爱情的冲突逐渐撕裂了于丽的心。"如果听从爱情或者自然的话,我不能不使这个或那个感到失望;我要为义务做出牺牲时,我不可避免地要犯过失,不论我选择哪一边,我必然要死得,既不幸又罪过。"②

经历了期待与绝望的煎熬,良心的安宁最后压倒了爱情的希冀。于丽谢绝了朋友的好意并表示感激,选择去承担预料中自己不幸的命运。拒绝私奔看上去像于丽无力抗争后的屈从与自弃,实则是她经过深思熟虑后自由的选择。这一抉择源于她对幸福的认知。私奔所达成的甜蜜生活仅仅能满足爱情的需求,但余生将难逃背弃父母并让家族蒙羞的悔恨。表姐格兰尔带着旁观者的清醒揭示出这一点,"我知道她在使她的双亲陷于耻辱和绝望的境地后,她是不可能幸福的"③。于丽意识到放弃私奔的机会意味着放弃爱情在现实中的一切可能,也预见了未来等待自己的是由父权支配的婚姻,但她还是选择了爱的自我牺牲。

> 至于我嘛,我已下了决心:我的双亲会使我不幸,这我很明白;但我在不幸中呻吟比造成他们不幸,我感到较不残酷,所以我决不抛弃我出生的家。那么去吧,易感的、心灵的、甜蜜的幻想,如此可爱和如此渴望

---

① 《于丽》,第392页。
② 《于丽》,第228页。
③ 《于丽》,第244页。

的鸿福,快去消隐在梦的夜里吧;你对于我已不再有现实意义了。①

然而,爱情并未就此泯灭,于丽将圣普栾未来可能达到的才能和荣誉看成他们爱情最后的希望。为了让恋人放心地离去,她允诺没有父亲的同意不会嫁给他,同时没有圣普栾的允许也绝不会另嫁他人。这样看似悖论的双重许诺,她最终服从的是人性自然的呼声。②于丽的此番抉择展现了她对自我认知的深化,此前那个唯恐自己在情欲中堕落的姑娘,这一次绝不做不肖的女儿,在爱的诱惑下坚守己心,没有背弃亲情和爱情任何一方。

谁料想,爱的考验接踵而至。于丽的母亲发现了二人的通信并在不久后病逝,这让于丽第一次冒出放弃爱情的念头。她以为是自己的恋情造成了母亲过早的亡故,这样的爱永远得不到宽恕。她也意识到爱情并非自己全部的情感,遂与君诀别。"一切都完了,在我只有绝望的灵魂里,爱情的王国销声匿迹了。"③虽然表姐安慰圣普栾此事与他们无关,但失去母亲的痛苦一时间窒息了于丽心中爱情的呻吟。当仍沉浸在丧母悲痛中的于丽听到父亲安排的婚事将近,竟激起她反抗到底的勇气。可父亲出乎意料的哀求又让她彻底放弃斗争。爱情与亲情矛盾加剧的标志是于丽被迫向圣普栾索回婚嫁的自由以及其父威吓羞辱他的信。得知圣普栾将婚嫁自由的权力交还,痛苦和绝望压倒了于丽的身心。病中相见成为二人爱情的转折点,圣普栾冒险探病并自愿感染分担她的病,于丽被真爱所感动。因母亲故去和父亲阻挠而无望的爱情再次苏醒,这也是于丽自身情感的又一次升华。

当于丽听到内心对爱的呼声,坚信人应遵循情感的指引,摒弃了代表社会习俗的伪善的德行,并后悔自己曾经压制如此美好和正当的感情。病愈后的于丽表示依然爱她的情人,纯真的爱情是人的自然的天性倾向,人性的义务比虚伪的社会道德教条更具有神圣性。"天性,多情的天性!再行使你的一切权利;我将坚决抛弃那些压制天性的野蛮的道德。你赋予我的爱心,会不会比曾经多次使我误入歧途的理智更迷惑人?"④

---

① 《于丽》,第 238 页。
② 《于丽》,第 258—259 页。
③ 《于丽》,第 363 页。
④ 《于丽》,第 405 页。

这样的境况下,于丽如何走出现实的困境呢?"义务、荣誉、德行,所有这些对我没有意义;然而我绝不是个怪物,我是软弱的,但并不丧失人性。"① 在无法让所有人都满意的情况下,她选择将自己人身的自由交给父亲安排,心留给情人。希望以自己的婚姻为代价,换取所爱的人们的幸福。她接受身与心的分离,同时也暗示着默许了婚后通奸的念头。两人的爱情终究没有结出现实的果实,分手已成定局。这样的结果着实令人唏嘘与愤慨:两个相爱但无法结合的年轻人,最终只能追随当时上流社会的风气,变成婚后保持暧昧关系的秘密情人吗? 一开始便被美好德行笼罩的爱情的结局竟如此不堪? 决心忠实于爱情,同时成全父亲的心愿,但唯独否定了婚姻义务的于丽真的会幸福吗? 不,卢梭笔下的这些年轻人让我们升起对人性的信心。他们虽然会犯错,但谁又不会呢? 看似别无他途之际,教堂里庄严神圣的婚礼成为于丽内心转变的契机。

在与德·伏尔玛尔先生的婚礼仪式过程中,于丽的内心发生了骤然的转变,长久以来被亲情和爱情撕裂的心重获新生。"一种不认识的力量仿佛突然纠正了我紊乱的感情,并按照义务和大自然的规律予以重建。"② 当她意识到对德行的爱和践行才是爱情最大的魅力,看到自己还有可能重新获得尊敬、荣誉和幸福时,爱的转变自然而然地发生了。于丽将婚姻中的奴役状态转化为自愿、自觉的道德生活,曾经陶醉在爱情中的自然人格由此转变为婚姻中的道德人格。打动于丽的德行不是社会中的准则和习俗对美德的规定,用行善的义务而不是兴趣欲望作为自己的行为准则,这是人性自然对人自身的要求。

当于丽嫁给另一个人,读者不免会问:她刻骨铭心的爱情就此消失了吗? 以及她爱那个被冠之以丈夫称谓的男人吗? 她在婚后给昔日恋人的第一封长信中分享了爱的转变和对婚姻伴侣的看法。爱情没有消失,但转化成了合乎德行的友情,于丽因此重获自由和安宁。卢梭将于丽的彻悟称之为灵魂的更新,这是自我的重新塑造也是趋于自然的回归。"当它的一切习惯被打破,它的一切激情在这一般的动荡中被改变后,人有时就获得他原来的性格,他变得像刚从大自然手中出来的新人。"③ 作为主体的人从何而来? 它要求人觉悟到自由并主动地去

---

① 《于丽》,第 385 页。
② 《于丽》,第 407 页。
③ 《于丽》,第 418 页。

设定自身。一如圣普栾远行临别前的感叹:"使您重获您一切美德的勇敢的努力只有把您变得更像您自己。"[①]在自然的激情和婚姻的自主选择都被剥夺的地方,于丽的情感于自我牺牲和教养中逐渐成熟。同时,她婚后对婚姻和理想伴侣也有了更为理性的认知。幸福的婚姻并不必须有爱情,而好的婚姻仅有爱情是不够的,结婚是为了"共同履行社会生活的义务,认真地管理家务,好好地教育自己的孩子"[②]。她看清并感恩自己婚姻的基础是比爱情还坚固的理性、关怀与双方互补的个性,在此时心的自由选择中,伏尔玛先生是比圣普栾更适合的丈夫人选。

这封告别信的最后,于丽劝诫昔日的恋人遵循人性的真理与德性,且祈盼他因此而得到幸福。至此,于丽和圣普栾的爱情故事画下了句点,他们都将开始人生的新旅程。《于丽》并未就此结束,这或许是因为婚姻及家庭在卢梭的思想中具有重要乃至神圣的地位。一个成年人在成为自我规定的公民之前,首先是家庭的成员——伴侣或孩子的父母。家庭不仅是人组成社会的最小单位,也是人性自我教养的重要场域。

(四)婚姻家庭中的幸福与自由

爱的自我教化在《于丽》后半部于丽的家庭生活中继续。转眼一别六年,当圣普栾航海远行归来,于丽已是两个孩子的母亲。他在给表姐格兰尔的信中自述已修正了自我的情感,希望与故友的重聚成为进一步自我评判的考验。令人欣喜和感动的是,于丽的丈夫伏尔玛尔先生在知晓妻子的过往后,诚挚邀请圣普栾到他们的家里来做客。时至今夕,两颗曾经相爱的心如何相待?

当圣普栾久别重见身为家庭主妇的于丽时,便生出全新的尊敬之感,顿感必须重新整理自己的心绪。于丽则察觉爱的方式已不同,纯洁的友爱让她倍感欢乐和宁静。感情没有消失,但与之前的不同了。之后,于丽的丈夫短暂外出,单独相处的机会让二人对自己的心更准确地进行自我辨别。早在得知丈夫即将离家的计划,于丽就开始探测自己灵魂的状况。面对昔日的恋人,她感觉自己的心是平静且没有恐惧的,鉴于过去的经历却仍对自己的感情不自信。表姐格兰尔

---

① 《于丽》,第 420 页。

② 《于丽》,第 427 页。

从旁指出,于丽的不安在于她没有注意时间等很多条件都不同了。"怎么能够把一个太敏感的姑娘的弱点跟一个有罪的妇女的不忠诚混淆起来? 看看你周围的一切,你会看到应该提高你的灵魂和加强它的力量。"①她认为于丽以往日的失足来屈辱今天的自己是一种可笑的自我欺骗,何况过去于丽凭借对德行的爱已经取得胜利,并无值得害怕的理由。在此,爱的进一步自我教养的需求显现出来。与此同时,于丽睿智的丈夫早已看穿圣普栾对于丽的真实情感。

> 他们已经完全摆脱爱情,您知道理智和德行所能做到的事,这也并不是他们最大的奇迹。然而这两个相反的东西却同时是真实的,他们彼此之间从来没有这样热烈地相爱,而他们之间只有一种纯正的爱慕;他们始终是情人而且也只不过是朋友:我想,这正是您所最少期待的,这正是您所最难理解的,然而这是确切的真实。②

这是一种怎样的爱? 青春的爱并没有消逝,它和友情共存于圣普栾的心里;但只要圣普栾意识到他爱的是过去记忆中的恋人而非现在的德·伏尔玛尔夫人,他便不会再有任何不安。圣普栾自己何时认清这一点? 直到二人游湖的途中故地重游,当过去的隐蔽所触发了旧时激烈的情感,他才完成爱的对象的区分,明白自己爱恋的是过去的于丽。"可尊敬的女人,我始终是您自己的朋友和您德行的情人;然而我们的爱情,我们的初恋和唯一的爱情从来不会逸出我的心灵。"③纵然青春记忆中的爱情永不褪色,但已与现实无关,如今尊重的感激之情将圣普栾从过去的爱中解脱出来。圣普栾将于丽的居所称之为"德行的圣殿"④,于丽早已成为他心中美德的化身。

对于丽而言,此番同游故地的经历同样也是重大的考验。当她看到圣普栾因回忆过往而情绪激动时,在沉默中抓住对方的手,目光温柔并勉强忍住叹息……可以看出她的心也被触动,但仍主动提出离开那象征过去的荒凉之地。坐船归家的途中,尽管她因控制不住伤感的情绪而流泪,还是明确地告诉对方这是最后一次像这样交流。于丽的言行让圣普栾由衷钦佩,她打破了那过去的爱

---

① 《于丽》,第 577 页。
② 《于丽》,第 584 页。
③ 《于丽》,第 775 页。
④ 《于丽》,第 778 页。

所铸就的枷锁,自由意志下的自律带来情感的自由。"这次事件最能使我确信人的意志自由和德行的力量……至于于丽,我的眼睛看见、我的心感到,她这一天支持住了人的灵魂所能忍受的最大战斗,然而她胜利了。"①爱能带给人的只有爱的体验本身,而对爱的多重体验恰恰是自我意识成长的关键。回顾于丽的自我成长过程,从最初情与欲的交锋,到爱情与亲情义务的撕扯,她在不同的情感关系中曾是恋人、女儿、姊妹和母亲,唯独不完全是她自己,至此才终于成为自己的主人。

除了细述两人之间的情感变化,卢梭还花费了不少笔墨描写于丽在克拉朗的家庭生活,从孩子的教育、仆役的管理到日常生活中衣食住行的审美情趣,无一不是她美的心灵的外化与见证。无论是自然的风光,还是女主人公于丽巧妙打理的花园福地,都体现了自然至美的理念。"自然逃避人迹所到的地方,而是在山的峰巅、在森林深处、在荒岛上才展开它最动人的美感。""大自然把它搞得那么美,使他们不能对它增添什么习俗的美了……然而真正的趣味却是在于隐藏艺术,尤其是问题述及自然的工作时更是如此。"②

什么是人性自然中"美"的典范?"我永远相信善只不过是付诸行动的美,它们二者紧密地结合在一起,在完善的人性里这二者有着共同的根源。"③卢梭认为美与善在人性中同源,不是停留于认知层面的抽象观念,而是实践的智慧。"美与善的自然"化为她的心,一颗喜爱、追求并享受自己及周围人的快乐的心。"在于丽看来,她的规则只是一颗心,她认为它最可靠,她为了做好事绝不怀疑地听从它,它怎样要求就怎样做。它不让她要求很多,谁也比不上她能珍视生活的快乐。这样敏感的心又怎能对快乐无动于衷呢?"④于丽以什么原则来指导自己的生活呢?适当的节制带来美和幸福的体会。卢梭通过于丽生动地展现了一个拥有良好审美趣味的人如何在平凡的日常生活中获得幸福感。"调配快乐的艺术实际上只在于对它要吝啬。"⑤比如,于丽倾向于选择本地本季的食物、专属于亲近朋友的宴会厅以及重在搭配而非华美的服饰等。"她只是利用妇女天生

---

① 《于丽》,第 599 页。
② 《于丽》,第 690 页、第 693 页;更多关于自然美的论述参见《于丽》,第 542—563 页。
③ 《于丽》,第 64—65 页。
④ 《于丽》,第 608 页。
⑤ 《于丽》,第 624 页。

的才能，依靠不同的打扮，用另一种发式，另一种颜色的衣服来改变人们的感情和思想，并用趣味的力量来影响人们的心灵，从虚无中产生可爱的东西。"①她遵循自然必需的界限，通过节制的艺术来保持快乐的感觉，同时还注意到幸福的条件之一是保持不被物欲或激情所奴役的意志自由。卢梭认为人的自然情感最终指向"对幸福的向往"②，成为家庭女主人的于丽无疑是幸福的。

"这样一个健康的灵魂，为完成人类最崇高和优美的义务以使彼此达到幸福生活，能感到烦恼吗？……她就这样享受着一个人可能获得的一切幸福。满足于自己的一生，这岂不是生活得幸福的可靠的标志吗？"③幸福感是在美的愉悦中感受到的自足与自在。可是，当于丽预见自己的后半生再没有什么可以超越当下的幸福时，她又说她的心感到一种"舒适的厌倦"④。当尘世的爱似乎到了难以再逾越的界限时，人自然会生出对崇高与无限的渴望。爱将在何处圆满？卢梭在此处的注释说这封信恰似一首天鹅之歌，隐隐预示了她的死亡。

于丽为了救儿子而意外落水染病，当死亡临近时，无惧且欢欣。她的平静与真诚甚至感动了临终床前的加尔文牧师。在他们最后的交谈中，对于灵魂的看法彰显了于丽区别于传统宗教的信仰。卢梭曾在《爱弥儿》中坦言灵魂不死是自己的假设，这样有益于人过好今生且期待来生。⑤ 于丽也期望并坚信灵魂存在且会回到她爱的人中间。《于丽》最后一封信里，表姐也说虽然于丽逝去了，但处处都还有她。"她的心将在你们中间。她爱的一切将集中起来给她以新的存在。"⑥如果灵魂同肉体一样在短暂生命的尽头消散，至高的善因此便成了不可企及的幻影和谎言。现实中似乎很难找到于丽这样的姑娘，平凡却不普通，她以真诚的所思所行打动人心，让周围的人不仅喜欢她，甚至情不自禁地效仿她。

于丽的爱在她的信仰中圆满，这是一种怎样有别于传统宗教的信仰呢？临终前的于丽回顾一生，自小便热爱美德并有意识地培养自己的理性，但过去的经历证实了仅凭感情和知识是不够的，难免迷误和失足。当在婚姻殿堂中内心经

---

① 《于丽》，第 624 页。
② 《爱弥儿》，第 458 页。
③ 《于丽》，第 633 页。
④ 《于丽》，第 797 页。
⑤ 《爱弥儿》，第 446 页。
⑥ 《于丽》，第 850 页。

历了巨大的转变,她开始虔诚地向最高存在祈祷,"无法从自身找到的那个力量"①从此成为她有力的精神支持。当尘世的幸福无法完全令自己满意,她在自我有限的力量的尽头再次转向"感情和存在的源头"②。虽然于丽自称是基督徒,但她的某些情感和行为并不符合传统的教理,比如拒绝让她的孩子们上教理课等。因无法直接感知造物主的存在,她将信仰限定在自己可理解的范围内。如果说上帝有什么样的属性,唯一触动她的是上帝的良善。

于丽早在和圣普栾讨论人的自然地位的信中就已指出,人自身就是目的。人最重要的是自身的道德和幸福。由此可见,她所敬拜的最高存在并非人格化的上帝,而是人所应是的德福兼具的至善——以自由为原则的在世的人性宗教。"在地上把我们分开的道德,将在永恒的天国里把我们联结起来。我在这温馨的期待中死去;用我生命作代价,幸福地换取没有罪恶地永远爱你的权利,并再一次向你这样说。"③死亡不仅让于丽的情感升华至信仰的爱,也带给她最终坦白爱情的自由,被封存于心底的激情在生命的最后时刻复苏。这是于丽爱的成长的最后一步,她超越了生命的自然终点,爱也因此变得不朽。

《于丽》中青年人的自然是以爱欲为基点展开的,它自产生之初便掺杂了性的吸引与爱的幻想。于丽从爱的克制与想象中开启自我意识的教养,当遭遇了社会习俗和亲情伦理的诸种阻力、婚姻生活的历练直至最后的意外病亡,她的心也随之经历了从被爱欲占据到信仰人性宗教的转化,作为文明社会中的自然人教养在自我的省思及辨别中达至圆满。卢梭在于丽身上展现出的自然情感是自足且自由的。当自然的自由不复存在,社会状态中的人无一不背负枷锁,唯有"幻象的国度"④是人性真正的居所,没有什么实存之物比之更美。虽然这一自由如幻梦琉璃般绚丽易碎,但它在爱者的心中织出一方永恒之地,无论世事变幻,懂得爱的人都能心存自由。虽说爱情只是想象力造出的幻觉,但它对相爱者产生的那些影响却是真实的。于丽在爱的历练中成长为人性的典范。正如圣普栾在信中所说:"如果世界上到处都有朱莉那样的人和那样爱她的心,我们大家

---

① 《于丽》,第410页。
② 《于丽》,第570页。
③ 《于丽》,第852页。
④ 《于丽》,第796页。

都可成为多么好的人啊!"①一颗懂得爱且拥有爱的能力的心弥足珍贵,人性自然与社会习俗在富有教养的爱中和谐共在。卢梭在《于丽》中创造的这一能够指引生命的爱,此后成为《爱弥儿》的教育思想的自然尺度与《社会契约论》中政治社会构建的人性根据。

四、以自然为名的人性

如果说《爱弥儿》中的人性理论以前两篇论文和《于丽》为前提,那么,卢梭整体的人性思想以何为根据呢?人在万物中处于何种位置?人对自我的认知是由对世界乃至宇宙的认识决定的。每个时代的人性观都是以当时的宇宙观或者说自然观为根据的。卢梭时代以牛顿提出的宇宙观为主流,而莱布尼茨派则以神学之名,将上帝简化为科学所揭示的自然法则。② 本节以卢梭的自然观为研究对象,进一步考察其人性思想的理论根基。

(一) 卢梭自然观念的理论背景及转折意义

任何观念都内含时代的烙印,哲学中的自然观念也不例外。自然(Nature)在西方哲学概念史中的发展大致分为古希腊、中世纪、近代和现当代四大阶段。在不同历史时代的思想语境中,自然概念被赋予了不同的内涵,相应的概念运用也存在鲜明的差异性。基于对不同时代自然概念的产生及发展的回溯,我们尝试厘清卢梭自然之思产生的时代背景及其在自然观念史中的位置,将重心主要放在与其思想关联较近的西方近代早期自然观上。关于西方哲学中自然观念史的流变,国内不乏对此进行较为细致梳理的论文,但几乎没有或很少提及卢梭自然观在其中的位置,本文推断这或有两方面原因:一是既有的西方哲学史研究成果中,卢梭并未被定位为近代自然哲学领域中具有代表性的人物之一;二是卢梭作品中并未有专论"自然"的著作或篇章,其与自然相关的思想更多的是辅助情感、道德、教育和政治等其他人文主义主题,原因二或在一定程度上影响了原因

---

① 《卢梭全集》第 8 卷,第 271 页。

② A.M. Rieu. La nature de Jean-Jacques Rousseau [J]. Revue de Métaphysique et de Morale, 1980, 85(4).

一的论断。本文侧重梳理可能对卢梭产生影响的思想因素及其在何种历史语境中提出自己的自然学说。①

西方现代语言中的"自然"(英文:nature;法文:nature;德文:Natur)一词源自拉丁文名词natura(自然),该拉丁文词则是对古希腊文 φύσις(自然)的翻译。Φύσις 有两种拉丁文译法:physis 和 natura。从发音和词形可知,physis 根据 φύσις 的希腊语发音直译所得,而 natura 则是 φύσις 含义的意译结果。罗马人之所以用拉丁文 natura 来翻译 φύσις(自然),主要因为 nātūra 源自异相动词 nascor,后者意为"生育或生长(produce)"②。名词 natura 由动词 nascor 与后缀 tūra 复合而成,意为"出生、起源和形成"等③。拉丁文后缀 tūra 是用来形成名词的后缀,它既用来表达行动本身,也用来表达行动结果。因此,拉丁文 natura 其义应该从"与出生或起源相关的活动与结果"两个方面去理解。回到最早的 φύσις(自然)一词,从词形构成上看,它是一个动词词根通过加后缀 -σις 形成的动态名词,其含义源于相应的动词 φύω(生长、生成)。④ 因此,一个事物的 φύσις(自然)应被定义成该物的生成及其完整的实现。⑤ 此外,φύσις(自然)日常语义主要还有"起源(origin)"、"有规律的自然秩序"和"具体的人或物"等。⑥

作为哲学概念的自然是如何形成的呢?古希腊时期的哲学术语多取自日常

---

① 关于西方自然概念之历史嬗变的国内研究成果,参见叶冬娜:《中西自然概念的历史嬗变与自然观变革的实质》,《自然辩证法研究》2021,37(02);寇东亮:《自然、自由与生态文明》,《自然辩证法研究》2017,33(10);王增福:《西方自然观的历史嬗变与哲学审思》,《学术交流》2015(01);周可真:《简论西方自然哲学的历史演变——兼论马克思和恩格斯的自然哲学贡献》,《江苏行政学院学报》2015(02);卞敏:《自然观与历史观:西方哲学史的主题》,《江海学刊》2009(04)。

② Francis Edward Jackson Valpy, An Etymological Dictionary of the Latin Language[M], London: Printed by A. J. Valpy, Red Lion Court, Fleet Street, 1828, pp.280, 339.

③ 在《牛津拉丁语词典》中,nātūra 的词义是非常丰富的,其基础义为"自然"。详见 P. G.W.Glare, Oxford Latin dictionary[M],2nd ed. Oxford University Press, 2012, p.1274-1275。

④ Robert Beekes, Etymological Dictionary of Greek (2 vols.)[M], Boston: Brill, 2010, pp.1597-1598。

⑤ E. Benveniste, Noms d'agent et noms d'action en indo-européen[M]. Paris: Adrien-Maisonneuve, 1948。

⑥ Henry G. Liddell and Robert Scott, A Greek-English Lexicon:With a Revised Supplement [M], Oxford: Oxford University Press, 1996, pp.1964-1965.

语言,因而它们的基本含义仍未脱离相关日常语义,但同时也被古希腊哲人赋予了更为抽象的形而上学内涵。不少前苏格拉底哲学家的著述都以"论自然"为题,可见自然曾是早期希腊哲学最早的主题之一。在希腊早期爱奥尼亚哲学家们的文本中,φύσις(自然)仅意味着内在于事物中的决定其形态的某种本原(principle)或行为的根源,直至晚期希腊才开始出现自然事物的总和或汇集的含义,即与κόσμος(宇宙或世界)近义。对于φύσις(自然)的第二种含义,柯林伍德在此举了公元前5世纪后期的哲人高尔吉亚(Gorgias)的著作《论自然或论存在》为例,书中的"自然"指的是自然界诸物的集合体。① 此外,在苏格拉底时代之前的哲学早期历史中,无论是谈论诸神的荷马还是探究自然的前苏格拉底学派哲人们也在动态的意义上使用φύσις(自然)一词,它也包含了起源、过程和结果等意义上的生长之义。② 中世纪早中期的自然概念极少出现,且没有超出希腊罗马时代的定义。③ 到了奥古斯丁这里,他认为人与自然、上帝的关系在于,上帝创造了人,而自然供养人。在中世纪浸染神学色彩的自然观中,人与自然界无疑都是神的造物。"在现代欧洲语言中,'自然'一词总的说来是更经常地在集合(collective)的意义上用于自然事物的总和或聚集。"④我们从科林伍德的《自然的观念》中得知,与古希腊有机论自然观相对立的文艺复兴时期自然观主要是在哥白尼(N.Copernicus,1473-1543)、特勒西奥(B.Telsio,1508-1588)和布鲁诺(G.Bruno,1548-1600)的思想工作中形成的。这一被后世称为"机械的自然观"的核心要义是"不承认自然界即被物理科学所研究的世界是一个有机体,并且断言它既没有理智也没有生命"。⑤ 从思想背景来看,文艺复兴时期的自然概念在近代自然科学发展观念和基督教创世思想两方面的影响

---

① (英)R.G.柯林伍德著;吴国盛译:《自然的观念》,北京·商务印书馆,2018,第56页。
② 更多关于前苏格拉底时代的自然概念的探讨,请参见纳达夫(Gerard Naddaf)在《希腊的自然概念》一书中的内容,(加)吉拉尔·纳达夫著;章勇译;张文涛校:《希腊的自然概念》,上海:华东师范大学出版社,,2021,第31、60页。
③ 姜南:《"自然"概念及人与自然关系史研究》,《天津师范大学学报(社会科学版)》2014(06)。
④ (英)R.G.柯林伍德著;吴国盛译:《自然的观念》,北京:商务印书馆,2018,第55页。
⑤ (英)R.G.柯林伍德著;吴国盛译:《自然的观念》,8页。

下,逐渐失去了它在古希腊时期高居于人之上的规范性权威和有机目的论性质。①

西方近代早期自然哲学研究传统的形成以培根(Francis Bacon,1561—1626)的《新工具》和笛卡尔(René Descartes,1596—1650)的《方法论》为标志。培根在《新工具》中提出了"哲学和科学的正当分划"②。其中,"自然的、永恒的和基本的法则"是形而上学探究的对象,而"自然的、一般的和通常的进程"则构成了物理学。③ 他明确了自然哲学与自然科学的区分,并提出了经验论式的自然哲学。笛卡尔则提出了一种人与自然对立的二元实体学说,为现代自然观奠立了理论根基。17世纪的哲人们已认识到,在肯定物质和心灵的区别与对立的基础上,亦不能否认二者的基本的统一。④ 他们为后来者留下了精神如何与非精神的自然相接连的难题。科林伍德在《自然的观念》中的18世纪部分只述及贝克莱和康德关于自然的哲学观点,并未提及卢梭。⑤ 当被简单机械化和物质化的自然不可避免地与人分裂而立,这实质上造成了人的自由困境。"自然是自由的出发点,但自由却在于摆脱自然,自然与人是冲突的——这就是近代机械论自然观隐含的逻辑。"⑥当霍布斯从人的自我保全出发确立了自然即人的自然,洛克则区分了人的自然自由和社会自由,并将前者的合法性建立于自然之上。

卢梭在何种程度上接受了前人的自然观? 又在何种意义上作出了创新? 我们首先能够肯定的是,他对哲学中那些一般性的概念并不赞同。他还在"自白"中将抽象概念视为错误的根源,因为形而上学的概念术语从未导致任何一个真理的发展,但它却使哲学充满了荒谬,当人们剥去这些伟大的词语时,就会为之感到羞耻。于是,他倾向于用自己的方式来证明自己的观点。

虽然卢梭同样将自然状态中野蛮人的原初自由设定为自身思想的起点,但在文明人与自身分裂的不自由经验的推动下,于当下重新觉知到内在的自然。

---

① 张汝伦:《什么是"自然"?》,《哲学研究》2011(4)。
② (英)培根著;许宝骙译:《新工具》,北京:商务印书馆,2017,第128页。
③ (英)培根著;许宝骙译:《新工具》,第129页。
④ (英)柯林伍德著;吴国盛译:《自然的观念》,第142页。
⑤ (英)柯林伍德著;吴国盛译:《自然的观念》,第142—150页。
⑥ 张汝伦:《什么是"自然"?》,《哲学研究》2011(4)。

卢梭的自然不同于被布鲁诺视为普遍主体的"创造性的自然"①,也不同于笛卡尔作为"诸理念和事的起因"的意识的自然,以及霍布斯那扬弃在最高权力及其绝对力量中的自然。② 其中,布鲁诺的自然的主体创造性体现在,"大自然从物质造作万物,则是通过分出、产生、流出的途径"③。在后来康德察觉并试图以内在目的论来解决这一人与自然的分裂之前④,卢梭更早地发出了内在化的自然转折之声。当他感觉到自己的自由,机械决定论的自然观便悄然破碎,人内在的自然开始不可遏制地蓬勃生长起来。正如黑格尔对卢梭的评价:"现在自由的原则(在卢梭这里)出现了,它把这种无限的力量给予了把自己理解为无限者的人。——这个原则提供了向康德哲学的过渡,康德哲学在理论方面是以这个原则为基础的。"⑤这不同于康德之处在于,自由原则不是卢梭思想的既有前提,而是需要在自然人的自我教养历程中培育而成的。

(二) 卢梭《爱弥儿》中的自然理论内涵

当卢梭在诸作品中以自然来描绘人的本来面目时,自然不仅仅是对人类远逝已久的童年时光的怀念,更是对生活在理想共同体中的未来之人的期许。自然在《论科学与艺术》中还处于相对次要的位置,与腐朽的文明社会相对的不是自然,而是公民的德性和爱国精神。严格说来,自然最早出现在以论述自然状态和自然人为主题的《论不平等》中。卢梭在头两篇论述中提出的控诉从根本上斩断了任何先验地定义人的本质的企图,按照他的逻辑,任何定义都是受到社会影响的产物,都被社会中特有的利己主义所腐蚀。自此,自然开始展现其作为卢

---

① (德)贺博特·博德著;谢晓川,黄水石译:《哲学自我-意识的赠礼》,《清华西方哲学研究》2017,3(02)。

② Boeder H. Die conceptuale Vernunft in der Letzten epoche der Metaphysik[J]. Abhandlungen der Braunschweigischen Wissenschaftlichen Gesellschaft, 1992, 43: 348. 中译文见(德)贺博特·博德著;戴晖译:《形而上学的最后时代的概念继承理性》,《意象》(第2期),北京大学出版社,2008,第191—210页。

③ (意)布鲁诺著;汤侠声译:《论原因、本原与太一》,北京:商务印书馆,1984,第109页。

④ 王增福:《西方自然观的历史嬗变与哲学审思》,《学术交流》2015(01)。

⑤ (德)黑格尔(Hegel, G. W.)著;贺麟,王太庆等译:《哲学史讲演录(第4卷)》,上海:上海人民出版社,2013,第239页。

梭思想基石的重要地位,不仅是人和环境的原初状态,也是人的教养的根源和尺度。卢梭在《爱弥儿》中没有直接回答人的自然是什么的问题,而是透过教育向我们呈现:什么样的人是自然的? 依据人的天性发展倾向,人会成为何种模样? 人的自然在以自爱为起点的自我情感谱系中铺呈开来,被社会败坏了的人通过与自身的区分重新获得自身的人性。《爱弥儿》中的自然概念最早是作为教育的定义被提出的。①

为了进一步阐明教育的目标,卢梭自觉需明确"自然"这个词的涵义,遂从教育的角度将"自然"界定为适合天性的习惯及人的内在禀赋倾向。"我们生来是有感觉的(sensibles),而且我们一出生就通过各种方式受到我们周围的事物的影响。可以说,当我们意识到我们的感觉(la conscience de nos sensations),我们便希望去追求或者逃避产生这些感觉的事物,我们首先要看这些事物使我们感到愉快还是不愉快,其次要看他们对我们是不是方便适宜,最后则是基于理性赋予我们的幸福和美满的观念做出的判断。随着我们的感觉愈来愈敏锐,眼界愈来愈开阔,这些倾向(dispositions)就愈来愈明显;但是,由于受到了我们的习惯的遏制,所以它们也就或多或少地因为我们的意见(opinions)不同而有所变坏(altérer)。在产生这种变化(altérations)以前,它们就是我所说的我们内在的自然(en nous la nature)。"②

卢梭将"自然"界定为人基于感觉形成且未被后天的习惯或见解影响的种种自然倾向,也可以说是一种带有情感倾向的感受力。内在的自然不仅是人与生俱来的身体官能,还包括对外物的主动判断与倾向。之后,随着对感觉的自我意识的萌发,感觉体现出一定的偏好,部分地揭示了人对物的好恶之情是如何产生的。人喜欢或厌恶某物取决于它带给人的感觉,是否让人感到愉悦、方便适宜且符合好的理性观念。卢梭与爱尔维修最大的区别也在于此,人不仅仅能够被动地对外部刺激做出快乐或痛苦的反应,还能根据它们是否符合理性赋予人的幸福和完满的观念来做出判断。在婴幼儿时期,教育所依据的自然不过是个人与生俱来的禀赋特性。当爱弥儿进入青春期后,即他开始逐渐关注到他人并进入社会生活之后,自然的内涵也随之扩大。由此,自然在《爱弥儿》中多处成为

---

① 《爱弥儿》,第3页。

② 《爱弥儿》,第10页。

人性的代名词。在人身上,能够获卢梭赋予自然之名的,仅仅指那些未被后天见解影响的原初倾向。当他用自然指代人的内在感觉时,文明人的不自然体现在习俗和意见遮蔽了自然的感觉。"人们从没有直接体验自然,而是在他们的所见中混入他们的信念。从洞穴中得到解放需要在习俗的重重遮蔽下发现自然,把自然从人造的事物中剥离出来。"① 与持人性本恶观点的前人不同,卢梭在传统和习俗的面具之下发现的是纯洁无害的自然。

《爱弥儿》中的自然概念仅指人的内在自然吗？1769 年 3 月 21 日,卢梭在写给皮埃尔-亚历山大·杜佩鲁(Pierre Alexandre Du Peyrou)的信中称,"只有自然会显示可靠的方法",因此自然是社会和教育的标准。② 当我们试图理解《爱弥儿》中的自然概念时,面临两个困难:第一,"自然"一词作为一个古老的哲学概念,被赋予了异常丰富的内涵;第二,不仅仅是《爱弥儿》,卢梭对"自然"及相关概念的阐述散见于诸作品中,但在表述上存在一定的隐晦性与模糊性,鲜少给予明晰的定义。"自然"是卢梭思想的重要概念之一,以此为核心的自然系列概念包括但不限于自然状态、自然人、自然自由、自然情感、自然的教育和自然美等。在西方哲学传统中,自然不限于人性,但人性可称作自然。《爱弥儿》中的自然不是去掉非自然物之后的剩余物,而是自然天性的充分发展。教育中的自然,指的是培养符合自然的习惯。③ 由此可见,教育中的自然是在教育的技艺下自我生长完善的第二自然。在经过教养的人性自然中,教育的作用及意义变得重要。

卢梭在《爱弥儿》中多处运用"自然(nature)"一词,从词形上看,《爱弥儿》中出现了"自然"一词的名词、形容词、副词和动词形式。④ 从词义来说,"自然"最主要指人的本性和超出人性之外的自然法则等。我们应以何理路来梳理自然概念的不同涵义呢？鉴于《爱弥儿》中的自然概念始终服务于教育思想,而教育

---

① (美)阿兰·布鲁姆著;胡辛凯译:《爱的设计》,第 193 页。
② Correspondance, VI,36;转引自(瑞士)尤尔根·奥尔科斯著;邵文实译:《让-雅克·卢梭》,哈尔滨:黑龙江教育出版社,2016,第 64 页。
③ (美)马斯特著;胡兴建、黄涛、王玉峰译:《卢梭的政治哲学》,第 31 页。
④ 法语中"自然"的名词形式是 la nature,形容词"自然的"是 naturel(le)或 de la nature,副词"自然而然地、天生地、理所当然地"是 naturellement,动词"改变、歪曲(使⋯⋯不再自然)"则是 denaturer。

话题独属于人,遂以人为界限,将自然概念大致分为指代人之天性的小写的"自然(nature)"与囊括万物的大写的"自然(Nature)"两个维度。这样的区分更多是为了突出《爱弥儿》中自然最主要的主体内涵。虽然关于自然的定义仅此一处,但我们在关于自然的诸用法中看到了卢梭赋予自然的极大丰富性。

对应教育的区分,作为教育尺度的自然也有狭义与广义之分。当卢梭从培养习惯的角度来定义教育时①,教育中的狭义自然指"人的诸本能倾向(des inclinations)"②的生发及形成的习惯。这既是狭义自然教育的直接内容,同时也成为掺入了人为技艺的后两种教育的准则。广义的自然则指包含但不限于人的大自然及其必然性。卢梭是肯定作为造物主(L'Auteur des choses)的至善者(la suprême bonté)的存在的。③ 另外,他在1774年夏天向昂德莱塞特夫人谈及教育的信中也称:"好的教育应该是纯粹消极的,教育是少做而多预防,真正的老师是自然,其他的老师只是排除妨碍成长的障碍,错误本身只伴随恶习而来,而所有良好的判断都源自一颗健康的心。"④他在《爱弥儿》中除了呈现作为教育直接依据的人性自然,还探讨了作为更广泛意义上的自然(Nature)。就《爱弥儿》一书来说,卢梭从教育视角完整地呈现了与受教育的个体息息相关的自然思想,大写的自然(Nature)囊括了从个体的自然人、自然界万物、自然法则到自然创造者等不同层面的自然概念。前者隶属于后者,且以后者为据。

卢梭的人性原则是否具有规范性?学界持两种观点,较早的以《论不平等》为主要文本依据的传统解读认为,人性在很大程度上受社会历史环境影响而改

---

① 《爱弥儿》,第9—10页。

② 《爱弥儿》,第9页。中译本"人的习性也是如此"中的"习性"一词含有习惯与天性双重涵义,而此处指的是人天生的原始倾向,不包含任何后天习惯之义。

③ 《爱弥儿》,第210—211页。

④ Rousseau, J.-J. Œuvres complètes, sous la direction de Raymond Trousson et Frédéric S. Eigeldinger. Genève : Slatkine. 2012. 3414. https://rousseau.slatkine.com/viewer.php? mag = JROC_L23#3413. 此封信件的部分摘译可参见下述译著:(法)卢梭著;何祚康,曹丽隆等译,《走向澄明之境 卢梭随笔与书信集》,三联书店上海分店,1990,第253页。

变,也因此不具有规范意义①;后来出现的另一种观点则认为,卢梭并未否定或放弃作为规范性原则的人性。② 本文认为卢梭在《爱弥儿》中阐发的人性规范意义为其自然教育思想奠定了基础。人作为自然的造物之一,其本性受大写的自然(Nature)所规定。卢梭在《爱弥儿》中多次直接使用"自然(nature)"或"自然的(naturel)"来表达这一具有规范意义的自然(Nature)概念。卢梭通过学生爱弥儿和他老师的视角来展开这一概念,我们也循此线索进入其中。儿童眼中的自然是什么?自然是不可更替改变的必然性。在《爱弥儿》第三卷的儿童教育最后阶段中,爱弥儿在学习自然科学的过程中必须学会理解并接受必然性。卢梭不同于其他自由鼓吹者之处在于,他认为自然的必然性是自由的前提。

此外,卢梭并没有因为对人性的重视而忽略外在于人的自然界,相反,自然在此得以人化。他无比敬慕大自然彰显的神意以及难以比拟的美,也因此被视为近代将青葱绿意带入作品中的第一人。具体来说,大自然不是作为认识或感知的对象,而是成为人的感觉乃至情感的一部分。比如,我们在《于丽》中看到,恋人们借自然风光感伤抒怀。"他们一起在自然中徜徉,而自然既属于他们,又是他们表达情感的对象。"③人对自然的感受受限于其感受力的发展水平。又比如,在爱弥儿学习地理时,他对自然美的欣赏建立在已有的人生经验之上,自然无法企及年岁更长的老师的审美体验。"自然景色的生命,是存在于人的心中的,要理解它,就需要对它有所感受。……要能感受所有这些感觉综合起来的印象,就需要有一种他迄今还没有取得的经验,就需要有一些他迄今还没有感受过

---

① 参见 Leo Strauss, Natural Right and History[M]. Chicago: University of Chicago Press, 1953, 270-74; Shklar J N. Men and citizens: a study of Rousseau's social theory[M]. London: Cambridge University Press, 1969, 11-12; Jean Starobinski, Jean-Jacques Rousseau: Transparency and Obstruction[M]. Chicago: University of Chicago Press, 1988, 301-03; Grant R W. Hypocrisy and integrity: Machiavelli, Rousseau, and the ethics of politics[M]. University of Chicago Press, 2008,9。转引自史密斯,《卢梭〈爱弥儿〉中的自然幸福、感觉和婴儿期》,Smith J A. Natural Happiness, Sensation, and Infancy in Rousseau's "Emile"[J]. Polity, 2002, 35(1):94。

② Cooper L D. Rousseau, nature, and the problem of the good life[M]. Penn State Press, 1999。转引自史密斯,《卢梭〈爱弥儿〉中的自然幸福、感觉和婴儿期》,Smith, Jeffrey A. Natural Happiness, Sensation, and Infancy in Rousseau's "Emile", Polity 2002,35(1):93。该文的观点与之一致,但主要研究卢梭在《爱弥儿》中对自然规范性的评价,尤其是婴幼儿教育阶段。

③ (美)阿兰·布鲁姆著;胡辛凯译:《爱的设计》,第139页。

的情感。"①可见,"可感觉的观念"是从纯粹感觉迈向抽象观念之间的过渡环节。卢梭摒弃了存在某种内在感官的说法,将知觉判断建立在诸感觉的复合作用之上,至于知觉的对象范围,也不限于审美和道德评判。

在早于《爱弥儿》的《于丽》中,自然就已不是外在于人的被观赏的对象,而是人沉浸于其中的内在情感生命。这是一种"永不枯竭的幸福的新源泉"②。《于丽》中的那种新情感展现了卢梭具有开端性意义的"自然"转向。卡西尔提到了在德国第一个认识到卢梭思想重要意义的是莱辛。卢梭在德国的直接影响主要是他所倡导的伦理理念和要求,而非某种新的自然情感。"他先唤醒的是良心,然后才是一种新的自然情感。"③卢梭的作品并非18世纪法国文学转向感性或感伤的第一人。④ 何以将之视为真正的转折点呢?用卡西尔的话来说,卢梭不仅代表了那情感的伟力,而且以一种前所未有的感染力体现了它。⑤

综上,我们可以推断出自然概念在《爱弥儿》中的理论内涵及定位。作为教育诸根据的自然主要指人原初的天性发展秩序及构成,也包含了超越人之外的自然必然性。虽然自然概念呈现出不同的面向和内涵,但在《爱弥儿》中大多指人的身心发展秩序与结构。

五、小结

既然《爱弥儿》的思想任务是为未来的理想政体培养自由公民的原型,那么,卢梭的教育目标实现了吗?本章分析了作为卢梭人性思想根基的自然观念及《爱弥儿》中的自然内涵。自然一方面是人内在天性的诗意概括,另一方面作为卢梭的教育原则贯穿于呵护学生天性发展的教育实践中。当我们从人性作为教育的尺度出发,厘清了《爱弥儿》中的人性观念的缘起及根据。《爱弥儿》教育中倡导的回归自然指回归人的天性且尊重它。作为人之本质的自由一开始就蕴

---

① 《爱弥儿》,第240—241页。
② (德)恩斯特·卡西勒著;王春华译:《卢梭问题》,第78页。
③ (德)恩斯特·卡西勒著;王春华译:《卢梭问题》,第85页。
④ 1740年里查森Richardson发表的《帕美勒》(Pamela)及其他作品在法国受到热捧,其时早于卢梭二十年。
⑤ (德)恩斯特·卡西勒著;王春华译:《卢梭问题》,第81页。

含在自然之中,教育的意义在于人领悟到自己的自由并愿意拿起自由,成为真正的身心一致的人。在人性教养的历程中,自然的完满不完全体现在《爱弥儿》个体人的自我教育中,而是最终实现在《社会契约论》人的共同政治生活里。虽然在卢梭流传于世的诸作品中,最受后人瞩目的《社会契约论》最能体现他思想的开创性,但该书只是未完成的宏大著述中的一部分。他期望建立一个新的自由的共同体,参与者是自由的公民。从教育的角度来看,自由的公民从何而来?这正是卢梭以"论教育"为副标题的《爱弥儿》一书的思想任务,也是当下未完之言。

结　　语

　　本书首先从卢梭人性思想形成的理论背景探源出发,不仅辨析了卢梭写作《爱弥儿》的人性意图,而且指出其中的人性理论构建的根据与路径。然后,本书根据人的自然进程重构《爱弥儿》中的人性发展谱系,并尝试回应学界对教育目标中蕴含的人性悖论的相关质疑与批评,以及考辨《爱弥儿》中人性教养目标的达成状况。最后,本书还进一步探究《爱弥儿》中人性理论在卢梭思想中的根据,揭示卢梭具有转折性意义的人性思想的重要意义及不足。

　　本书的论证思路区别于较为常见的两大类有关卢梭的疏解。一类侧重从卢梭的生平及性格研究等揭示其思想的内在理路,另一类以卢梭的某类或某部著作为结构划分的标准。本书以教育视域下的卢梭人性思想为主要对象,因为人性问题不仅是卢梭教育思想的前提,也是其整体思想的基石。《爱弥儿》中的个体教化方案正是建立在卢梭独特的人性观之上。生活在自然状态中的野蛮人天生善好,以此为基点,卢梭意图通过合乎自然的教育技艺培育朝向自由的自然人。

　　卢梭称其每一部作品都是他思想基本原理的表达与深化,即所有著作都以人自然而善好的论断为根据。本书同样旨在呈现卢梭基本原理在教育领域运思的结果。因此,本书秉持"以卢梭释卢梭"的原则,依循爱弥儿身心发展的秩序,厘定人性概念在《爱弥儿》、卢梭整体思想乃至思想史中的理论定位及意义。如是而作,为的是对卢梭人性之思的理解尽可能贴近他本人的意图,且能够让卢梭独具时代特色和个人魅力的人性智慧重现于当下,这亦是对我们时代的馈赠。我们回到卢梭或许并非希冀习得真理或表达崇敬,而是被他超乎常人的真诚所打动,激发了我们对人性的信心与自我理解的愿望。

参考文献

一　卢梭著作

(法)卢梭著;李平沤译.爱弥儿(上下)[M].北京:商务印书馆.2017.

(法)卢梭著;李平沤译.卢梭全集 第 8 卷 新爱洛伊丝 上[M].北京:商务印书馆.2012.

(法)卢梭著;李平沤,何三雅译.卢梭全集 第 9 卷 新爱洛伊丝 下 及其他[M].北京:商务印书馆.2012.

(法)卢梭著;李平沤译.卢梭全集 第 3 卷 一个孤独的散步者的梦及其他[M].北京:商务印书馆.2012.

(法)卢梭著;李平沤译.卢梭全集 第 5 卷 致达朗贝尔的信·政治经济学·山中来信及其他[M].北京:商务印书馆.2012.

(法)卢梭著;李平沤译. 论科学与艺术的复兴是否有助于使风俗日趋纯朴[M]. 北京:商务印书馆, 2016.11.

(法)卢梭著;李平沤译. 论人与人之间不平等的起因和基础[M].北京:商务印书馆, 2015.11.

(法)卢梭著;伊信译. 新爱洛漪丝[M]. 北京:商务印书馆,2010.12.

(法)卢梭著;何兆武译. 社会契约论[M]. 第 3 版. 北京:商务印书馆,2003.02.

(法)卢梭著;熊姣译. 植物学通信[M].北京:北京大学出版社,2013.

(法)卢梭著;吴雅凌译. 文学与道德杂篇[M]. 北京:华夏出版社, 2009.

(法)卢梭著;刘阳译. 卢梭自选书信集[M]. 南京:译林出版社.1998.

(法)卢梭著;吴雅凌译. 致博蒙书[M]. 北京:华夏出版社,2014.

(法)卢梭著;李平沤译. 论语言的起源[M]. 北京:商务印书馆, 2021.

（法）卢梭著；刘小枫编；刘小枫，甘阳总主编；刘小枫，冬一，龙卓婷译. 论科学和文艺 笺注本卢梭集[M]. 上海：华东师范大学出版社，2021.11.

（法）让-雅克·卢梭著；袁树仁译. 卢梭评判让-雅克：对话录[M]. 北京：商务印书馆，2015.

（法）卢梭著；何祚康，曹丽隆等译. 走向澄明之境 卢梭随笔与书信集[M]. 三联书店上海分店，1990.11.

J. J. Rousseau, Collection complète des œuvres [M]. 17 vol. Genève, 1780–1789.

J. J. Rousseau. Correspondance complète de Jean-Jacques Rousseau[M]. 52 vols. éd. R.A. Leigh. Genève: Institut et musée Voltaire, 1965–1998.

J.J. Rousseau. Emile or on Education[M]. trans. A. Bloom. New York: Basic Books, 1979.

J. J. Rousseau. Œuvres Complètes [M]. 24 vols. éds. R. Trousson et F. S. Eigeldinger. Genève: Slatkine, 2012.

J.J. Rousseau. Œuvres Complètes [M]. 5 vols. éds. B. Gagnebin et M. Raymond, Paris: Gallimard, Bibliothèque de la Pléiade, 1959–1995.

J. J. Rousseau. The Collected Writings of Rousseau[M]. ed. R. D. Masters, C. Kelly. Hanover: University Press of New England, 1990–2007.

J. J. Rousseau. The Discourses and other early political writings[M]. edit. V. Gourevitch. China University of Politics and Law Press, 2003.

二 卢梭研究著作及论文集

（比利时）雷蒙·特鲁松（Raymond Trousson）著；李平沤，何三雅译. 卢梭传[M].北京：商务印书馆，1998.

（德）恩斯特·卡西勒著，王春华译. 卢梭问题[M].南京：译林出版社，2009.

（法）保罗·奥迪著；马彦卿，吴水燕译. 卢梭：一种心灵的哲学[M].上海：华东师范大学出版社.2023.

（美）阿兰·布鲁姆著；胡辛凯译. 爱的设计——卢梭与浪漫派[M].北京：华夏出版社.2017.

（美）阿兰·布鲁姆著；张辉等译. 巨人与侏儒[M]. 北京：华夏出版

社,2020.

(美)吉尔丁著;尚新建,王凌云译.设计论证 卢梭的《社会契约论》[M].北京:华夏出版社,2006.

(美)凯利著;黄群译.卢梭的榜样人生——作为政治哲学的《忏悔录》[M].北京:华夏出版社,2009.

(美)马斯特著;胡兴建,黄涛,王玉峰译.卢梭的政治哲学[M].上海:华东师范大学出版社.2013.

(美)迈克尔·戴维斯著;曹聪,刘振译.哲学的自传——卢梭的《孤独漫步者的遐思》[M].北京:华夏出版社.2011.

(美)普拉特纳 等著;尚新建,余灵灵译.卢梭的自然状态[M].北京:华夏出版社.2008.

(美)施特劳斯讲疏;马克斯编订;曹聪译;刘小枫主编.卢梭导读[M].上海:华东师范大学出版社,2022.

(美)亚瑟·梅尔泽著.任崇彬译.人的自然善好 论卢梭思想的体系[M].上海:上海人民出版社,2020.

(瑞士)尤尔根·奥尔科斯著;邵文实译.让-雅克 卢梭[M].哈尔滨:黑龙江教育出版社.2016.

(英)尼古拉斯·登特著;戴木茅译.卢梭[M].北京:华夏出版社.2019.

(英)罗伯特·沃克勒著:刘嘉译.卢梭[M].北京:译林出版社.2020.

杜雅著.自然的应许 卢梭论存在的觉知[M].北京:中国社会科学出版社,2022.

范昀著.追寻真诚 卢梭与审美现代性[M].上海:上海人民出版社,2013.08

乐黛云,(法)李比熊主编;钱林森执行主编.跨文化对话 第31辑:生态美学与卢梭纪念专号[M].北京:生活·读书·新知三联书店.2013.

李平沤著.如歌的教育历程 卢梭《爱弥儿》如是说[M].济南:山东人民出版社.2021.

刘铁芳著.古典传统的回归与教养性教育的重建.[M].北京:北京师范大学出版社,2010.

刘小枫,陈少明主编.卢梭的苏格拉底主义[M].北京:华夏出版社,2005.

(美)约瑟夫著;肖涧译.作为想象动物的自然人[M]//卢梭的苏格拉底主

义.北京:华夏出版社,2005:123-151.

吴珊珊著;莫伟民主编.追问幸福 卢梭人性思想研究[M].上海:上海人民出版社,2017.10.

袁贺,谈火生,应奇,刘训.百年卢梭 卢梭在中国[M].长春:吉林出版集团有限责任公司,2015.02.

张国旺著.人与公民 卢梭社会政治思想研究[M].上海:上海三联书店,2021.12.

张竞生著;莫旭强译;张培忠校;栾栋主编.卢梭教育理论之古代源头[M].广州:暨南大学出版社.2012

A. Pierdziwol Extending Nature: Rousseau on the Cultivation of Moral Sensibility[M]//Contemporary Perspectives on Early Modern Philosophy: Nature and Norms in Thought. Dordrecht: Springer Netherlands, 2013: 135-158.

B. Schlosser. Rousseaus"Émile ou de l'Éducation": Ein Erziehungsentwurf aus produktiver Einbildungskraft[M]. Marburg: Tectum Verlag, 2008.

D. Gauthier. Rousseau: The Sentiment of Existence[M]. Cambridge: Cambridge University Press, 2006.

D. James. Autobiography and the Construction of Human Nature: Rousseau on the Relation between Self-love and Pity[M]//Perspectives on the Self: Reflexivity in the Humanities. Berlin: De Gruyter, 2022, 81-98.

D. L. Williams. Rousseau's platonic enlightenment. Pennsylvania: Pennsylvania State University Press, 2007.

D. L. Williams. Rousseau's social contract: An introduction. New York: Cambridge University Press, 2014.

E. Grace, C. Kelly, eds. The challenge of Rousseau [M]. Cambridge: Cambridge University Press, 2013.

F. Neuhouser. Rousseau's theodicy of self-love[M]. Oxford: Oxford University Press, 2008.

F. Neuhouser. Rousseau´s critique of inequality: Reconstructing the second discourse[M]. Cambridge: Cambridge University Press, 2014.

H. Jaumann, ed. Rousseau in Deutschland: neue Beiträge zur Erforschung seiner Rezeption[M]. Berlin: Walter de Gruyter, 1995.

J. Lenne-Cornuez.Être à sa place. La formation du sujet dans la philosophie morale de Rousseau[M]. Classiques Garnier, 2021.

J. Marks. Perfection and disharmony in the thought of Jean-Jacques Rousseau[M]. Cambridge: Cambridge University Press, 2005.

J. N. Shklar. Men and citizens: A study of Rousseau's social theory[M]. London: Cambridge University Press, 1969.

J. T. Scott. Rousseau´s God: theology, religion, and the natural goodness of man[M]. Chicago: University of Chicago Press, 2023.

Jean Starobinski, Jean-Jacques Rousseau: Transparency and Obstruction[M]. Chicago: University of Chicago Press, 1988.

L. D. Cooper. Rousseau, nature, and the problem of the good life[M]. University Park: Penn State University Press, 1999.

L. Strauss. Natural Right and History[M]. Chicago: University of Chicago Press, 1953.

L. Ward.John Locke's influence on Rousseau[M]//The Rousseauian Mind. Routledge, 2019: 65-75.

M. B. Ellis. Rousseau´s Socratic Aemilian Myths[M]. Columus, OH: Ohio State University Press, 1977.

M. Menin.La morale sensitive de Rousseau. Le livre jamais écrit[M]. l´Harmattan, 2019.

M. Morgenstern. Rousseau and the politics of ambiguity[M]. Pennsylvania: Pennsylvania State University Press, 1996.

M. S. Cladis. Public vision, private lives: Rousseau, religion, and 21st-century democracy[M]. Columbia University Press, 2007.

N. J. H. Dent.Rousseau: An Introduction to his Psychological, Social and Political Theory[M], New York: Basil Blackwell, 1988.

N. Vinh-De. Le problème de l´homme chez Jean-Jacques Rousseau[M]. PUQ, 1991.

N.J.H. Dent, and T. O'Hagan. Rousseau on Amour-propre[C]. University College London: Proceedings of the Aristotelian Society, Supplementary Volumes, 1998, 72(1): 57-73、75.

P. Audi. Rousseau: éthique et passion [M]. Presses universitaires de France 1997.

P. Burgelin. La philosophie de l'existence de J.-J. Rousseau [M]. Paris: Presses universitaires de France, 1952.

P. L. J. Villey. L'influence de Montaigne sur les idées pédagogiques de Locke et de Rousseau[M]. Hachette, 1911.

R. Derathé. Le rationalisme de Jean-Jacques Rousseau[M], Paris, Presses Universitaires de France, 1948.

R.W. Grant. Hypocrisy and integrity: Machiavelli, Rousseau, and the ethics of politics[M]. Chicago: University of Chicago Press, 2008.

T. O'Hagan. Rousseau[M]. London: Routledge, 1999.

X. Wang, C. Wang. Jean-Jacques Rousseau en Chine: de 1871 à nos jours [M]. Société internationale des amis du Musée JJ Rousseau, 2010.

三 卢梭研究论文

曹聪.自然教育与人为技艺——卢梭《爱弥儿》教育方案的困境[J].全球教育展望,2020,49(09):55-65.

曹永国.同情教育:公民德行养成的根基——卢梭《爱弥儿》第四卷中的一个审思[J].现代大学教育,2015,(02):73-80+112-113.

曹永国.自然与自由:卢梭与现代性教育困境[D].南京师范大学,2005.

陈华仔."好人"与"好公民"的冲突与和解:卢梭自然教育思想研究[D].湖南师范大学,2012.

戴晖.卢梭的公民宗教思想[J].世界宗教文化,2013,(06):26-30.

戴晖.语言的创造性——纪念卢梭诞辰300周年[J].哲学研究,2012,(08):55-60.

戴晓光.《爱弥儿》与卢梭的自然教育[J].北京大学教育评论,2013,11(01):147-156;[1]渠敬东.卢梭对现代教育传统的奠基[J].北京大学教育评论,2009,7(03):3-16+188.

方仁杰.矛盾抑或统一:卢梭的哲学体系与历史身位——评《人的自然善好:论卢梭思想的体系》[J].复旦政治哲学评论,2022,(00):349-374.

范昀.作为方法的卢梭——现代中国百年卢梭学的反思[J].浙江大学学报(人文社会科学版),2013,43(02):160-168.

高建平."美学"的起源[J].外国美学,2009,(00):1-23.

郭志明,成建丽.劳动教育:人全面发展的重要场域——卢梭自然主义劳动教育思想评析[J].天津师范大学学报(社会科学版),2021(02):54-59.

(德)贺博特·博德,谢晓川,黄水石.哲学自我-意识的赠礼[J].清华西方哲学研究,2017,3(02):119-137.

黄小彦.《新爱洛伊丝》中的德性视野——卢梭伦理思想研究[D].南京大学,2008.

胡君进.卢梭的儿童观为何是教育史上的一次哥白尼革命?——重思卢梭儿童观的内容和特点[J].基础教育,2020,17(04):5-17.

胡君进,檀传宝.爱弥儿是谁?——教育学情境中卢梭教育思想研究的理论分歧及其澄清[J].现代大学教育,2019(01):39-45+111.

胡君进.从爱弥儿到罗伯斯庇尔——书斋之外的卢梭思想效应及其反思[J].基础教育,2019,16(03):14-24.

胡君进.透明与幽暗:爱弥儿与卢梭混合意象的教育学阐释[J].教育学报,2020,16(02):14-27.

胡君进,檀传宝.卢梭为何将洛克视为理论对手?——重思《爱弥儿》写作的社会背景与问题意识[J].现代大学教育,2020(02):52-59.

柯文涛,李子华.再论爱弥儿是谁[J].现代大学教育,2022,38(01):25-33+111.

赖银婷.论卢梭小说《新爱洛漪丝》中的情感表现[D].吉林大学,2007.

李红霞.卢梭教育观中的"自然"解读——以《爱弥儿》为例[J].理论月刊,2009(05):45-48.

李志龙.自然人如何成为社会公民?——以卢梭自然教育思想中的"感受力"问题为中心[J].安徽大学学报(哲学社会科学版),2018,42(04):18-27.

刘小枫.《爱弥儿》如何"论教育"——或卢梭如何论教育"想象的学生"[J].北京大学教育评论,2013,11(01):126-146.

刘通.《爱弥儿》大义：卢梭教育哲学研究[D].山东师范大学,2015

马永康."中国人的卢梭与法国人的卢梭"国际学术研讨会综述[J].现代哲学,2012,(05):127-128.

欧阳文川.自然天性、教育与"人道道德"：《爱弥儿》视野下的卢梭政治哲学研究[D].中共中央党校,2017.

唐燕.从培根到卢梭：西方早期现代性筹划中的道德教育[D].南京师范大学,2015.

汪炜.如何理解卢梭的基本概念 amour-propre？[J].哲学动态,2015,(10):51-58.

汪瑞原."自尊"概念的疑难——卢梭思想的新道德主义解释之批评[J].道德与文明,2023,(04):134-145.

王幸华.卢梭论自尊与自由[J].世界哲学,2023,(05):130-139+161.

王学翠.从"我"的世界到多声部的世界[D].西北师范大学,2006;

王瑶.卢梭与晚清中国思想世界(1882-1911)[D].华东师范大学,2014.

吴雅凌.卢梭思想东渐要事汇编[J].现代哲学,2005(03):39-43+57.

吴增定.卢梭论自爱和同情——从尼采的观点看[J].哲学动态,2019,(02):71-77.

吴增定.私有财产、自我意识与自由试析卢梭对资产者的批评[J].古典学研究,2022,(01):1-21+190.

杨嵘均.回归人性：关于教育本质的再认知——兼论卢梭《爱弥儿》自然教育思想的当代价值[J].华南师范大学学报(社会科学版),2020(04):58-70+190.

袁贺.试论卢梭政治形象的争议及研究新路向[J].历史教学,2004,(10):32-36.

(德)于尔根·厄尔克斯,徐守磊.卢梭与"现代教育"意象[J].北京大学教育评论,2006,(01):46-64.

余金刚.卢梭的中国面孔[D].吉林大学,2013.

张桂.自然人能成为公民吗？——卢梭自然教育的政治哲学审视[J].现代大学教育,2020(03):12-19.

朱杨芳.理解与批判——"纪念卢梭诞辰300周年国际学术研讨会"综述[J].重庆文理学院学报,2013,32(04):163-169.

A. I. Mintz. The Happy and Suffering Student? Rousseau′s Emile and the Path not Taken in Progressive Educational Thought [J]. Educational Theory. 2012(3): 249-265.

A. M. Rieu. La nature de Jean-Jacques Rousseau[J]. Revue de Métaphysique et de Morale, 1980, 85(4): 438-451.

B. Bachofen. La religion civile selon Rousseau: une théologie politique négative [J]. La théologie politique de Rousseau, 2010: 37-62.

B. Gomes. Emile the citizen? A reassessment of the relationship between private education and citizenship in Rousseau' s political thought[J]. European Journal of Political Theory, 2018, 17(2), 194-213.

B. Gomes. Rousseau on Citizenship and Education[J]. The Palgrave Handbook of Citizenship and Education, 2020: 79-93.

D. Tröhler.Rousseau′s Emile, or the Fear of Passions[J]. Studies in Philosophy & Education. 2012(5): 477-489.

E. Grace.The restlessness of "being": Rousseau′s protean sentiment of existence [J]. History of European ideas, 2001, 27(2): 133-151.

G. Buck, D. Appia. La Place Systématique de L'Émile dans L'Œuvre de Rousseau[J]. Revue de théologie et de philosophie, 1978, 110(4): 365-366.

G. Lloyd. Rousseau on reason, nature and women[J]. Metaphilosophy, 1983, 14(3/4): 308-326.

H. Boeder. Rousseau oder der Aufbruch des Selbstbewußtseins (Kurzfassung) [J]. 1989.

J. A. Smith.Natural Happiness, Sensation, and Infancy in Rousseau′s" Emile" [J]. Polity, 2002, 35(1): 93-120.

J. M. Warner. Men, citizens and the women who love them: Love and marriage in Rousseau′s Emile[J]. History of Political Thought, 2016, 37(1): 107-126.

J. Macleod. Rousseau and the Epistemology of ′Sentiment′[J]. Journal of European Studies, 1987, 17(2): 107-128.

J. Marks. The divine instinct? Rousseau and conscience. Review of Politics[J]. 2006, 68, 564 - 585.

J. T. Scott. Rousseau and the Development of Identity[J]. Political Research Quarterly, 2024, 77(1): 359-370.

K. Nies. Food and terroir in the education of Rousseau´s Émile[J]. Appetite, 2006, 47(3): 396.

L. D. Cooper. Human Nature and the Love of Wisdom: Rousseau's Hidden (and Modified) Platonism[J]. Journal of Politics, 2002, 64(1): 108-125.

M. Canovan.Arendt, Rousseau, and human plurality in politics. The Journal of Politics[J]. 1983, 45(2), 286 – 302.

N. Kolodny. The explanation of amour-propre[J]. Philosophical Review, 2010, 119(2): 165-200.

O. Michaud. Thinking about the Nature and Role of Authority in Democratic Education with Rousseau´s Emile [J]. Educational Theory. 2012(3): 287-304.

P. De Man.The Image of Rousseau in the Poetry of Hölderlin[J]. The Rhetoric of Romanticism, 1984: 19-45.

P. Manent. Montaigne and Rousseau: Some Reflections[J]. The Challenge of Rousseau, 2013: 312-24.

R. Hanley. Rousseau's Virtue Epistemology[J]. Journal of the History of Philosophy, 2012, 50(2), 239 – 263.

T. O' Hagan. Rousseau on amour-propre on six facets of amour-propre[J]. Proceedings of the Aristotelian Society.1999, Vol.99(No.1): 91-107.

U. Thiel. Self and Sensibility: From Locke to Condillac and Rousseau[J]. Intellectual History Review, 2015, 25(3): 257-278.

W. C. Marceau. La Theorie de la Bonte Naturelle dans L'" Emile" de Jean-Jacques Rousseau[J]. Modern Language Studies, 1971, Vol. 1, No. 2: 30-33.

W. K. A. Lam.The natural goodness of man in Rousseau´s "Confessions": A reply to Augustine´s "Confessions"[D]. Boston College, 2009.

四 其他相关文献

其他专著

(波兰)塔塔尔凯维奇著;刘文潭译. 大学译丛 西方六大美学观念史[M].

上海:上海译文出版社,2013.

陈昊著. 情感与趣味 休谟经验主义美学思想研究[M]. 北京:北京大学出版社,2017.

(德)黑格尔著,范扬,张企泰. 法哲学原理或自然法和国家学纲要[M]. 北京:商务印书馆,1982.

(德)黑格尔著;贺麟,王太庆等译. 哲学史讲演录[M]. 上海:上海人民出版社,2013.

(德)康德著;李秋零译注.康德教育哲学文集[M].北京:中国人民大学出版社,2016.

(法)菲力浦·阿利埃斯著. 儿童的世纪 旧制度下的儿童和家庭生活[M]. 北京:北京大学出版社,2023.

(古希腊)柏拉图著;谢文郁译. 蒂迈欧篇[M]. 上海:东方出版中心有限公司,2021.

(古罗马)塞涅卡著;(美)约翰·M·库珀,(英)J.F.普罗科佩编译;袁瑜琤译. 道德和政治论文集[M].北京:北京大学出版社.2010.

(加)吉拉尔德·纳达夫著;章勇译;张文涛校. 希腊的自然概念[M]. 上海:华东师范大学出版社,2021.07.

(美)门罗·C.比厄斯利著;高建平译. 西方美学简史[M]. 北京:北京大学出版社,2006.

(美)彼得·盖伊著. 启蒙时代人的觉醒与现代秩序的诞生(上下)[M]. 上海:上海人民出版社,2019.

彭立勋著. 趣味与理性[M]. 北京:中国社会科学出版社,2009.

吴式颖,李明德著. 外国教育史教程 第3版[M]. 北京:人民教育出版社,2018.

(意)布鲁诺著. 论原因、本原与太一[M].汤侠声译.北京:商务印书馆,1984.

(英)哈奇森著,高乐田等译. 论美与德性观念的根源[M].杭州:浙江大学出版社,2009.

(英)柯林伍德著;吴国盛译.自然的观念[M]. 北京:商务印书馆,2018.

(英)培根著;许宝骙译. 新工具[M]. 北京:商务印书馆,2017.

(英)沙夫茨伯里著;李斯译. 人、风俗、意见与时代之特征 沙夫茨伯里选集[M]. 武汉:武汉大学出版社, 2010.

Aristotle. Politics[M]. trans. H. Rackham, M. A. . Cambridge, Massachusetts: Harvard University Press, 1944.

Aristotle. The Complete Works of Aristotle[M]. ed. Jonathan Barnes. Vol. 2. Princeton: Princeton University Press, 1984.

Aristoteles. Aristoteles: Metaphysik[M]. Erster Halbband: Bücher I(A) – VI (E). Hamburg: Felix Meiner Verlag, 1989.

Aristotle. Metaphysics[M]. trans. H. Tredennick. Cambridge, Massachusetts: Harvard University Press, 1933.

Aristoteles. Aristoteles: Philosophische Schriften 4[M]. trans. E. Rolfes. Hamburg: Meiner, 1995.

Aristoteles, Aristoteles : Werke in Deutscher Übersetzung 9[M]. Politik. Buch I, Berlin: Akademie-Verlag, 1991.

M. Berman The politics of authenticity: Radical individualism and the emergence of modern society[M].New York: Atheneum Books, 1970.

H. Boeder. Topologie der Metaphysik[M]. Freiburg /München, 1980.

G. L. L. Buffon. De L' Homme [M]. intr. Michèle Duchet. François Maspéro, 1971.

E. Benveniste, Noms d´agent et noms d´action en indo-européen[M]. Paris: Adrien-Maisonneuve, 1948.

F. E. J. Valpy. An Etymological Dictionary of the Latin Language[M]. London: Red Lion Court, Fleet Street, 1828.

S. Gaukroger. The Collapse of Mechanism and the Rise of Sensibility: Science and the Shaping of Modernity (1680 – 1760) [M]. Oxford: Oxford University Press, 2010.

G. Genette. Paratexts: Thresholds of interpretation[M]. Cambridge University Press, 1997.

G. Dickie. The Century of Taste, the Philosophical Odyssey of Taste in the Eighteenth Century[M]. New York: Oxford University Press, 1996.

N. Gill. Educational philosophy in the French enlightenment: From nature to second nature[M]. Routledge, 2016.

H. G. Liddell, R. Scott. A Greek-English Lexicon: With a Revised Supplement[M]. Oxford: Oxford University Press, 1996.

J. Cohen. The Natural Goodness of Humanity[M]//Reclaiming the History of Ethics: Essays for John Rawls. ed. A. Reath, B. Herman and C. Korsgaard. Cambridge: Cambridge University Press, 1997: 102-39.

J. H. McDowell. Mind and World [M]. Cambridge: Harvard University Press, 1996.

A. H. Pasco. Revolutionary Love in Eighteenth- and Early Nineteenth-Century France[M]. Londn: Routledge, 2016.

P. G. W. Glare. Oxford Latin dictionary[M]. 2nd ed. Oxford: Oxford University Press, 2012.

R. Beekes. Etymological Dictionary of Greek[M]. 2 vols. Boston: Brill, 2010.

④P. Robert. Dictionnaire Alphabétique et Analogique de la Langue Française: Le Petit Robert[M]. 2 vols. Paris: Société du Nouveau Littré, 1982.

其他论文

卞敏.自然观与历史观:西方哲学史的主题[J].江海学刊,2009(04):43-49.

贺伯特·博德,戴晖.形而上学的最后时代的概念继承理性[J].意象,2008(2):191-210.

姜南."自然"概念及人与自然关系史研究[J].天津师范大学学报(社会科学版),2014,(06):24-28.

寇东亮.自然、自由与生态文明[J].自然辩证法研究,2017,33(10):111-115.

刘玮.亚里士多德论人自然的政治性[J].哲学研究,2019,(05):83-94+127.

王增福.西方自然观的历史嬗变与哲学审思[J].学术交流,2015(01):53-58.

叶冬娜.中西自然概念的历史嬗变与自然观变革的实质[J].自然辩证法研究,2021,37(02):107-112.

周可真.简论西方自然哲学的历史演变——兼论马克思和恩格斯的自然哲学贡献[J].江苏行政学院学报,2015(02):13-20.

张汝伦.什么是"自然"？[J].哲学研究,2011,(04):83-94+128.

Boeder H. Die conceptuale Vernunft in der Letzten epoche der Metaphysik[J]. Abhandlungen der Braunschweigischen Wissenschaftlichen Gesellschaft, 1992, 43: 345-360..

Kelly, C. To persuade without convincing. American Journal of Political Science [J]. 1987, 31(2), 321-335.

Waksman V. «Les difficultés étaient dans la nature de la chose»: de la religion, de l'homme et du citoyen[J]. La théologie politique de Rousseau, 2010: 91-108.